W0171793

ars vivendi

Dietmar Bruckner

Nürnberg – Ein Rundgang durch die Stadtgeschichte

ars vivendi

Bildnachweis ©: S. 15 StadtAN A38_L_101_6, S. 19 Congress- und Tourismuszentrale Nürnberg, S. 24 Klaus Maigut, S. 31 Wolfgang Cibura/fotolia, S. 38 Birgit Fuder/Stadt Nürnberg, S. 42 Ken Wiedemann/iStockphoto, S. 50 Stadtarchiv Nürnberg, S. 55 aus: *Spaziergänge in die Vergangenheit Nürnbergs*/Geschichte für Alle e.V., S. 63 Willi/fotolia, S. 76 Westrich/laif, S. 79 Congress- und Tourismuszentrale Nürnberg, S. 82 Klobo/fotolia, S. 86 Museen der Stadt Nürnberg, S. 95 Fotothek, S. 107 avv, S. 113 avv, S. 118 Jens Hilberger/fotolia, S. 122 fotolia, S. 129 Herbert Voll, S. 137 Hans-Jürgen Lange/fotolia, S. 138 aus: *Tatort Nürnberg*/Herbert Voll, S. 149 StadtAN A1_1050_07_16, S. 157 1. Fußballclub Nürnberg, S. 169 Isolde Ohlbaum, S. 173 Nachlass E. Engelhardt/Ingeborg Höverkamp, S. 176 M.M. Prechtl, S. 182 avv/Steffen Bollermann, S. 185 Presse- und Informationsamt Stadt Nürnberg, S. 195 Flughafen Nürnberg, S. 197 Spielzeugmuseum/Museen der Stadt Nürnberg, S. 198 Neues Museum/Staatliches Museum für Kunst und Design, Nürnberg, S. 201 Germanisches Nationalmuseum/Museen der Stadt Nürnberg, S. 205 Nürnberger Versicherung, 208 Sven P./fotolia

Originalausgabe

1. Auflage 2011
© 2011 by ars vivendi verlag
GmbH & Co. KG, Cadolzburg
Alle Rechte vorbehalten
www.arsvivendi.com

Umschlaggestaltung: ars vivendi verlag, unter Verwendung eines Motivs von Oskar Brunner
Lektorat: Ulrike Jochum
Druck: Stieber-Druck, Lauda-Königshofen
Printed in Germany

ISBN 978-3-86913-042-2

Inhalt

Vorwort

»Nürnberg muss man, ähnlich wie Prag und Venedig, doch in anderem Sinne, zu den magischen Städten zählen!«

Das ist eine ganz wunderbare Sottise, verehrter Ernst Jünger, besten Dank! Da ist der Autor von *Siebzig verweht* mal kurz in Nürnberg gewesen und hat gleich das Außerordentliche, den europäischen Rang entdeckt. Respekt! Solche Besucher sind uns natürlich willkommen, auch wenn ihr Urteil vielleicht den Charme des Flüchtigen hat.

Und Ernst Jünger steht mit seiner Einschätzung ja nicht allein. Auch die neue Leiterin der Congress- und Tourismuszentrale findet, dass Nürnberg zu den magischen Städten zählt – oder wie das bei ihr in schönem Neudeutsch heißt: zu den »Magic Cities«. Dazu muss man wissen, dass es sich bei den »Magic Cities« um eine Werbegemeinschaft handelt, die vor allem ihre ureigene Klientel nach vorne bringen will. Aber verlockend ist die Vorstellung doch, Mitglied in diesem illustren Club zu sein. Eine Art Exzellenz-Initiative der deutschen Städte. Hamburg, Berlin, Dresden und nun eben Nürnberg. Hübsch, oder? Was der Werbewirtschaft nicht so alles einfällt. Deshalb ist es ja auch richtig, wenn die Stadt in Netzwerken wie *Facebook* oder *Twitter* die Werbetrommel rührt. Die Zahl der Touristen, die man damit nach Nürnberg lockt, bewege sich schon jetzt im fünfstelligen Bereich, sagt die Tourismuszentrale. Mit *Facebook* durch die Nürnberger Altstadt, das ist doch mal was!

Und seien wir ehrlich: Das ist allemal besser als diese Rüpelei aus den 80ern, als es hieß, Nürnberg sei die langweiligste Großstadt Deutschlands. Herausgefunden hatte dies – in vermutlich jahrelanger Recherche – *Der Spiegel,* damals selbst noch ein spannendes Blatt. Und auch wenn es zu den branchenüblichen Übertreibungen gehörte: weh tat es irgendwie doch.

Vermeintliche Gewissheiten über Nürnberg haben ja Tradition, vor allem solche diffuser Art. Heinrich Heine etwa griff, wenn er sich über Deutschland und die Deutschen lustig machen wollte (was bei ihm ziemlich häufig vorkam), gerne zu der Redewendung, da führe sich einer auf »wie ein Nürnberger Spießbürger«. Das war sein größtes Verdikt, schlimmer konnte er seine Verachtung nicht ausdrücken.

Und bereits im Mittelalter hatte man gespöttelt: »Die Nürnberger hängen keinen, sie hätten ihn denn zuvor.« Da ging es um Eppelein von Gailingen, der den Nürnbergern im letzten Moment entkommen war. Angeblich. Denn die Episode, um die es sich handelte, hatte sich nie so zugetragen. Egal. Hauptsache, die Leute glaubten sie.

Auch bei Martin Walser kommt die Stadt nicht wirklich gut weg. Im *Sauspiel*, das zur Zeit des Hans Sachs spielt, sind die Patrizier schlimme Besitzstandswahrer, die den Wandel der Zeiten verschlafen haben, wie die Maden im Speck leben und nur ihre Privilegien sichern wollen. Um sich zu amüsieren, gehen sie gerne mal zu einer Hinrichtung. Die intellektuelle Szene trifft sich derweil im Hause Pirckheimer und lästert: »Leben, lesen, in Nürnberg wird alles zur Arbeit«.

Lob klingt anders, das ist wahr. Nun wäre es vermessen, behaupten zu wollen, da sei nichts dran. Es wird seine Gründe haben, dass man von der rheinischen Frohnatur spricht, nicht aber von der fränkischen, und dass man bei Lebensgenuss und Savoir-vivre nicht zuerst an Nürnberg denkt. Andererseits kommt es nicht von ungefähr, dass der »Nürnberger Witz« zum Synonym für Erfindergeist und Lebenstüchtigkeit wurde und der »Nürnberger Tand« einmal sprichwörtlich war und durch alle Land' ging. Ist zwar schon eine Weile her, aber immerhin.

Einiges haben sie ja auch gut hinbekommen, die Nürnberger. Zum Beispiel den Umgang mit der Erblast, die die Nazis der Stadt aufgebürdet haben. Da war dieses absurde Parteitagsgelände am Dutzendteich, ein ruinierter Ruf und die Stadt eine einzige Schutthalde. Neben Dresden am meisten zerstört. Nicht nur der Theaterkritiker Alfred Kerr stellte konsterniert fest, es sei vielleicht besser, den Schutt einfach liegen zu lassen und daneben eine neue Stadt aufzubauen. Nürnberg entschied sich anders, und es tat gut daran.

Dabei hatte es bei aller Begeisterung für die Nationalsozialisten auch Widerstand gegeben. In der sozialdemokratisch geprägten Arbeiterschaft, bei der KPD, bei Jugendorganisationen, vereinzelt bei den Kirchen. Es gab Stadtteile, in denen mit Blumentöpfen nach braunen Uniformen geworfen wurde; und 1937 wurde der Student Helmut Hirsch hingerichtet, weil man bei ihm Sprengstoff für ein Attentat auf Hitler gefunden hatte. So einhellig konnte die Begeisterung für die Nazis also doch nicht gewesen sein.

Festzuhalten bleibt in jedem Fall: So sehr sich die Stadt in Schuld und Mitschuld verstrickt hatte, so ernsthaft war ihr Versuch, dieses düstere Kapitel der Stadtgeschichte aufzuarbeiten. Die *Straße der Menschenrechte*, symbolträchtig gleich neben dem Germanischen Nationalmuseum beginnend, ist dafür ebenso ein Beispiel wie der Internationale Menschenrechtspreis oder die vorbildliche Arbeit, die im Dokumentationszentrum Reichsparteitagsgelände geleistet wird. Auch das Memorium mit dem Gedenken an die Nürnberger Kriegsverbrecherprozesse gehört in diese Reihe.

»Nichts ist wahr ohne sein Gegenteil« heißt es bei Martin Walser. Damit sind wir schon ganz in der Nähe Hegels, der mehrere Jahre in Nürnberg gelebt hat, hier lehrte und die Frau seines Lebens fand. Um ihn, den Vordenker der Dialektik, geht es in diesem Buch ebenso wie um Ludwig Feuerbach, den Begründer eines aufgeklärten Atheismus. Auch um Pachelbel geht es, den Barockkomponisten, der in St. Sebald an der Orgel saß. Und natürlich um die wundervolle Maria Sibylla Merian, die mehrere Jahre in Nürnberg war, ehe sie zunächst nach Amsterdam ging und von dort aus in den Regenwald von Surinam. Zum Zeichnen, als Naturwissenschaftlerin. Zu dieser Zeit ein unerhörter Vorgang, der ihr einen Ehrenplatz auf dem 500-DM-Schein einbrachte.

Am Ende wird man sehen, ob diese Stadt tatsächlich so langweilig ist, wie einige Nordlichter es glauben machen wollen. Oder ob sie nicht der einen oder anderen »Magic City«, in der es, wie man hört, so unglaublich abgeht, doch das Wasser reichen kann. Und sei es Pegnitzwasser.

I. Wie alles begann

Sigena oder
Eine Liebe über Standesgrenzen hinweg

Am Anfang war eine Liebesgeschichte. Richolf, ein Adeliger in Diensten des Kaisers, hatte sich in die Magd Sigena verliebt und wollte sie heiraten. Diese war jedoch eine Leibeigene. Also trat Richolf, den wir uns als Beamten vorstellen müssen, vor seinen Kaiser und bat ihn, die Leibeigenschaft zu lösen. Heinrich III. willigte ein. In einem schönen symbolischen Akt schlug er Richolf eine Münze aus der Hand. Auch so kann Verwaltung gehen. Damit war Sigena, die zuvor wie eine Sklavin gehalten wurde, frei. Richolf konnte sie ehelichen, vor allem aber konnte er Kinder mit ihr haben, die nicht unter dem Stigma der Leibeigenschaft aufwachsen mussten.

So oder so ähnlich wird es wohl gewesen sein (die Forscher sind sich nicht ganz einig, da sich die Spur von Richolf und Sigena schnell wieder im Dunkel der Geschichte verliert), und ihre ungewöhnliche Liaison wäre wohl längst vergessen, gäbe es nicht eine Urkunde, die sie der Nachwelt überliefert, vornehm auch »Denarialdiplom« genannt. Auf ihr taucht zum ersten Mal der Name »Norenberc«, Vorläufer des heutigen »Nürnberg«, auf.

Der 16. Juli 1050, an dem dieses Ereignis stattfand, gilt seither als Geburtsdatum von Nürnberg. Inzwischen weiß man auch, dass sich das Wort »norin« oder auch »nuorin« von »felsig«, »steinig« ableitet, womit der Nürnberger Burgfelsen gemeint war. Nürnberg, der Steinberg, Felsberg also. Ob sich dort schon eine Burg befand, ist dagegen unklar. Sie wird erst 1105 zum ersten Mal urkundlich erwähnt. Immerhin einen kaiserlichen Stützpunkt muss es auf dem steil aus der Sumpflandschaft ragenden Felsen bereits gegeben haben, auch wenn er nur aus einem Saalbau bestand, in dem sich Kaiser und Adelige trafen. Entsprechende Funde im Burghof legen dies nahe. Dabei stieß man auch auf die Fundamente eines runden, zwei Meter dicken Turmes, der wohl noch aus der Zeit vor dem 10. Jahrhundert stammt. Was die Burg selbst angeht, so ist wenigstens eines sicher: 1140 begann Konrad III. mit ihrem Ausbau, der 1180 unter Friedrich Barbarossa abgeschlossen wurde.

Häufig wird Nürnberg auch »die Noris« genannt. Neben vielen anderen Ableitungen gibt es die Norishalle und den

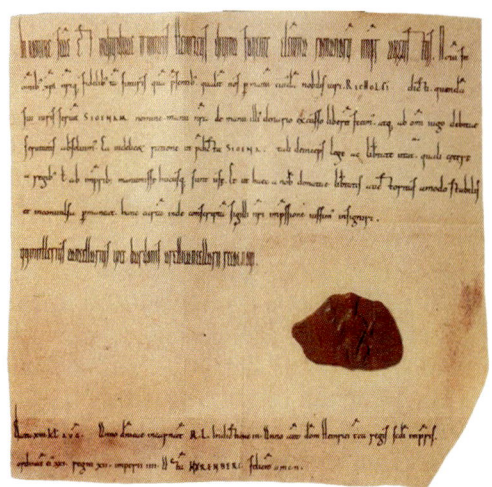

Erste urkundliche
Erwähnung Nürnbergs

Noricus, ein am Wöhrder See in unvermittelter Hässlichkeit
aufragendes Wohnhochhaus; außerdem findet einmal im Jahr
das Tourenwagenrennen auf dem Norisring statt, es existiert
eine Bank gleichen Namens (Slogan: »geht doch!«); und das
ortsansässige American-Football-Team nennt sich »Noris Rams«.
»Noris« also auf Schritt und Tritt. Nicht zu vergessen: Albrecht
Dürer hat seine Briefe aus Venedig an Pirckheimer, wenn es
ihm gut ging – und das war in Italien meistens der Fall –, mit
»Noricus civis« unterzeichnet.

Nach der Überlieferung sind die Gründer Nürnbergs möglicherweise aus der römischen Provinz Noricum eingewandert
und haben ihre neue Heimat, angelehnt an die alte, »Noris« ge-
tauft. 1531 hat der im Übrigen zu Recht vergessene Dichter Helius
Eobanus Hessus Nürnberg als »noris amoena«, als »liebliche
Noris« bezeichnet. Gute 100 Jahre später griff Johann Hellwig,
Mitglied des *Pegnesischen Blumenordens*, dies auf, indem er ein
Gedicht über die Nymphe Noris schrieb. Diese Nymphe ist auch
in zwei Plastiken von Philipp Kittler verewigt. Eine davon steht
als *Trauernde Noris* auf dem Westfriedhof.

Doch zurück zu Sigena. Lange lag die Urkunde, die von ihr
berichtet, im Staatsarchiv in München, eine fürs Nürnberger
Gemüt zweifellos belastende Vorstellung. Zuvor war sie im Besitz
des Bistums Bamberg gewesen. Erst 1950, zur 900-Jahr-Feier
der Stadt, kam das Dokument wieder nach Nürnberg und ist

seither im Stadtarchiv zu bewundern. Viel früher schon hatte die Stadt, um das Andenken an Sigena wach zu halten, eine Schule nach ihr benannt und an deren Eingang eine Skulptur platziert. Gesichtslos, leider, aber wer will schon mit Sicherheit sagen können, wie die historische Sigena aussah? Nichts war der damaligen Zeit fremder als der Gedanke, eine Leibeigene zu porträtieren. Außerdem war ja vielleicht diese Sigena ein Ausbund an Hässlichkeit. Ob das den Nürnbergern so recht wäre? Nehmen wir also die Plastik als das, was sie ist: ein Denkmal, vor allem jedoch eine Projektionsfläche für stadtpatriotische Wünsche und Vorstellungen.

Um Liebe ging es also bei der Gründung von Nürnberg, um die Überwindung von Standesgrenzen, nicht zuletzt aber um einen Akt der Befreiung aus den Fesseln der Leibeigenschaft. »Befreit vom Joch der Hörigkeit«, wie es in der Urkunde heißt. Eine frühe Emanzipationsgeschichte, wenn man so will. Sicherlich ein Beispiel sozialen Aufstiegs, nicht zuletzt aber der Triumph der Liebe über die Staatsräson. Es gibt unerfreulichere Gründungsmythen.

Der Vollständigkeit halber sei erwähnt, dass Nürnberg möglicherweise noch viel älter ist, was sich aber nicht nachweisen lässt. So wurden bei Grabungen in Herpersdorf im Süden der Stadt zerbrochene Gefäße und anderer Hausrat gefunden, die auf eine Ansiedlung um 1000 vor Christus hindeuten. Selbst die Kriegerstatue eines keltischen Fürsten hat man dabei entdeckt. Alles sehr alte und vermutlich authentische Gegenstände, die aber längst nicht so schön sind wie die Romanze von Richolf und Sigena. Halten wir uns also daran.

Bleibt die Frage, was den Kaiser in die unwirtliche Sumpflandschaft an der Pegnitz geführt hatte. Nun, eine Hauptstadt mit Residenz, in der er hätte bleiben können, gab es zu jener Zeit noch nicht, und so zog er samt Gefolge von Königshof zu Königshof (dabei handelte es sich nicht um Prachtanlagen, sondern eher um größere Bauernhöfe), um so sein Reich zu regieren. Eine gleichsam ambulante Regentschaft, die immerhin verhinderte, dass der Monarch sich in den Elfenbeinturm seiner Einzigartigkeit zurückzog und von den Zuständen in seinem Reich nur noch aus zweiter Hand erfuhr. »Wanderherrscher« nannte man diese Staatsoberhäupter auch. (Mehr als 900 Jahre später erregte ein Bundespräsident damit Aufsehen, dass er das »Raumschiff Bonn« verließ und durch das Land wanderte. Er tat nicht mehr als das Naheliegende. Kein mittelalterlicher Kaiser hätte dieses Bohei verstanden.)

Heinrich III. war nach Norenberc gekommen – wie wir aus den Annalen des niederbayerischen Klosters Niederaltaich wissen – um seine Ungarnpolitik neu zu ordnen, nachdem dieser Volksstamm die unschöne Angewohnheit entwickelt hatte, in den Südosten seines Reiches einzufallen. Dem wollte der Kaiser mit seinen Getreuen im Rahmen eines Hoftages ein Ende bereiten. Sigenas Freisprechung war vor diesem Hintergrund von untergeordneter Bedeutung.

Hinzu kam die strategische Lage Nürnbergs mit Verkehrswegen in alle Himmelsrichtungen. Schon bald siedelten sich zwischen späterem Paniersplatz und Tiergärtnertor Handwerker und Kaufleute an, am Südhang des Burgbergs entstand eine erste kleine Siedlung. So war es nur logisch, dass die Stadt von seinem Nachfolger, Heinrich IV., 1062 erste Markt-, Münz- und Zollrechte verliehen bekam. Diese hatte er kurzerhand dem Nachbarn im Westen, der Stadt Fürth, die damals den Bambergern zugehörig war, weggenommen. (Vermutlich ist dies die Wurzel der bis zum heutigen Tage währenden herzlichen Abneigung der beiden Nachbarstädte.) Dabei durfte Nürnberg das eingenommene Geld keineswegs behalten, es floss weiter in die Staatskasse – nicht vollständig, aber doch in erklecklichem Ausmaß.

In diesem Zusammenhang ist noch ein anderes Datum von Bedeutung: 1219, im »Großen Freiheitsbrief«, wurden die Stadtrechte Nürnbergs von Kaiser Friedrich II. maßgeblich erweitert. Die Stadt genoss Sonderrechte im Gerichts-, Zoll- und Steuerwesen. Der Ausbau der Burg zur Kaiserpfalz, wie ihn die Staufer ab dem 12. Jahrhundert betrieben, war zusammen mit dem Freiheitsbrief die Grundlage für den bald einsetzenden wirtschaftlichen Aufschwung der Stadt.

St. Sebald, der Stadtpatron mit den leuchtenden Fingern

Prägend für die frühe Stadtgeschichte ist freilich auch der Umstand, dass das gerade erst gegründete Norenberc von sich reden machte. Eher raunend zwar, dafür aber nachhaltig. Grund war Sebald, ein Eremit aus dem Reichswald, den man später auch den »Heiligen Sebaldus« nannte und den viele gesehen haben wollten, während ihn aber niemand genau kannte. Ideale Voraussetzungen mithin zur Legendenbildung. Was wurde nicht alles über ihn behauptet! Auf seinem Mantel sei er über die Donau bei Regensburg geschwebt, mangels Brennholz habe er aus Eiszapfen ein Feuer gemacht, und einem geblendeten Wirt habe er wieder zum Sehen verholfen. Am populärsten freilich war die Sage mit den leuchtenden Fingerspitzen. Diese besagte, dass einem Bauern seine Ochsen abhanden gekommen seien und sich im Wald versteckt hätten. In seiner Not habe sich der Landmann an St. Sebald gewandt. »No problem«, habe dieser gesagt (oder so ähnlich) und den Bauern in den Wald begleitet. Weil es aber Nacht war, hätten die beiden zu wenig gesehen. Da habe Sebald dem Bauern befohlen, die Hände zu heben. Dieser habe getan wie ihm geboten, und siehe da: Seine Hände hätten zu leuchten begonnen, und schon bald habe er seine Ochsen wiedergefunden. In einer anderen Variante wird erzählt, dass es die Fingerspitzen des Hl. Sebald gewesen seien, die zu leuchten begonnen hätten.

Wie auch immer: Sebaldus war ein Schutzpatron, wie man ihn sich nur wünschen konnte. Wallender Vollbart, auf dem Kopf einen Hut mit hochgebogener Krempe, auf der eine Muschel zu sehen war, Wanderstab in der linken und das Modell einer kleinen handlichen Kirche mit zwei Türmen in der rechten Hand, so wurde sein Bild überliefert. Bald war sein Ruhm so groß, dass er bis nach Augsburg – was für damalige Verhältnisse sehr weit entfernt war – drang.

»In Nürnberg leuchtete der heilige Sebaldus durch Wunder«, hieß es in den städtischen Annalen.

Für den aufstrebenden Stadtteil St. Sebald, der damals noch keinen Namen hatte, war dies der rechte Mann zur rechten Zeit. Zumal Sebald zu Lebzeiten noch verfügt hatte, dort begraben zu werden, wo sein Ochsenkarren, mit dem er gewöhnlich

St. Sebald ist die ältere der beiden Stadtkirchen aus früher Zeit

unterwegs war, stehen bleiben würde. Und so geschah es: In der kleinen Petruskapelle am Rande der neuen Siedlung wurde sein Grab eingerichtet. Da es aber so viele Pilger anzog (deren Menge in den Häusern rundum kaum aufgenommen werden konnte), wurde es schnell zum Wallfahrtsort. Die Sebalder begannen 1230 daher mit dem Bau einer Basilika, ganz im Stil der Spätromanik, wie zu der Zeit üblich. Dieser Bau wurde bald um zwei Seitenschiffe, später noch um den nun bereits spätgotischen Hallenchor erweitert, in dem der zum Stadtheiligen avancierte Sebald seine letzte Ruhestätte fand. Fast zwei Jahrhunderte dauerte es dann noch, ehe er durch den Papst heiliggesprochen wurde.

Doch zurück zum Hochgrab: Entstanden ist es später, von 1508 bis 1519, in der Werkstatt des Nürnberger Erzgießers Peter Vischer. Es verbindet in beeindruckender Weise Stilelemente der Gotik mit solchen der Renaissance. Ein filigranes Artefakt, das bei aller (Material-)Schwere etwas Schwebendes, Leichtes hat. Der Eindruck verdankt sich nicht zuletzt den 88 zumeist nackten Engeln, die mit ihrem heiteren Spiel und ihrer unverhohlenen Erotik die Vorstellung eines unbeschwerten Lebens im Jenseits evozieren. Peter Vischer und seine Söhne waren bei ihren Italienreisen auf dieses Motiv gestoßen und hatten es mit nach Nürnberg gebracht. Auch eine besondere Pointe hatten sie sich einfallen lassen: Das Weltengebäude ruht auf dem Rücken von vier Delfinen und den Häusern von zwölf Schnecken, einem schönen Sinnbild von Gemächlichkeit und dennoch stattfindender Vorwärtsbewegung. Kunsthistorisch gesehen gilt das Sebaldusgrab als eine der gelungensten Gussarbeiten nördlich der Alpen. Ein Werk von südländischer Eleganz und hohem ästhetischen Reiz.

Damit hatte das aufstrebende Gemeinwesen seine erste Kirche, auf der rechten Pegnitzseite, schräg unterhalb der Burg, bald auch im Herzen der Stadt. Sie beherbergt bis zum heutigen Tag die Gebeine jenes Heiligen, dessen Fingerspitzen im Dunkeln leuchteten.

Zwar wurde sie, als 1525 die Reformation nach Nürnberg kam, wie alle anderen Gotteshäuser evangelisch, doch änderte das nichts daran, dass bis heute ein katholischer Heiliger darin verehrt wird – eine hübsche ökumenische Pointe, wie sie sich die Geschichte gelegentlich erlaubt. St. Sebald aber, der anderswo als Heiliger nicht so recht überzeugen konnte und sich eigenbrötlerisch im Wald versteckte, habe sein größtes Wunder, so sagte man, damit vollbracht, dass er Nürnberg, die Stadt, die ihn in die Zivilisation zurückholte, zum Leuchten gebracht habe. Was lässt sich Schöneres über einen Stadtpatron behaupten!

Zwillinge im Geiste: St. Sebald und St. Lorenz

Nach und nach entstand als Pendant zu St. Sebald auf der gegenüberliegenden Pegnitzseite St. Lorenz, ebenfalls um eine mächtige Kirche gruppiert. Auch hier gab es ursprünglich nur eine Kapelle, dem Heiligen Laurentius als Grab geweiht (und später abgerissen); und auch hier lässt sich der Versuch erkennen, für Wallfahrer von außerhalb attraktiv zu werden und Menschen in die Stadt zu locken. Auch in St. Lorenz wurde später eine Kirche mit zwei Türmen gen Westen erbaut, der ersten gar nicht so unähnlich, mit einem mächtigen Hallenchor im Osten. Ein anfangs nahezu symmetrischer, später eher komplementärer Stadtentwurf also, zwei Seiten einer Medaille, eine urbane Symbiose.

»Die Kirchen Sebald und Lorenz mit ihren hoch gebuckelten Chören schreiten würdig wie Dromedare durch eine enge Herde steiler Dächer«, schrieb der Literaturkritiker Reinhard Baumgart, als er in Nürnberg zu Besuch war. Besser lässt sich die Stadtsilhouette nicht beschreiben.

Entwickelt hat sich der Lorenzer Stadtteil dann freilich ganz anders als der Sebalder, steiler, zielstrebiger, mehr der Ökonomie und dem Selbstbewusstsein von Bürgern verpflichtet, die sich in der Mitte der Gesellschaft wähnen und als Schrittmacher des Fortschritts sehen. Mit einem Wort: Die Zwillinge, so ähnlich sie sich bei ihrer Geburt waren, wurden einander immer fremder. Heute ist St. Lorenz die umtriebige Geschäfts- und Einkaufsmeile, in der flaniert und Geld ausgegeben wird (und gelegentlich auch verdient), während St. Sebald in einem Dornröschenschlaf verharrt und von seiner großen Zeit, dem Mittelalter, träumt.

Etwa um 1250, so schätzt man, wurde mit dem Bau der Lorenzkirche begonnen. Schnell stand fest, dass sie so groß und prunkvoll wie St. Sebald werden, wenn nicht sogar diese an Glanz und Monumentalität übertreffen solle. Damit wurde der Tatsache Rechnung getragen, dass der Lorenzer Stadtteil rasant wuchs und zu einem Beispiel frühstädtischer Prosperität wurde: Bis Ende des 13. Jahrhunderts lebten 10 000 bis 15 000 Menschen auf dieser Seite der Pegnitz, zumeist Handwerker, später auch Kaufleute.

Finanziert wurde das ehrgeizige Kirchenprojekt in St. Lorenz durch Spenden, Erbschaften und den Ablassverkauf. Außerdem half der Zufall in vorbildlicher Weise. Im Jahr 1316 schenkte

Kaiser Ludwig von Bayern den Lorenzern die Gebeine des Deocarus, ehedem Abt von Herrieden und Beichtvater Karls des Großen. Die Reliquien – penible Forscher hatten genau 39 Einzelteile
gezählt – kamen in die Lorenzkirche, und schon bald ereigneten
sich dort, wie nicht anders zu erwarten, auch die ersten Wunder.
Blinde wurden sehend, Lahme konnten wieder gehen, und für
alle galt das Jesus-Wort: Dein Glaube hat dir geholfen.

Jedenfalls wuchs der Ruhm von St. Lorenz. Die Wunder-
gläubigkeit jener Zeit trug ebenso dazu bei wie die aus allen
Himmelsrichtungen hereinströmenden Kranken und Pilger.
Zum Dank wurde Deocarus in der neuen Kirche ein eigener
Altar errichtet. Patron der Kirche wurde jedoch St. Laurentius.
Man folgte damit dem zu jener Zeit verbreiteten Laurentius-Kult,
der nach dem Sieg Kaiser Ottos I. gegen die Ungarn aufkam.
An Laurentius faszinierte die Tatsache, dass er Heiliger und
Märtyrer zugleich war. Zum Märtyrer war er geworden, als er
Partei für die Armen und Kranken ergriffen hatte und damit in
Gegnerschaft zum römischen Kaiser geraten war. (Die »Tränen
des Laurentius« übrigens sind weltberühmt: So werden die
Sternschnuppen bezeichnet, wissenschaftlich auch »Perseiden«
genannt, die in der Nacht vom 12. auf den 13. August auf die
Erde niedergehen. Laurentius weint sie der Überlieferung zu-
folge, weil er die Schätze der Kirche an die Armen verteilt hatte
und daraufhin vom wutentbrannten römischen Kaiser Valerian
hingerichtet wurde. Seither gilt der Hl. Laurentius als Märtyrer.)

Gleichzeitig entstand in mehreren Bauabschnitten ein mo-
numentaler Kirchenbau, der bis zu seiner Fertigstellung 1477
ständig erweitert wurde. Daraus erklärt sich auch der Stilmix
von St. Lorenz, das unbekümmert die Epochen Überwuchernde
und Überschreitende. Besonders eindrucksvoll das Entree an
der Westfassade: zum einen großstädtisch repräsentativ, zum
anderen von einer geradezu idealen Proportionalität, die Maßstäbe setzte und nicht zufällig an die Meisterwerke französischer
Kathedralenkunst erinnert. Das kaiserliche Wappen, besonders
aber die steinerne Rosette mit einem Durchmesser von mehr
als zehn Metern zwischen den beiden Türmen, auch »Stern von
St. Lorenz« genannt, geben der Kirche ihr erhabenes Gepräge.
Gleichzeitig bildet sie einen städtebaulichen Kontrapunkt zu
St. Sebald wie auch zur Burg. Kein Zweifel: Man befindet sich
im Zentrum der Stadt. Bei allem Hang zum Ornamentalen und
Ziselierten, der vor allem den Mittelteil des Westportals prägt,

geht von dem Gotteshaus nichts Protziges aus, sondern etwas Großstädtisch-Ziviles, Einladendes. Man darf sich willkommen fühlen.

»Von da an ging ich in die Lorenzkirche, wo ich mich von ganzer Seele an diesen hohen Hallen, an diesen gigantischen Säulenbündeln, an dieser edlen Form der Bögen, an diesem heiligen Halbdunkel und den Glasmalereien erfreute«, schrieb noch mit spürbarer Andacht August von Platen.

Ähnlich wie das *Sebaldusgrab* von Peter Vischer in St. Sebald hat auch St. Lorenz Kunstwerke von hohem Rang zu bieten. Zu nennen sind vor allem Adam Krafts Sakramentshaus sowie der *Englische Gruß* von Veit Stoß, vielfach auch *Engelsgruß* genannt. Veit Stoß hat dieses Schnitzwerk aus Lindenholz als 70-Jähriger 1517/18 gefertigt, um es dann – wie eine himmlische Verheißung – im Chor aufhängen zu lassen. Neu daran war, dass Bilddarstellung und Leuchtkörper getrennt waren. Erst auf einer religiös-ästhetischen Metaebene bilden Erzählung und Licht, Holzskulptur und ein 55-flammiger Leuchter, der das Geschehen in schimmerndes Licht taucht, wieder eine Einheit, die dann allerdings umso wirkungsvoller ist.

Die überlebensgroßen Figuren werden von musizierenden Engeln auf einem Rosenblütenkranz umrankt. Im Zentrum, effektvoll wie auf einer Bühne, die katholische Urszene: der Erzengel Gabriel und die Jungfrau Maria, die soeben die himmlische Botschaft von der Geburt Jesu vernimmt und der darüber das Buch, in dem sie gerade las, aus der Hand gleitet. Über beiden thront Gottvater mit seiner Krone und dem Reichsapfel, ganz unten befinden sich die Schlange und der Apfel, durch den die Menschen sündig wurden. Das ist großes Welttheater, spannungsreich vorgetragen. Und doch wäre das Meisterwerk fast in der Versenkung verschwunden. Denn, so grazil die Personen gearbeitet sind, so lebendig und ausdrucksstark ihr Auftritt und so akkurat der Faltenwurf ihrer Gewänder: Gezeigt wurde das Kunstwerk nur an hohen Festtagen, sonst wurde es ganz prosaisch mit einem Sack verhüllt. Und als Nürnberg 1525 evangelisch wurde, das heißt exakt sechs Jahre nach der Fertigstellung des *Englischen Grußes*, war ohnehin Schluss mit der Marienverehrung.

Der *Engelsgruß* verschwand für einige Zeit von der Bildfläche, ohne dass es freilich zu bilderstürmerischen Exzessen wie anderswo gekommen wäre. Irgendwann hing er dann wieder im

Blick von der kaiserlichen
Karolinenstraße auf
St. Lorenz

Gotteshaus, doch als die Bayerische Regierung 1816 die abson-
derliche Idee hatte, die Eisenkette durch ein Seil zu ersetzen,
stürzte das Werk wenig später zu Boden. Anschließend dauerte
es zehn Jahre, bis es wieder richtig zusammengesetzt war und
den angestammten Ort zwischen Himmel und Erde einnehmen
konnte. Kleiner Nachtrag am Rande: Bei einer Restaurierung
1971 fand man auf seiner Rückseite Tafelbilder mit Darstellungen
von Sonne und Mond.

Nicht weniger imposant als der *Engelsgruß* und diesen weit
überragend ist das Sakramentshaus von Adam Kraft, das in
unsinniger Verniedlichung seiner kolossalen Ausmaße oft auch
»Sakramentshäuschen« genannt wird. Damit ist die fast 20 Meter hohe, zur Spitze hin sich verjüngende Sandsteinpyramide gemeint, die im Chor der Kirche neben einem dicken Pfeiler steht.

»Ganz leicht und beschwingt, einem Farnblatt gleich entrollt
sich die Spitze und schmiegt sich an die Rippen des Pfeilers«,
schreibt die Kunsthistorikerin Karola Kostede.

Drei Jahre hatte der Künstler an dem spätgotischen Werk gearbeitet (dessen Analogie zum Schönen Brunnen durchaus gewollt ist), in dem die Hostie, der Leib des Herrn, aufbewahrt wird, ehe es 1496 seinen Platz in der Lorenzkirche fand. In opulenter Bildsprache erzählt es die Passionsgeschichte Jesu, vom letzten Abendmahl bis zur Auferstehung. Besondere Beachtung verdient die Signatur am Fuße des Werkes: Zusammen mit zwei Gesellen ist der Meister in Arbeitskleidung, mit Klüpfel und Meißel, dem Werkzeug des Steinmetz', zu sehen. Alle drei tragen sie das mächtige Tabernakel auf ihren Schultern wie Atlas die Erdkugel. Es ist eine für diese Zeit ungewöhnliche Selbstdarstellung, und da der Meister sich selbst kniend porträtiert hat, eine demutsvolle obendrein. Ich diene euch, ich diene der Kunst, aber auch: ich diene dem Glauben, scheint diese Pose zu sagen.

Von der Person Adam Kraft ist kaum etwas bekannt, außer dass er Schulden, zwei Ehefrauen und ein uneheliches Kind gehabt habe. Ein nicht ungewöhnliches Künstlerleben also, wobei Adam Kraft eher den biederen Typus repräsentiert, im Unterschied zu Veit Stoß etwa. 1508 starb er in einem Schwabacher Spital.

Gestiftet hatte das Tabernakel der Nürnberger Patrizier Hans Imhoff mit 700 Gulden, was damals dem Wert mehrerer Häuser entsprach. 70 Gulden erhielt der Meister zusätzlich als Trinkgeld, außerdem einen wertvollen Mantel für seine Gemahlin. Seine beste Zeit erlebte das Werk im 19. Jahrhundert, als die Romantiker das Mittelalter wiederentdeckten, Nürnberg als dessen reinste Verkörperung feierten und Adam Kraft als den »Shakespeare der deutschen Plastik« apostrophierten. Tatsächlich scheint das Werk von einer Aura urdeutschen Handwerkerfleißes umgeben, was auch ein Jahrhundert später den Nationalsozialisten nicht verborgen blieb. Sie wollten in ihm ein Sinnbild ihrer Ideologie sehen.

Neben diesen beiden Höhepunkten verblassen die anderen Kunstwerke notgedrungen. Dabei gäbe es noch einiges zu entdecken. Die Madonna im vorderen Teil, der Marthaaltar mit seinem durchgängig weiblichen Bildprogramm, das Schlüsselfelder Fenster und das Rieterfenster. Der Dreikönigsaltar zeigt dagegen die erste perspektivisch gemalte Landschaft in Nürnberg, ein Genre, an das später Dürer anknüpfen wird. Man glaubt, fränkische Motive wie eine Mühle oder einen Felsen erkennen zu können. Insgesamt eine von Licht, Raum und Menschengewimmel bestimmte Szenerie, die einigen Figuren besonderes Augenmerk widmet. So dem schokoladenbraunen Mohr im leuchtend zitronengelben Gewand. Interessant wegen seiner reichen Bildsprache und der im Original erhaltenen Farbe der Figuren ist auch der Rochusaltar, ein veritabler Pestaltar, vor dem die Menschen ihre Seuchenangst artikulieren konnten.

Vor allem jedoch sind es die Fenster, die Nahtstelle zwischen sakraler und profaner Welt, die eine eingehendere Betrachtung lohnen. Sie erzählen nicht nur die vielfach bekannten Heiligen- und Kaiserlegenden nach, in ihrer Farbigkeit und ihrem Lichteinfall zeigen sie auch, wie jene illustriert und zum Leuchten gebracht wurden. Besonders eindrucksvoll ist dies am Volckamerfenster mit seiner technischen Brillanz ablesbar.

So zwillingshaft die beiden Stadtteile anfangs auch auftraten, schnell überwogen die Unterschiede und es bildete sich eine herzhafte Konkurrenz heraus. Die Lorenzer folgten etwa dem Sebalder Beispiel bei der Erweiterung der Seitenschiffe ihrer Kirche, die Sebalder stockten wiederum ihre Türme auf gotisches Maß auf, nachdem die Lorenzer ihnen das vorgeführt hatten. Hier wie andernorts ist unschwer zu erkennen, dass Kirchen nicht nur architektonische Gebilde sind, abgeschlossene sakrale Räume, sondern auch gesellschaftliche Entwicklungen paradigmatisch abbilden und selbst beeinflussen. Kirchturmpolitik, ins Positive gewendet. Bei St. Lorenz und St. Sebald ist das nicht anders.

Oase der Stille: Ein Besuch in St. Lorenz

Frühmorgens in der Fußgängerzone zwischen Weißem Turm und Duda-Eck. Es herrscht morgendliche Verschlafenheit, vermischt mit geschäftigem Lieferverkehr, der immer leichtes Chaos verbreitet. Bleche mit frischem Streuselkuchen, voll bepackte Brotkörbe, kunstvoll geschichtete Türme aus Quark-, Nuss- und Mohnschnecken werden ins Café am Ehekarussell jongliert. Die Frau vom Handyladen leiert das Nachtgitter hoch und zieht die Zeitung aus dem Briefkasten. Das Schuhgeschäft nebenan preist seine unglaublich günstigen Sandalen an. Hauptdarsteller aber sind die Paketdienste. Hier die schokobraune Truppe aus Übersee, dort ein deutscher Zusteller, der alle paar Meter stehen bleibt, die Schiebetür aufzieht und ein Trumm-Paket herauswuchtet, das er dann in den nächsten Hauseingang bugsiert. Die Radler sind auch schon unterwegs. Risikofreudig schlängeln sie sich um Menschen, Lieferwägen und entgegenkommende Radler. Die ersten Bratwürste werden auf den Grill gelegt, dazu die weitgehend welken Weckla aufgeschnitten. Vor dem Juweliergeschäft gegenüber steht protzig ein schwarzer Audi – und, siehe da, das zuletzt arg gebeutelte Weltstadtkaufhaus existiert auch noch, wie schön.

»Jörg Kachelmann in U-Haft«, schreit das Boulevardblatt in die Welt hinaus, nur die Passanten links und rechts wissen das längst und haben andere Sorgen. Die Lokalteile der *Nürnberger Nachrichten* und der *Nürnberger Zeitung* melden in schöner Simultaneität, dass zuletzt weniger Touristen nach Nürnberg gekommen sind; und dass der Club zur Kasse gebeten werde wegen seiner Fans, die in einem fremden Stadion in einer fremden Stadt gezündelt haben. Es ist ein Tag wie jeder andere.

Menschen sind auch schon unterwegs, fast immer allein. Paarweise taucht der gemeine Innenstadtmensch erst am Nachmittag auf. Im unscheinbaren Businessoutfit eilen sie, den schwarzen Samsonite in der Hand, das Handy am Ohr, ins Büro, den entschlossenen Ich-gebe-alles-Ausdruck im Gesicht. Gleich werden sie zu erklären haben, das ahnt man, warum sie zu spät gekommen sind.

Ein paar Schritte weiter, kurz gegen die schwere Türe gestemmt, und gleich ist alles anders, gleich ist man in einer anderen Welt: Kühl ist es in St. Lorenz, immer etwas kühler als draußen. Es hallt leicht, unwillkürlich geht man langsamer, blickt nach oben. Vor allem ist es hell, freundlich hell, eine einladende Atmosphäre. Der Besucher darf sich willkommen fühlen. Es ist, als würde er hereingebeten. Er hat nicht das Gefühl, von sakraler Pracht erschlagen zu werden. Für Transparenz sorgt nicht zuletzt die prächtige Rosette am Westportal, zu der es Vergleichbares allenfalls in Rouen gibt. Zauberhaft, wenn am Abend die letzten Sonnenstrahlen in das Kirchenschiff fallen. Es gibt Kirchen, sehr bedeutende Kirchen, die dem Besucher das Gefühl vermitteln, dass er angesichts ihrer Opulenz bitteschön auf die Knie sinken möge. St. Lorenz gehört nicht dazu. Es ist ein, soweit sich das bei einem Gotteshaus sagen lässt, emanzipatorischer Bau.

Woran das liegt? Schwer zu sagen, vielleicht sind es die hohen Säulen und der nach oben immer heller werdende Innenraum. Er scheint einen Geist des Protestantismus zu verkörpern, der den aufrechten Gang und einen selbstbewussten Menschen verkündet, auch wenn die Kirche lange vor der Reformation entstanden ist. Das wirkt nach. Es sorgt dafür, wenn man so will, dass die Kirche immer jünger wird. Keine Patina ansetzt.

Zu Veit Stoß' *Engelsgruß*, der auf dem Weg zum Altar von der Decke hängt, muss der Besucher zwar aufblicken, doch auch hier darf er aufrecht stehen bleiben und Haltung bewahren. Und Adam Krafts sich nach oben hin verjüngendes Sakramentshäuschen fordert geradezu den mutigen Blick in die Höhe. Schwebend leicht scheint der Bau zu sein; nur so ist zu erklären, dass der Meister ihn persönlich auf den Schultern tragen kann. Dass sich die Spitze ans Deckengewölbe anschmiegen muss und deshalb seltsam gebogen ist, erscheint wie ein ironisches Zugeständnis an die Realität.

Von hier aus lohnt sich der Blick zurück, hinauf zur Hauptorgel und zur Glasrosette, die im hellen Tageslicht leuchtet. Das ist kein Gotteshaus, so die Botschaft, das sich gegen die Außenwelt verschließt und sich einbunkert. Nein, wer so baut will eine offene, zugängliche Kirche, die sich als Teil der Außenwelt versteht, nicht als etwas Exklusives, rein Transzendentes.

Am schönsten ist es in St. Lorenz am Vormittag, wenn die Kirche noch leer ist und das Morgenlicht durch die Fenster an der Ostseite fällt (wie eine Verheißung, darf man wohl sagen). Wenn dann der Organist an der Orgel sitzt und man aufblickt zum Deckengewölbe und vielleicht das Glück hat, dass Bach gespielt wird (am liebsten am Schwalbennest, der Laurentiusorgel an der hohen Nordwand), dann spürt man, wie man stiller wird und ruhiger und tiefer atmet. Wie man allmählich zu sich kommt. »Mensch, werde wesentlich!«, heißt es bei Angelus Silesius.

Die Stille, das Licht, die Musik. »Bei Bachs Musik ist uns zumute, als ob wir dabei wären, wie Gott die Welt erschuf.« Mit diesem Zitat im Kopf verlässt der Besucher das Gotteshaus. Leichteren Schrittes als er gekommen ist, gefasster, dem Alltagsgetümmel sich eher gewachsen fühlend. Die Kirche hat ihre vornehmste Aufgabe erfüllt: den Blick für die Schöpfung und damit für das Wesentliche geöffnet. Sie relativiert das Hier und Jetzt, indem sie es in einen größeren Zusammenhang stellt. »Sub specie aeternitatis« (»unter dem Blickwinkel der Ewigkeit«), wie es bei Spinoza heißt. Von »Umdeutung« (»reframing«) spricht die moderne Psychologie. Beide meinen dasselbe. An der heilenden Wirkung gibt es kaum Zweifel.

Das Zitat zu Bachs Musik stammt übrigens von Friedrich Nietzsche, dem großen Atheisten, dem großen Gottessucher. Es fiel ihm ein, so stellen wir uns vor, als er Gott einmal bei der Arbeit zusehen durfte.

Burg plus Burg plus Burg ist gleich Burg

Nürnberg, das ist vor allem die Burg. Sie schafft Orientierung, bietet Schutz. Sie ist das Zentrum der Stadt, das Maß aller Dinge. Wer in der Stadt ist, blickt zu ihr auf. Wer sie nicht gesehen (und besichtigt) hat, der war nicht wirklich da. Alles in der Stadt scheint sich auf sie zu beziehen, zu ihr hin zu orientieren. Die Bebauung des Burgviertels (soweit im Zweiten Weltkrieg nicht zerstört) ist an ihr ausgerichtet. Die Form der Dächer, die Farbe der Hauswände, das Fachwerk, die Straßenführung, die Straßenbeleuchtung, die Namen der Kneipen: Alles atmet ihren Geist. Wichtige Gäste werden hier empfangen. Von ihren Türmen wehen die deutsche und die bayerische Flagge, etwas abgesetzt auch die Fahne der Stadt.

Den schönsten Ausblick auf die Stadt hat man von hier oben, nicht nur Hochzeitspaare fühlen sich davon magisch angezogen. Wer von hier oben hinuntergeschaut hat auf die Häuser, soll das wohl heißen, bleibt zusammen ein Leben lang. Die Magie des Ortes, seine Aura: Das bindet. Auch beim Silvesterfeuerwerk ist es der beste Platz. Nirgendwo sonst liegt einem die Stadt so zu Füßen, fühlt man sich so erhaben, lässt sich ein bleierner Alltag so gut vergessen. Wollte man Nürnberg emblematig in einem Bild darstellen, so müsste es die Burg sein. Sie ist zum Synonym der Stadt geworden, zu ihrem Markenzeichen. Die Stadt, das *ist* die Burg, wie Straßburg das Münster *ist*. (Die ortsansässige Versicherung, die mit der Burg wirbt, als sei sie es gewesen, die sie erbaut hat, hat das instinktiv begriffen. Denn richtig ist ja, dass die Burg auch heute noch das Gefühl von Schutz und Geborgenheit vermittelt; durch den ockerfarbenen, gelegentlich roten Sandstein auch urbane Wärme.)

Da passt es gut, wenn man zu ihrer Einordnung einen Superlativ bemühen und sagen kann, die Nürnberger Burg sei die größte Befestigungsanlage Europas, wie gelegentlich zu lesen ist. (Sedan in den Ardennen oder Carcassonne am Mittelmeer, die den Titel ebenfalls beanspruchen, übergehen wir der Einfachheit halber mal.)

Wie auch immer: Über gut fünf Jahrhunderte hinweg spielte sie als kaiserliche Dependance eine zentrale Rolle. Vom 11. bis weit ins 16. Jahrhundert hinein fanden hier mehr Reichs- und Hoftage statt als irgendwo sonst. Von Heinrich III. bis zu

Die Kaiserburg in ungewohnter Perspektive

Maximilian II. gab es keinen Kaiser, der sich nicht wenigstens einmal in Nürnberg aufhielt, die meisten von ihnen besuchten die Stadt sogar sehr regelmäßig. Karl IV. etwa kam allein 52-mal ins Fränkische, Ludwig der Bayer über 70-mal. Bereits 1356 war in der *Goldenen Bulle* festgelegt worden, dass jeder neu gewählte Herrscher seinen ersten Reichstag in Nürnberg abzuhalten habe. Zumeist residierte er dann auf der Burg.

Was man als Nürnberger Burg bezeichnet, sind eigentlich deren drei: die Kaiserburg im Westen, die Burggrafenburg in der Mitte und eine reichsstädtische Burganlage im Osten und im Norden. Sie teilen sich einen Felsen von 250 Meter Länge. Die Kaiserburg verdankt ihre Entstehung den Staufern. König Konrad III. und der ihm nachfolgende Kaiser Friedrich Barbarossa ließen sie zwischen 1140 und 1180 erbauen. Sie sollte als Königspfalz dienen, da man mit der bereits bestehenden Burggrafenburg offenbar nicht mehr zufrieden war. Ein äußerer und ein innerer Burghof sorgten für die feinen sozialen Unterschiede. Innen hielten sich der Kaiser und seine Getreuen auf, außen war Raum für den Tross. Bauliche Schmuckstücke sind der Palas mit dem Rittersaal und dem darüberliegenden Kaisersaal sowie die romanische Doppelkapelle, auch sie zweistöckig und mit getrennten Räumen für Kaiser und Untertanen. Besonders sinnfällig: In der oberen, der Kaiserkapelle saß der Monarch direkt einer steinernen Christusdarstellung gegenüber. Göttliche und weltliche Macht auf Augenhöhe. Dahinter stand die Vorstellung, dass der Kaiser seine Macht, sein Mandat, unmittelbar von Gott bekommen habe. Dazu passt, dass die Kaiserkapelle hell und hoch ist, die darunterliegende Margarethenkapelle aber düster und muffig.

Von zentraler Bedeutung ist außerdem der Tiefe Brunnen samt Brunnenhaus. Er wurde 50 Meter tief in den Sandsteinfels getrieben und sollte im Falle einer Belagerung die Wasserversorgung sicherstellen.

Im Zuge der reichsstädtischen Autonomie, die Nürnberg im Laufe der Jahrhunderte mehr und mehr erhielt, ging die Burg immer stärker in die Verwaltung der Kommune über. Zwar residierte der Kaiser bei seinen Besuchen noch immer hier, doch kümmerte sich die Stadt weitgehend eigenständig um Erhalt und Nutzung der Burg. Gleichzeitig wollte sie irgendwann auch eine eigene Burg haben, weshalb sie an den schon bestehenden Komplex anbaute. Auf diese Weise entstand 1377 der Luginsland, ein gewaltiger Turm zur Früherkennung feindlicher Truppen.

Zu dieser Zeit gab es auch die Burggrafenburg mit dem Fünfeckturm schon, die älteste der drei Burgen. Sie befand sich lange in Besitz der fränkischen Hohenzollern, die sie Mitte des 15. Jahrhunderts dann an die Nürnberger verloren. Damit war nun der gesamte Komplex der reichsstädtischen Verwaltung unterstellt, und bis in 17. Jahrhundert wurde die Burg weiter ausgebaut. Es entstanden drei große Basteien, die Vestnertorbastei, die Untere Bastei und schließlich noch die Dürerbastei am nordöstlichen Ende der Stadtmauer. Außerdem wurde in drei Anläufen die Stadtmauer erweitert und zu einem geschlossenen Verteidigungs- und Befestigungsring ausgebaut. Die Anstrengung lohnte sich: Obwohl mehrfach belagert, nicht zuletzt im Dreißigjährigen Krieg, wurden Burg und Stadt nie erobert.

Streng genommen verlor die Burg den Mythos ihrer Unbezwingbarkeit erst in jener verheerenden Bombennacht des Jahres 1945, als sie zu 80 Prozent zerstört wurde und nach der sie sich nur noch als riesige Schutt- und Trümmerhalde präsentierte.

»Die Burg gilt nicht zu Unrecht als die architektonische Verkörperung des Mittelalters schlechthin«, schreibt der Historiker Werner Meyer im Katalog der Ausstellung *Mythos Burg* des Germanischen Nationalmuseums Nürnberg. Und weiter: »Die Burg als Mythos (...) ist die Verkörperung der Sehnsucht nach dem vergangenen, goldenen Zeitalter des Rittertums, als Antithese zur jeweiligen Gegenwart.« Was nichts anderes heißt als: Der verklärende Blick hinauf zur Burg ist zugleich ein verächtlicher Blick auf die spiegelglasbewehrte Business-Architektur darunter!

Der über den Graben springt:
Eppelein von Gailingen

Fast alle Nürnberger wissen, dass die Sage vom Raubritter Eppelein von Gailingen nicht stimmt, gar nicht stimmen kann, und doch wird ihre Überlieferung von Generation zu Generation liebevoll gepflegt. Offenbar gibt es Wichtigeres als historische Realität. Entscheidendes Indiz der Legendenbildung: der Hufabdruck des Reittiers des Ritters auf der nördlichen Sandsteinmauer der Nürnberger Burg. Hier soll sich im 14. Jahrhundert Folgendes zugetragen haben:

Eppelein von Gailingen, ein begüterter Edelmann aus der Fränkischen Schweiz, der sich auf das Ausplündern von Kaufleuten spezialisiert hatte, sei von den Nürnbergern gefangen genommen worden und habe auf der Kleinen Burgfreiung hingerichtet werden sollen. Als letzten Wunsch habe er geäußert, noch mal auf seinem treuen Pferd aufsitzen zu dürfen, um über die Freiung zu reiten. Unversehens habe er diesem dann die Sporen gegeben und sei in die Freiheit gesprungen. Über einen riesigen Graben einfach so hinweg. Und beim Sprung soll er den düpierten Bewachern noch zugerufen haben: »Die Nürnberger hängen keinen, sie hätten ihn denn zuvor«.

Mit diesem Spruch wurden die Bewohner der mächtigen Reichsstadt seither verhöhnt, landauf, landab. Selbst der zum Tode verurteilte Hermann Göring soll kurz vor seinem Selbstmord geätzt haben, die Nürnberger hängen keinen, sie hätten ihn denn zuvor.

Das kann schon nerven.

Der Wahrheitsgehalt jener Sage indes tendiert gegen Null: 1381 soll das Spektakel stattgefunden haben, nur gab es die Sandsteinmauer zu dieser Zeit noch gar nicht, sie war allenfalls ein schmächtiges Mäuerchen. Der Hufabdruck kann also gar nicht von Eppelein stammen. Auch hätte kein Pferd der Welt den gewaltigen Sprung überlebt. Zudem soll der Graben niemals, wie behauptet, mit Wasser gefüllt gewesen sein. Und vor allem: Der Graben an dieser Stelle ist erst rund 150 Jahre später in der heutigen Breite entstanden.

Dennoch beschäftigt die Angelegenheit die Fantasie der Menschen bis zum heutigen Tag. So wurde 2008 ein Spielfilm mit dem Titel *Ekkelins Knecht* über den Sprung in die Freiheit gedreht;

und der kleine Ort Burgthann bei Altdorf hat gar zünftig-derbe Eppelein-Festspiele ins Leben gerufen. Da darf dann nach Herzenslust überfallen, gemordet, geplündert und ausgeraubt werden. Wie schön! Die Kraft der Anarchie ist weiterhin vorhanden!

Eppelein selbst konnte sich seiner Freiheit freilich nicht lange erfreuen. Noch 1381 wurde er bei Neumarkt gefasst und hingerichtet. Das zumindest ist historisch verbürgt.

II. Das Goldene Zeitalter

Die gefühlte Hauptstadt: Als die Reichskleinodien in Nürnberg aufbewahrt wurden

Es war ein historisches Datum für die aufstrebende Reichsstadt: Am 29. September 1423 übergab Kaiser Sigismund die Reichskleinodien »auf ewige Zeiten, unwiderruflich und unanfechtbar«, wie es hieß, an Nürnberg, wo sie bis Ende des 18. Jahrhunderts in der Kirche des Heilig-Geist-Spitals aufbewahrt wurden. Damit waren die Symbole der Macht, der Reichsschatz, in der treuhänderischen Obhut der Stadt. Dabei handelte es sich um das Schwert Karls des Großen, die Lanze Ottos des Großen, einen Krönungsmantel, Zepter und Reichsapfel sowie eine Reihe von Reliquien. Ihr Besitz kam der Ernennung zur Hauptstadt gleich. Bekanntlich besaß das Heilige Römische Reich Deutscher Nation jedoch keine eigentliche, zentrale Hauptstadt, sondern vielmehr eine ganze Reihe an Kapitalen, in etwa den heutigen Landeshauptstädten vergleichbar.

Am jeweiligen Aufbewahrungsort der Reichskleinodien sind bis zum heutigen Tag auch die Wechselfälle der Geschichte ablesbar: Bis 1796 blieben sie in Nürnberg, anschließend kamen sie, kurz bevor die Stadt ihren Rang als Freie Reichsstadt verlor,

Insignien der Macht: die Reichskleinodien, hier Krone, Zepter und Reichsapfel.
Eine Kopie findet sich im Wolff'schen Rathaus, das Original ist in Wien

in die Schatzkammer der Wiener Hofburg. 1938 wurden sie auf persönliche Weisung Hitlers noch einmal nach Nürnberg gebracht und in der Katharinenkirche ausgestellt. Bei Kriegsende fanden US-Soldaten den ehemaligen Reichsschatz dann in einem Bunker, von wo aus sie ihn nach Wien transportierten. Der früheren Reichsstadt blieb nur die Nostalgie: Kopien der Reichsinsignien sind seit 1990 im Rathaus zu sehen.

Von ähnlicher Bedeutung wie die Reichskleinodien war die *Goldene Bulle* für die Stadt, die Kaiser Karl IV. bereits 1356 erlassen hatte. Diese regelte zum einen die Wahl des Kaisers durch die sieben Kurfürsten (das »Männleinlaufen« an der Frauenkirche, mittags um zwölf, erinnert daran). Zum anderen erklärte sie Nürnberg zum Ort des ersten Reichstags nach jeder Kaiserwahl. Beides zusammen trug wesentlich zu der herausgehobenen Stellung Nürnbergs im Mittelalter bei.

Einen schönen Eindruck vom damaligen Bild der Stadt vermittelt ein Zitat des Kardinals Enea Silvio Piccolomini, dem späteren Papst Pius II., aus dem Jahr 1457: »Wenn man diese herrliche Stadt aus der Ferne erblickt, zeigt sie sich in wahrhaft majestätischem Glanze. Die Kirchen sind prachtvoll, die kaiserliche Burg blickt fest und stolz herab, die Bürgerhäuser erscheinen wie für Fürsten gebaut.«

Der Kaiser kommt

Nürnberg war über Jahrhunderte hinweg sehr beliebt bei den Kaisern. Nach Frankfurt als Ort der Kaiserwahl und Aachen als Ort der Krönung waren Nürnberg und Regensburg die wichtigsten Städte im Reich. Hier fanden die Reichstage statt, hier gab es, zumindest in Nürnberg, eine repräsentative Burg, in der der Kaiser residierte, wann immer er in der Nähe war, hier wurden außerdem seit 1423 die Reichskleinodien und damit die Insignien der Macht aufbewahrt. Alles Alleinstellungsmerkmale, wie man heute sagen würde. Gleichzeitig Grund genug, um sich als heimliche Hauptstadt fühlen zu dürfen und eine besonders enge Beziehung zum Kaiser zu pflegen. Zwar waren dessen Besuche, vor allem jedoch die Reichstage, eine finanzielle Herausforderung erster Güte, doch waren sie auf der anderen Seite mit wichtigen politischen und wirtschaftlichen Privilegien verbunden, derer man nicht verlustig gehen wollte. So wurde stillschweigend in Kauf genommen, wenn die Geschenke für den edlen Besucher wie im Fall von Matthias II. im Jahr 1570 9000 Gulden aus dem Stadtsäckel verschlangen. Oder dass dessen nächster Besuch, der glücklicherweise erst 1612 stattfand, mit über 12 000 Gulden ein mittleres Vermögen kostete.

Schließlich wollte sich die Stadt bei solchen Visiten auch nicht von ihrer knauserigen Seite zeigen, stand doch die Gunst des obersten Herrn im Reich auf dem Spiel. Außerdem ging es der Stadt ja nicht schlecht. In der Blütezeit zwischen 1470 und 1530 sollen ihre Einnahmen größer gewesen sein als die des ganzen Königreichs Böhmen. Entsprechend pompös war dann jeweils der Empfang: Nach der feierlichen Prozession durch die Stadt erhielt der Monarch, sobald er mehr oder weniger erschöpft auf der Burg anlangte, seine Geschenke: zum Beispiel einen vergoldeten, kunstvoll verzierten Pokal, der mit Goldgulden gefüllt war, einen Wagen voll mit edlem Wein, dazu bergeweise Fleisch, Fisch und Hafer. Hinzu kamen noch die kleinen Aufmerksamkeiten für die kaiserliche Familie, die die Freundschaft erhalten sollten.

Kein Wunder, dass die Stadt für den Vorzug, von Seiner Majestät besucht zu werden, in ihrem Haushalt die höchsten Ausgaben des ganzen Jahrs bereitzustellen hatte. Denn auch das großmütig gewährte Markt- und Zollrecht ließen sich die Kaiser bei ihren Besuchen stets aufs Neue versilbern. Irgendwie musste schließlich Geld in die Staatskasse kommen. Dennoch war die fürstliche Apanage die Gewähr dafür, dass der Kaiser auch beim nächsten Mal wieder die Stadt besuchen würde. Daraus folgt: So sehr der hohe Gast für das gastgebende Nürnberg ein durch nichts aufzuwiegender Prestigegewinn war, so sehr fügte er ihr einen finanziellen Aderlass zu. Gelegentlich kam es auch noch vor, dass ein Herrscher in Not geriet und die Stadt um Geld angehen musste. So geschehen 1431, als König Sigismund seine Krone bei einem wohlhabenden Patrizier verpfänden ließ. Erschwerend für den Stadtsäckel kam noch hinzu, dass manche Monarchen auch gerne über längere Zeit hinweg in Nürnberg blieben. Maximilian ließ es sich fünf Monate, sein Vater Friedrich sogar neun Monate lang im damaligen Nürnberg gut gehen.

Und wenn so ein Staatenlenker sich denn in der Stadt aufhielt, herrschte der Ausnahmezustand: scharfe Sicherheitsvorkehrungen im Vorfeld eines Besuchs, weitgehende Einschränkungen für die Bevölkerung. Trödelmärkte wie derjenige vor der Jakobskirche wurden aufgelöst. Alle Kamine in der Stadt hatten gekehrt zu sein, und in jedem Haus musste ausreichend Löschwasser bereitstehen. Zur äußeren Sicherheit wurde die Anzahl der Turmwachen erhöht. Außerdem wurde diesen strengstens untersagt, Frauen mit auf den Turm zu nehmen und sich mit ihnen zu betrinken. Die Wirte bekamen einheitliche Stallmieten auferlegt, um zu verhindern, dass sie beim kaiserlichen Tross nach Gutdünken abkassierten. Die Straßen wurden gereinigt und mit Gras und Sand bestreut. Sauber sollte es sein, wenn Seine Majestät da war, sicher und sittsam. Die Stadt präsentierte sich von ihrer Schokoladenseite.

Dennoch genoss auch die Bevölkerung das wiederkehrende Spektakel. Wie bei einem Staatsempfang säumte man die Straßen, auf denen sich der Kaiser samt Gefolge in Richtung Burg bewegte. Meist kam er durch das Spittlertor in die Stadt. Bei St. Jakob hatten die Kleriker Position bezogen und kamen ihm in feierlicher Prozession entgegen, außerdem war ein Altar mit den Reliquien der Stadt aufgebaut. Dann ging es durch die Karolinenstraße zur Lorenzkirche. (Der Journalist Fritz Aschka hat in einem Beitrag der *Nürnberger Nachrichten* zu Recht darauf hingewiesen, dass kaum eine andere Stadt über eine derartige Prachtstraße, eine Via Imperialis, zu ihrem zentralen Gotteshaus verfügt, weder Köln noch München, weder Straßburg noch Ulm.)

Eine von Nürnbergs Bilderbuchansichten: das Heilig-Geist-Spital

Anschließend fand ein Gottesdienst in der Sebalduskirche statt, bevor sich der Kaiser in die Burg begab, wo er auch übernachtete.

Tags darauf pflegte das Staatsoberhaupt die Stadt zu besichtigen. Dabei wurden ihm, als Ausweis städtischer Prosperität, vor allem die Mauthalle und das Zeughaus gezeigt. In der Mauthalle lagerten die Vorräte für Notzeiten, im Zeughaus die Waffen. Gerne ließ sich der Besucher anschließend, so er zu den leutseligen Regenten zählte, auf dem Hauptmarkt sehen, den er über die Fleischbrücke erreichte. Auf dieser Brücke mit den dezenten Anklängen an das Vorbild der Rialtobrücke in Venedig, die der Stadtbaumeister Jakob Wolff d. Ä. als Modell jedenfalls im Auge hatte, gab es dann meist ein Lob aus kaiserlichem Munde für das Heilig-Geist-Spital. Im Mittelalter war es keineswegs üblich, einen Fluss in dieser Art zu überbauen.

Wenn die Kaiserliche Hoheit zum Heilig-Geist-Spital blickte, diesem Juwel mittelalterlicher Baukunst, dann musste ihr wohl schlagartig klar gewesen sein, warum es sie immer wieder nach Nürnberg zog. »Des Deutschen Reiches Schatzkästlein«, wie eine Dichterin geschrieben hatte. Wo also wäre der schmückende Titel angebrachter gewesen als beim Blick auf diese Bilderbuchkulisse?

»Nürnberg ist die schönste Stadt, die ich je gesehen habe, sie ist in ihrer Ganzheit ein wahrhaftiges Kunstwerk«, wird Adalbert Stifter noch ein paar Jahrhunderte später schwärmen. Und es ging, man glaubt es kaum, noch euphorischer: »Nürnberg leuchtet wahrlich in ganz Deutschland wie eine Sonne unter Monden und Sternen.« Das schrieb, 1530, kein Geringerer als Martin Luther.

Es dürfte vermutlich das einzige Mal in der über 950-jährigen Geschichte der Stadt gewesen sein, dass sie Vorbildcharakter für den Rest des Landes besaß. Im imperialen Glanz der Reichstage spiegelte sich Nürnberg nicht zuletzt selbst. Das sollte so nicht wiederkommen, und es endete – spätestens, muss man sagen – mit dem letzten Reichstag 1543. Tempi passati.

Aber auch das Volk kam auf seine Kosten. Mit einem großen Tanzfest, wenn der Herrscher kam, und einem Feuerwerk, wenn er wieder ging. Beides waren Ereignisse von großer Beliebtheit.

Manchmal freilich wäre der Kaiser auch gerne gegangen, ohne es aber zu können. So war etwa Maximilian I. beim weiblichen Geschlecht derart beliebt, dass die Damen bei einem Aufenthalt Schuhe und Stiefel Seiner Majestät versteckten, um ihn an der Abreise zu hindern. War dies schon reichlich neckisch, so ging man an anderer Stelle noch einen Schritt weiter: Friedrich III. wurde von den Huren gefangen genommen und konnte sich nur mit einem symbolischen Gulden wieder freikaufen. Ob dies ein Scherz als Vorgeschmack auf die erst viel später in Mode gekommene Weiberfasnacht war oder ob mehr dahintersteckte, ist nicht mehr eindeutig zu klären.

Eine ganz andere Legende wird von der Gemahlin Karls IV. berichtet: Sie entband in Nürnberg einen Sohn, woraufhin der Kaiser so überglücklich war, dass er der Stadt für ein Jahr sämtliche Steuern erließ. Kaum jedoch hatte das kaiserliche Paar die Stadt verlassen, als sich die Gerüchte überschlugen. Es wurde gemunkelt, die Kaiserin habe in Wahrheit ein Mädchen zur Welt gebracht, es aber aus Angst, den Kaiser zu enttäuschen, gegen einen neugeborenen Schusterjungen eingetauscht. Dessen Familie habe sie dann zum Dank ein Leben lang unterstützt. Ohne dass der werte Gatte davon erfuhr, versteht sich.

Das Patriziat oder
Warum man beim Tanzen gerne unter sich blieb

Das Patriziat, abgeleitet vom lateinischen »pater«, was nichts anderes als »Vater«, also auch »Stadtvater«, bedeutet, war eine der frühesten städtischen Eliten. Erstmals bildete sich damit eine Gruppe nach klar definierten Zugehörigkeitskriterien, nicht zuletzt denen des wirtschaftlichen Erfolges, die willens war und sich in der Lage sah, die kommunalen Angelegenheiten selbst in die Hand zu nehmen und das Gemeinwesen autonom zu verwalten. (Auch wenn der Begriff »kommunal« eine Erfindung des 19. Jahrhunderts ist, fand er hier seine erste praktische Anwendung.)

Ab Mitte des 13. Jahrhunderts lässt sich die sukzessive Entstehung des Patriziats nachweisen. In erster Linie rekrutierte es sich aus alteingesessenen adeligen Familien mit Grundbesitz und schnell reich gewordenen Kaufleuten. Dazu kamen in Nürnberg die sogenannten Ministerialen, die nicht nur am Hof und bei kriegerischen Auseinandersetzungen aktiv waren, sondern auch Verwaltungsaufgaben übernahmen. Mit den Sonderrechten im Gerichts-, Zoll- und Steuerwesen war in Nürnberg eine städtische Selbstverwaltung nötig geworden. Die Etablierung eines Rates und dessen Untergliederung in diverse Gremien wurde beschlossen. An dessen Spitze standen die beiden Losunger, die vor allem repräsentative Aufgaben hatten und für die Reichskleinodien sowie für die Finanzen verantwortlich waren, und ein Oberster Hauptmann, der sich um die Verteidigung der Stadt kümmerte.

Auf der nächst niedrigeren Ebene agierte der Innere Geheime Rat mit sieben Patriziern, dann kamen der Innere Rat und der Größere Rat mit 300-400 »ehrbaren« Bürgern, der hauptsächlich mit Patriziern bestückt war. Ganz unten am Fuß der Pyramide fanden sich schließlich die Handwerksleute, Künstler, Kaufleute und Wissenschaftler wieder.

Aufgabe dieser frühen Form eines Stadtparlaments war es, den inneren Frieden in der Stadt zu sichern und für den sozialen Ausgleich zu sorgen. Außerdem entschied der Rat über die Zusammensetzung und Machtbefugnis der einzelnen Gremien. Ohne seine Zustimmung ging nichts in der Stadt.

Wie kam es nun aber zu dem enormen Reichtum vieler patrizischer Familien? Er stammte, sofern nicht einfach ererbt, aus einem weiten Handelsnetz, das sich über Kerneuropa und dessen wichtigste Länder spannte. Von der Ostsee über Krakau und Ungarn bis nach Flandern und Venedig wurden die Waren transportiert. Zu den Handelswaren gehörten in erster Linie Gewürze, Tuche, Metallwaren, Wachs und Vieh. Einige Familien waren auch am Kupfer- und Silberbergbau beteiligt und zogen daraus ihre Gewinne. Der rege Handel führte dazu, dass große Kapitalströme nach Nürnberg flossen, das zu einem der führenden Geldumschlagplätze wurde. Daneben ließ eine zweite Einnahmequelle die Patrizier zu Reichtum und Wohlstand kommen: Rund um Nürnberg besaßen sie zahlreiche Grundstücke, die sie verpachteten und für die sie Abgaben kassierten. So soll es Ende des 15. Jahrhunderts 28 000 Personen gegeben haben, die Steuern an die Freie Reichsstadt zu zahlen hatten.

Aber es war auch jene Zeit, in der Stiftungen groß in Mode kamen. So wurde beispielsweise 1339 das Heilig-Geist-Spital von Konrad Groß gegründet und mit Kapital ausgestattet. Zu seiner Bewirtschaftung entstand das »Nürnberger Landalmosen«, eine Art Kolchose, die im Umland angesiedelt war und mit ihrer Landwirtschaft für die Verpflegung im Spital sorgte. Auch das Katharinenkloster wurde auf diese Art eingerichtet. Dazu taten sich eine Reihe von Patriziern mäzenatisch hervor: mit Auftragsarbeiten an die einheimische Künstlerschaft.

Soweit Aufgaben und Funktionen des Patriziats. Von Anfang an war seine Politik jedoch auch darauf ausgerichtet, die eigenen Privilegien zu sichern. Ein besonders kurioses Instrument dazu stammt aus dem Jahr 1521 und hat unter dem Titel »Das Nürnberger Tanzstatut« einschlägige Berühmtheit erlangt. Ersonnen wurde es von sieben älteren Herren im Inneren Geheimen Rat, dem Septemvirat, einer Art Senat. Im Tanzstatut wurde festgelegt, wer zu festlichen Bällen im Rathaus eingeladen wurde und wer nicht. Als Schlüssel diente die standespolitische Selektion. Menschen, die nicht als Mitglied einer Patrizierfamilie auf die Welt gekommen waren oder in eine eingeheiratet hatten, waren von vornherein im Nachteil. Das gesellschaftliche Ereignis fand ohne sie statt.

Zum illustren Kreis gehörten dagegen die rund 40 tonangebenden Patrizierfamilien jener Zeit, feinsinnig nach der Dauer ihrer Ratszugehörigkeit unterschieden in alteingesessene Familien, neue und beispielsweise durch Heirat hinzugekommene. Vertreten waren damit die Nobilitäten der Stadt wie etwa die Familien Tucher, Haller und Holzschuher, ebenso wie die Imhoffs, Kreß' und Löffelholz'. Zu diesem harten Kern kamen sechs weitere Mitglieder hinzu, die nicht im Rat der Stadt vertreten waren, sowie einige handverlesene Bürger, die sich die Teilnahme durch besondere Leistungen verdient hatten.

Hinter alldem stand ein ausgeprägtes ständisches Bewusstsein, das mit sozialer Durchlässigkeit nicht nur nichts am Hut hatte, sondern sie ausdrücklich verhindern wollte. Eine geschlossene Gesellschaft mit dem primären Ziel der Besitzstandswahrung. »Closed shop«, würden die Soziologen heute dazu sagen. Als die Handwerker 1348 gegen dieses System einiger privilegierter Oligarchen aufbegehrten, wurden sie harsch und nicht ohne Repressionen in ihre Grenzen verwiesen. Kaiser Karl IV. stellte wenig später die traditionelle Hierarchie wieder her, ja bestärkte das Patriziat in seinen Privilegien.

Sogar eine eigene Kleiderordnung hatte man. Hermelin und Samt aus Genua, auf dem Kopf eine golddurchwirkte Haube mit venezianischen Seidenschleiern: So zeigten sich die Damen in der Öffentlichkeit. Die Herren trugen einen scharlachroten Wams, unterhalb der Hüfte sorgten Strumpfhosen und modische Schnabelschuhe für den nötigen Chic. Am Gürtel steckte gut sichtbar ein Dolch. Accessoires des Reichtums und der Wehrhaftigkeit, Insignien einer politischen Elite.

So auch bei den Tanzfesten, den wichtigsten gesellschaftlichen Ereignissen. Die Exklusivität der Tanzfeste sollte Garant dafür sein, dass Ansehen, Besitz und politische Macht in den eigenen Reihen blieben, nach Möglichkeit für immer. Damit dies so geschah, musste zum einen das Volk ausgeschlossen werden; zum anderen galt es aber auch, den eigenen Nachwuchs entsprechend unter die Fittiche zu nehmen. Söhne und Töchter im heiratsfähigen Alter sollten gar nicht erst die Gelegenheit bekommen, zarte Liebesbande zu den unteren Schichten zu knüpfen. Dafür wollte das Tanzstatut sorgen. (Aus ganz ähnlichen Gründen hatte auch die Universität vor die Tore der Stadt weichen müssen. In Altdorf, so die Hoffnung der besorgten Eltern, wären die gewiss liederlichen Studenten weit genug weg, um sich nicht in das eine oder andere Töchterlein zu verlieben. Et vice versa. Dass man damit den eigenen Status zum Ideal erhob und sich gleichzeitig ein wenig dem Ruch des Inzestuösen aussetzte, störte die Patrizier nicht.)

Eine lange Lebensdauer war dem elitären Dekret freilich nicht beschieden. Bereits Anfang des 17. Jahrhunderts fanden die Rathaustänze nicht mehr statt. 1806 dann, mit der Eingliederung des Patriziats in den bayerischen Adel, spielte das Tanzstatut ohnehin keine Rolle mehr. Allerdings gelang nun einigen Patrizierfamilien die Aufnahme in die Freiherrenklasse, doch die alten Zeiten mit ihren kommoden Herrschaftsverhältnissen ließen sich auch so nicht wieder herstellen.

Im Nachhinein erscheint die Ära der Patrizier in einem ambivalenten Licht. So unbestritten ihr Beitrag zum Aufschwung der Stadt ist, so unbestritten ist ihr Beitrag zu deren Niedergang. Denn was das blühende Stadtwesen einst beförderte, wurde ihm später zum Verhängnis. Beispielsweise das elitäre Bewusstsein derer, die sich als Stützen der Gesellschaft fühlten. Unter diesem Dünkel litt die Stadt, darunter litten die Bürger, die das Gefühl hatten, nicht dazuzugehören. Irgendwann freilich kehrte sich die Beharrlichkeit der Patrizier gegen sie selbst, nicht zuletzt etwa ihre sklerotische Unfähigkeit zur Reform. Auch hier gilt: Wer nicht mit der Zeit geht, der geht mit der Zeit.

In der Rolle des Sündenbocks: Juden in Nürnberg

Der Mediävist Jacques Le Goff hat sich nicht nur mit einem klugen Buch über das Lachen im Mittelalter und damit dessen wenig bekannte heitere Seiten hervorgetan, er hat auch wichtige Thesen zur Rolle der Juden in dieser Epoche beigesteuert. Eine wesentliche Ursache für ihre jahrhundertelange gesellschaftliche Ausgrenzung, die immer wieder im Versuch ihrer kollektiven Auslöschung gipfelte, sieht er in jenen Vorurteilen und Halbwahrheiten begründet, die unter dem Stichwort »Antijudaismus« firmieren. In seiner politischen Form ist der Antijudaismus Ausdruck einer klassischen Verschwörungstheorie, die überall die »jüdische Weltverschwörung« am Werk sieht, Absprachen wittert, wo keine sind, und die Weltherrschaft der Juden verhindern will. In der wirtschaftlichen Variante werden Juden als »Ausbeuter« und »Wucherer« geschmäht, deren Geschick, Geld zu verdienen, deutlich höher ausgeprägt sei als das anderer Leute.

Die Juden gelten dieser Theorie zufolge nicht nur als zweifelhafte Finanzjongleure, sondern, schlimmer noch, auch als das »verworfene Volk«, das die Schuld am Tod von Jesus Christus trägt. Darüber hinaus seien sie – und damit befinden wir uns endgültig auf dem abschüssigen Gelände des Faschismus – die »minderwertige Rasse«, was die säkulare Ergänzung zum Vorwurf der Gottestötung ist. Ab dem 12. Jahrhundert wurden Juden zudem ritueller Morde an christlichen Kindern und der Hostienschändung bezichtigt, so auch in Nürnberg.

Le Goff resümiert: »Solange sie nicht bekehrt waren, blieben die Juden also ausgeschlossen, gewissermaßen ein Volk der Zeugenschaft, der Vergangenheit, und hatten alle Arten von Demütigungen und Vorurteilen zu ertragen, die wir nur allzu gut kennen.«

Vieles davon lässt sich auf die leidvolle jüdische Geschichte in Nürnberg übertragen. Auch hier gab es Rassenwahn, Ausgrenzung, Verfolgung, Pogrome. Auch hier wurden Juden in die Rolle des gesellschaftlichen Außenseiters und Sündenbocks gedrängt, auf dessen Rücken alles ausgetragen wird, was im Gemeinwesen schief läuft. (Der französische Soziologe René Girard hat zur Sündenbockfunktion der Juden ein aufschlussreiches Buch geschrieben.)

Das Ergebnis ist eine Zweiklassengesellschaft, in der sich die vermeintlich Rechtgläubigen auf Kosten derer definieren, die an dieser Rechtgläubigkeit nicht teilhaben. In Nürnberg war diese Unterteilung in Bürger erster und zweiter Güte auch daran ablesbar, dass die Christen und Begüterten gleich unterhalb der Burg wohnten, während den Juden das sumpfige Gebiet an der Pegnitz zugewiesen war, also jener Bereich um Frauenkirche und Hauptmarkt, Heugässchen, Hans-Sachs-Platz und Bindergasse, in den der Rest der Stadt seinen Unflat ableitete und seinen Müll warf. Eine bessere Kloake an der untersten Stelle von Nürnberg. Dessen Bewohner sollten schon beim ersten Schritt aus dem Haus spüren, dass sie lediglich Geduldete waren und in der sozialen Hierarchie der Stadt die unterste Schicht einnahmen. Sie waren die Underdogs, die Verfemten.

Doch selbst in dieser Situation waren sie vielen Mitbürgern noch ein Dorn im Auge. In regelmäßig wiederkehrenden Hassausbrüchen kam es zu Übergriffen, Plünderungen, ja Massakern. So beim ersten Pogrom 1298, als man wie in einem plötzlich explodierenden Bürgerkrieg über die Juden herfiel und mehr als 600 von ihnen umbrachte.

Im Anschluss daran herrschte 50 Jahre lang ein leidlich friedliches Miteinander, ehe 1349 die ›Rechtgläubigen und Anständigen‹, als die sie sich selbst ansahen, ein weiteres Pogrom starteten, bei dem sie erneut 562 Juden niedermetzelten, verbrannten oder sonst wie zu Tode brachten. Die restlichen Juden wurden aus der Stadt vertrieben, nachdem Stadtrat Ulrich Stromer beim Kaiser mit viel Geld die Erlaubnis dazu erwirkt hatte. Diesmal wurde auch das Vermögen der Vertriebenen beschlagnahmt und es wurden Friedhof und Synagoge zerstört. Auf ihrem Grund entstand die Frauenkirche, aus dem Judenviertel wurde der Hauptmarkt.

Einen weiteren traurigen Höhepunkt markiert das Jahr 1499. Zwischen dem 20. Februar und dem 10. März hatten alle Juden die Stadt zu verlassen. Der Rat erwarb für gerade mal 8000 Gulden ihren gesamten Besitz und verfügte, dass Juden kein Wohnrecht mehr in Nürnberg haben sollten. Erst 1850, also 350 Jahre später, wurde diese Entscheidung wieder rückgängig gemacht. In diesen Jahren hatte die Stadt gerade noch 87 jüdische Mitbürger.

»Die Stadt kannte keine Freiheit für Juden«, resümiert mit Bitterkeit der Journalist Leibl Rosenberg. Als eine der letzten

Als der Hauptmarkt
Adolf-Hitler-Platz
hieß: Nürnberg
im Banne des
Nationalsozialismus

Städte Deutschlands und nur mit äußerstem Widerwillen habe
sich Nürnberg schließlich dem Druck gebeugt und erst im 19.
Jahrhundert den Juden wieder Zutritt und Zuzug gestattet.

Mit den Juden kehrte der Wohlstand nach Nürnberg zurück.
Die gesamte Zweiradindustrie geht mit Hercules, Mars, Victoria
oder Triumph auf jüdische Gründungen zurück, Teile der Spielwarenindustrie mit Schuca, Trix und Tipp ebenso, desgleichen
die Papierindustrie (Camelia), die Pinselfabrikation und vieles
andere mehr. Über 40 Stiftungen entstanden zu jener Zeit, die
Juden bewiesen Bürgersinn und engagierten sich politisch.
Einige ihrer höchsten Repräsentanten, wie der Rabbiner Max
Freudenthal, genossen Hochachtung und Respekt, weit über die
eigenen Kreise hinaus. Nürnberg erlebte eine zweite Blütezeit.

Und mit ihr eine Phase der Entspannung und friedlichen
Koexistenz. War endlich alles überstanden? Sicherten wie so oft
in der Menschheitsgeschichte auch hier ein relativer Wohlstand
und wirtschaftliche Prosperität das gedeihliche Miteinander?
Entwickelte sich gar, nachdem der ärgste ökonomische Druck
gewichen war, ein Klima der Toleranz, in dem Lessings aufklä-
rerisches Ideal vom Nebeneinander der Religionen eine Chance
hatte, wie er es im *Nathan* darlegte?

Für ein paar Jahrzehnte schien es so, doch dann tauchten
am Horizont neue Menetekel auf. Sie verhießen den häufig
auch patriotisch gesinnten Juden nichts Gutes. Der alte Schoß

der Vorurteile war noch fruchtbar, die alte Paranoia mit ihrem Ausgrenzungswahn wurde neu entfacht. »Juden unerwünscht« hieß es nun an vielen Cafés und Gasthäusern, ganze Ortsteile wurden zur Sperrzone erklärt. Die städtischen Schwimmhallen waren für Juden tabu, nicht einmal in den Stadtpark durften sie noch gehen, und ihre Geschäfte in städtischen Gebäuden wurden geschlossen. Die Gesellschaft ließ zu ihrer eigenen Stabilisierung wieder einmal die Schotten herunter und verfolgte alles, was ihr nicht bis aufs Haar glich. Diesmal, das ahnten viele im ominösen Jahr 1933, könnte es noch schlimmer, noch radikaler werden als in der Vergangenheit. Die wirtschaftliche und politische Krise erzeugte bei vielen Verunsicherung; Existenz- und Zukunftsangst sind der beste Nährboden für Repression und totalitäre Abenteuer. In Franken schürte ab 1923 der nationalsozialistische Hassprediger Julius Streicher, ehedem ein Volksschullehrer, dann Herausgeber der Parteipostille *Der Stürmer*, mit seinen Tiraden das antijüdische Ressentiment. »Das moderne Nürnberg wurde zu einer Hochburg des rassisch-völkischen Antisemitismus«, schreibt Leibl Rosenberg.

1935 verkündete Göring auf dem Reichsparteitag die sogenannten Nürnberger Gesetze »zum Schutz des deutschen Blutes und der deutschen Ehre«, wie es offiziell hieß, mit dem Ziel, die Bürgerrechte der jüdischen Bevölkerung weitgehend abzuschaffen. Damit war der Weg für ihre spätere Vertreibung und Vernichtung frei. Als Folge davon wurde in Nürnberg als einer von zwei Städten im Reich noch vor der sogenannten »Reichskristallnacht« die Hauptsynagoge abgerissen. Am 10. August 1938 verkündeten Oberbürgermeister Liebel, ein überzeugter Gefolgsmann Hitlers, und Gauleiter Streicher bei einer symbolischen Abbruchaktion das »Ende der Judenherrschaft über Nürnberg«. Wenige Monate später, in der Nacht vom 9. auf den 10. November, kam es, zentral gesteuert von Reichspropagandaminister Goebbels, zur »Nacht der Schande«: In Nürnberg wurden jüdische Wohnungen von der SA regelrecht überfallen und die Bewohner verhaftet, misshandelt oder ermordet; Geschäfte wurden verwüstet und geplündert, die Synagoge in der Essenweinstraße in Brand gesteckt. Zahlreiche Juden setzten daraufhin ihrem Leben selbst ein Ende.

Immerhin kam es am darauffolgenden Tag auch zu zwei Gegenaktionen: Benno Martin, Polizeipräsident und Intimfeind Streichers, setzte ein »Kriminalkommando zur Verfolgung der

Rohheits- und Eigentumsdelikte« ein, und Pfarrer Wilhelm Geyer predigte in St. Lorenz gegen den anarchistischen Furor der Straße, der von der Staatsmacht angezettelt und geduldet worden war.

Drei Jahre später, am 29. November 1941, begannen die Deportationen, 1500 Nürnberger Juden fielen ihnen zum Opfer. Ein weiteres Jahr später wurde der Vorsitzende der Israelitischen Kultusgemeinde, Leo Katzenberger, in einem Schauprozess wegen angeblicher Rassenschande zum Tode verurteilt und durch das Fallbeil hingerichtet.

Beim Einmarsch der Amerikaner am 20. April 1945 lebten noch 50 Juden in der Stadt.

Mehr als 20 Jahre dauerte es, ehe sich Nürnberg entschloss, zur Erinnerung an die Synagoge am Hans-Sachs-Platz einen Gedenkstein einzuweihen. 1984 schließlich erhielt die Jüdische Gemeinde wieder ein Gemeindezentrum mit Synagoge, Wohn- und Pflegeheim sowie Verwaltungsräumen. Andere symbolische Akte des Gedenkens, der Reue und der Scham folgten. Die Stadt, soviel wird dabei deutlich, hat ihre Schuld erkannt, will nichts beschönigen und nichts verdrängen. Trauer und Entsetzen über das Unfassbare haben begonnen.

Die Wunde jedoch bleibt.

Schuster, bleib nicht bei deinen Leisten: Hans Sachs, der Volkspoet

Hans Sachs, Schuhmacher und Poet, beschäftigte die Menschen nicht nur zu seiner Zeit, sondern auch weit darüber hinaus. Heute würde man sagen, er war ein Starautor, der mit seiner Art, zu dichten, Maßstäbe setzte, an denen sich auch die Nachfahren zu orientieren hatten. Er etablierte, lange vor Gottsched und ohne sie ausdrücklich so zu benennen, eine Ars Poetica, die es zu befolgen galt. Von daher verwundert es nicht, dass er einerseits erklärte Bewunderer hatte wie Goethe oder Richard Wagner, die sich von ihm inspiriert fühlten, andererseits jedoch Kritiker und Verächter wie beispielsweise Heinrich Heine, der bekanntermaßen gerade missliebige Berufskollegen mit einem Hass verfolgen konnte wie kein Zweiter.

Einen »Nürnberger Spießbürger« nannte Heine in seinem Aufsatz *Religion und Philosophie in Deutschland* Hans Sachs, dessen Meistergesänge nur eine »läppische Parodie der früheren Minnelieder« und dessen Dramen »eine tölpelhafte Travestie der alten Mysterien« seien. Im Folgenden attackierte er dann das »Reimgeklapper« (gemeint waren die Knittelverse) dieses »pedantischen Hanswurstes«, der die Naivität des Mittelalters lediglich »ängstlich nachäfft«. Was nur heißen kann: Offenbar war da einer fast 300 Jahre nach seinem Tod noch so lebendig, dass man ihn wieder und wieder umbringen musste. Offenbar war da einer zu seiner Zeit populärer gewesen, als es ihm nach Heines Meinung zukam. Tatsächlich lässt sich dem Werk von Hans Sachs eine gewisse Schlichtheit und Freude am wohlfeilen Ressentiment nicht absprechen. Ein Körnchen Wahrheit, meistens erheblich mehr, steckte ja in Heines Tiraden immer.

Doch da gab es ja auf der anderen Seite Goethe, der Hans Sachs in *Dichtung und Wahrheit* nicht nur einen »wirklich meisterlichen Dichter« nannte, sondern ihm mit *Hans Sachsens poetische Sendung* auch ein literarisches Denkmal setzte. Damit nicht genug. Goethe verfasste eine Nachdichtung zum *Jahrmarktsfest zu Plundersweilern*, einem Fastnachtsspiel von Hans Sachs, in dem er auch selbst auftrat und gleich drei Rollen gleichzeitig übernahm. Vielleicht war es die »göttliche Frechheit unserer Jugendjahre«, wie er 1808 an Jacobi schrieb, die er darin wiederfand und die ihn reizte. Noch im 20. Jahrhundert gab es eine witzig-geistvolle Neubearbeitung des Stoffes. Peter Hacks, der inzwischen verstorbene DDR-Dramatiker, veröffentlichte seine Version des *Jahrmarktsfests zu Plundersweilern*, eine bilderbogenhafte Revue über das bürgerliche Unterhaltungsbedürfnis. Sie wurde auch in Nürnberg mit Erfolg gespielt.

Zurück zu Hans Sachs. Unter seinen Bewunderern dürfen natürlich Wieland, Albert Lortzing, der eine Oper über ihn schrieb, und Richard Wagner nicht fehlen. In dessen *Meistersingern von Nürnberg* bekam er, der zuvor völlig vergessen schien, eine Rolle als charismatischer Volksheld, die nicht nur unverkennbar autobiografische Züge von Wagner selbst trägt, sondern auch dem nunmehr idealistisch verklärten Hans Sachs zu ewigem Nachruhm verhalf.

Wer war nun dieser Sänger und Poet, Schuhmacher und Rebell, der von 1494 bis 1576 lebte? Als Erstes: ein außerordentlicher Vielschreiber. Über 6000 Texte hat er hinterlassen, darunter Lieder, Spruch- und Spottgedichte, Dramen und Fastnachtsspiele sowie Flugschriften zur Reformation, als deren Propagandist Sachs sich selbst ansah. Sein Leben, ungleich beschaulicher als das seines Zeitgenossen, des französischen Dichters François Villon, mit dem er gelegentlich verglichen wird, ist schnell erzählt: Er wurde als Sohn eines Schneidermeisters in Nürnberg geboren. Nach dem Besuch einer Lateinschule und der Ausbildung zum Schuhmachermeister ging er, wie damals üblich, auf eine fünfjährige Wanderschaft, ehe er sich 1516 in Nürnberg niederließ. Bald wurde er ein aktives Zunftmitglied der Meistersinger, deren Vorsitzender er zeitweise auch war. Im Vordergrund stand freilich die politische Aktivität, denn schon früh hatte sich Hans Sachs zu Martin Luther und der Reformation bekannt, beispielsweise mit seinem Gedicht *Die Wittenbergisch Nachtigall*.

Eine öffentliche Parteinahme, die, wie sich zeigen sollte, nicht ohne Risiken war. Denn obwohl seine Heimatstadt Nürnberg längst protestantisch war, verhängte sie – zumindest vorübergehend – gegen Hans Sachs ein Publikationsverbot. Außerdem wurde, kaum war der Dichter tot, ein Teil seines Nachlasses eilig konfisziert – aus Angst, dieser könnte zu Aufruhr und Insubordination führen. Inzwischen freilich würdigt seine Heimatstadt ihn in gebührender Weise. Gegenüber des Heilig-Geist-Spitals gibt es einen Hans-Sachs-Platz mit einem Hans-Sachs-Denkmal. Ein Gymnasium trägt seinen Namen, im Sommer werden seine Schwänke in der Katharinenruine gespielt, und mitten

Der Volksdichter blickt weise und gütig von seinem Denkmal herab: Hans Sachs

in der Stadt, am Weißen Turm, wurde 1984 das Ehekarussell, ein neobarocker Brunnen zu einem Gedicht von Hans Sachs, aufgestellt. Zwischendurch vergab die Stadt auch einen Hans-Sachs-Literaturpreis. Er wurde inzwischen wieder gestrichen, aus Kostengründen, wie es hieß.

Im Vergleich zu Boccaccio oder Shakespeare würden wir die Werke von Hans Sachs heute als »provinziell-bescheidene, oft recht hölzerne Literaturversuche« empfinden, schrieb Otto Spälter, der ehemalige Schulleiter des Hans-Sachs-Gymnasiums, auf dessen Homepage. Um dann fortzufahren, dass Hans Sachs den Zeitgenossen mit seinem Werk »Halt gegeben« habe in den Wirren der Reformation und maßgeblich dafür verantwortlich gewesen sei, dass »die deutsche Sprache an Form und Ausdrucksvermögen ungeheuer gewann«.

Das wird dem historischen Hans Sachs in bester Manier gerecht.

Das Sauspiel: Martin Walsers böse Satire auf das Bildungsbürgertum

Wie man Geschichte auch späteren Generationen noch nahebringt, das zeigt in exemplarischer Art Martin Walsers Theaterstück *Das Sauspiel*, das im spätmittelalterlichen Nürnberg zur Zeit des Hans Sachs spielt. Es geht darin um jene historisch verbürgte Volksbelustigung, bei der sechs Blinde, angetan mit Harnischen und Eisenhauben, mit einem Prügel auf ein angebundenes Schwein so lange einschlagen mussten, bis sie es zur Strecke brachten. Wem das gelang, der bekam eine Prämie. Und auf der Tribüne saßen derweil die Honoratioren der Stadt und amüsierten sich prächtig.

Ein derb-burleskes Jahrmarkt-Spektakel, das Walser da auf die Bühne bringt, ganz im Stil von Hans Sachs. Eine tragende Rolle kommt bei Walser dem Volkssänger Jörg Graf zu, der sich als Scheinblinder unter die Prügelnden mischt und wacker auf seinen Konkurrenten Grünwalder eindrischt. Doch auch dieser hat seine Blindheit nur vorgetäuscht, in der gleichen Absicht. Beide werden ertappt – zur Strafe werden ihnen die Augen ausgestochen.

Daneben hat das Drama einen zweiten Handlungsstrang, der ebenfalls historisch nachweisbar ist. Es ist das Schicksal des Geistlichen Wolfgang Vogel, der als Anhänger der radikalchristlichen Wiedertäufer von der Lehre Luthers abwich und in Walsers Stück deshalb in den Lochgefängnissen sitzt und auf seine Hinrichtung wartet. Tatsächlich wurde Vogel im Jahr 1525 als christlicher Schwarmgeist hingerichtet, nach einem bemerkenswert kurzen Prozess und just zu jener Zeit, als in Nürnberg das erste humanistische Gymnasium nördlich der Alpen eröffnet wurde. Humanistischer Aufbruch einerseits, finsterstes Mittelalter andererseits. An diesem Widerspruch entzündet sich Walsers greller Witz. Er macht aus dem Fall eine satirische Attacke auf die Korrumpierbarkeit der Intellektuellen und ihre Neigung, das Mäntelchen nach dem Wind zu hängen. Von Dürer über Pirckheimer bis zu Melanchthon und Hans Sachs haben sie alle ihren Auftritt; den prototypischen Dr. Faustus hat der Autor eigens noch hinzugedichtet. Sie entpuppen sich als opportunistische Clique, die nur auf den eigenen Vorteil bedacht ist, bei Pirckheimer im noblen Haus hockt, Frankenwein trinkt und lästerliche Reden führt.

Das gibt dem Stück seinen komödiantischen Schwung, seinen Biss. Zwei Beispiele: Bei einem Gespräch mit dem todgeweihten Wolfgang Vogel in dessen Zelle darf Joseph Stopp, der Henker in Diensten der Stadt, ohne Hemmungen drauflos schwadronieren:

»Ich bin eigentlich gegen die Todesstrafe. Das können Sie sich denken. Meine Frau sagt oft, sie fürchte, ich werde mir noch selber was antun. Aus Selbsthaß. Das werde ich nicht. Ich schreibe ein Buch darüber. Ich würde Ihnen gern ein paar Seiten vorlesen.«

Während des Lesens greift er Vogel immer wieder in eindeutiger Absicht an den Hals, worauf dieser zu Tode erschrickt, Joseph aber ebenfalls. Erst als einige Gefährten Vogels ein brennendes Strohbündel in die Zelle werfen, hat das makabre Spiel ein Ende. Für den armen Priester freilich bedeutet es nur einen kurzen Aufschub. Später wird Philipp Melanchthon, um den »Verrat der Intellektuellen« (Julien Benda) perfekt zu machen, ein Gutachten zur Rechtmäßigkeit der Wiedertäuferprozesse verfassen.

In einer anderen Szene stehen Stadtdirektor Spengler und die beiden Patrizier Pfinzing und Holzschuher auf dem Gang vor dem Großen Rathaussaal zusammen und überlegen, ob sie Vogel besser auf dem Marktplatz hinrichten lassen sollen oder aber in seiner Gefängniszelle.

»Warum schicken wir ihm die Exekution nicht in die Zelle runter? Ersparen ihm die Gaffer, die Qual des Wegs, den Reiz der Natur, die draußen um den Rabenstein in voller Maienblüte steht! Meine Herrn, seien Sie menschlich! Es stirbt sich leichter in unserem Lochgefängnis.«

Und sein Stadtratskollege Holzschuher assistiert: »Dieser Vogel ist imstand und missbraucht auch noch seine eigne Hinrichtung zur Verbreitung eben der Ideen, um derentwillen wir ihn hinrichten müssen.«

Walsers Stück, zu dessen Recherche er mehrfach in Nürnberg war, will zweierlei: zum einen dem selbstgefälligen Bildungsbürgertum jener Zeit (und damit auch dem heutigen) den Spiegel vorhalten. Damit sind vor allem die Pfinzings, Holzschuhers und Paumgartners gemeint. Gleichzeitig wird (und das ist das eigentliche Anliegen des Autors) die Anpassungsbereitschaft der Intellektuellen persifliert. Sie sind durch die Bank armselige Tröpfe, Wortkünstler, die, biegsam bis zur Rückgratlosigkeit, nur damit beschäftigt sind, ihre eigenen Privilegien zu sichern.

Was sie vorführen, ist nichts als die »Pirouette des Intellekts«, wie es Walser nennt.

Das Sauspiel kam 1975 auf die Bühne, als Reflex auf den gerade erlahmenden Protest der 68er-Generation. Natürlich habe er kein historisches Stück, sondern eins über die Gegenwart schreiben wollen, erklärte Walser mehrfach. Ein langes Leben war dem *Sauspiel* dennoch nicht beschieden. Bei allem Wortwitz erschien es auf der Bühne eigenartig sperrig, was wohl damit zu tun hatte, dass Walser den handelnden Personen kaum eine eigene, individuelle Psychologie zugestand. Sie wirkten zwar witzig und in ihrer Selbstgefälligkeit entlarvt, als saturierte Künstlergruppe auf Dauer aber auch ermüdend.

Als Dürer mal eben die Malerei neu erfand

Es ist eine eindeutige Verführungsszene: Der Herr Doktor, schon mittleren Alters, eingemummelt in seinen Hausrock, die Schlafmütze schräg über den Kopf gezogen, ist am heimischen Kachelofen eingeschlafen und träumt. Was er träumt, wird ihm von einem fledermausartigen Kobold mittels Blasebalg eingeflüstert. Es ist, wir ahnen es schon, etwas Unanständiges. Da tritt auch schon das Objekt seiner Fantasie zutage: Es ist Venus höchstpersönlich und, wie es sich für sie ziemt, splitterfasernackt. Eine schöne, verführerische Frau, keine Frage. Vielleicht einen Tick zu schön, zu verführerisch für den alten Doktor. Am Ende würde er der Versuchung noch widerstehen, zuzutrauen wäre es ihm.

Die Venus dagegen, wie aus einer anderen Welt steht sie da. Das zarte Gesicht, umrahmt von langem, lockigem Haar, in der Rechten ein lässig über den Arm geworfenes Laken, das die Scham notdürftig verhüllt und damit erst recht zur Geltung bringt. Unten links in der Ecke, sozusagen als Kommentar des Künstlers, ein kleiner Amor, der versucht, (wieder) auf seine Stelzen aufzusteigen, um darauf balancieren zu können – möglicherweise eine Metapher dafür, dass die von ihm eingefädelte Verführung gelingt oder auch nicht.

Hübsch auch der formale Kontrast: Während uns der Frauenkörper in seiner Schönheit wie aus einem Guss präsentiert wird, ist der Rest des Bildes von düsteren, schraffierten Flächen beherrscht, ein engmaschiges Netz aus Fugen, Falten, Runzeln und Verwerfungen. Die Absicht der Gegenüberstellung ist klar: der makellose Traum einerseits, der penible Alltag andererseits.

Das Bild, ein Kupferstich aus dem Jahr 1498, trägt den Titel *Die Versuchung des Müßiggängers* (oder auch *Der Traum des Doktors*) und wurde immer wieder als Darstellung der Acedia verstanden, der Trägheit also, einer Todsünde. Gleichzeitig fällt seine heitere, gelassene Stimmung auf. Und es fällt auf, dass der Künstler, von dem der Spruch »Ich mag nicht in den Himmel, wenn es da keine Weiber gibt« überliefert ist, sich selbst jeglicher moralischen Wertung enthält. Eine für jene Zeit geradezu frivole Zurückhaltung.

Damit aber fügt sich das Bild nahtlos ein in eine Reihe von Nacktdarstellungen, von der *Badefrau,* dem *Männerbad* und dem

Adam und Eva,
Kupferstich von
Albrecht Dürer aus
dem Jahr 1504

Nackten Paar mit geflügeltem Teufel bis hin zum *Selbstbildnis als Akt*, einer Reihe, die noch immer gerne verschämt übergangen wird, obwohl sie Dürers Lust am Körperlichen, an der Nacktheit dokumentiert. Dabei trägt auch sie zu Dürers herausragender Stellung in der Kunstgeschichte bei. Das Nackte ist das Wahre: Bei allem, was man über Dürers Kunstverständnis weiß, scheint das eine naheliegende Schlussfolgerung zu sein. (Der bedeutende Dürer-Forscher Heinrich Wölfflin ist übrigens der Ansicht, die Venus in der *Versuchung des Müßiggängers* sei eine »italienische Musterfigur«, die das »Gift der italienischen Schönheit« repräsentiere und ihn zur Kunst der Italiener verführen wolle, aber das nur am Rande.)

Geboren ist der Ausnahmekünstler Albrecht Dürer (1471-1528) in Nürnberg. Hier hat er die meiste Zeit seines Lebens verbracht, hier war er verheiratet, hier hat er gearbeitet. Schon zu Lebzeiten trägt er den Namen seiner Heimatstadt in die Welt, wird zu ihrem Botschafter und mehrt durch seine eigene Reputation auch die ihre, das ist die eine Seite. Die Inspiration für sein Werk freilich holt er sich häufig woanders, in Italien, in den Niederlanden, in der Korrespondenz mit den führenden Köpfen seiner Zeit, das ist die andere.

Unterm Strich ist die Beziehung Dürers zu Nürnberg ein schönes Beispiel dafür, wie ein Künstler seine Heimatstadt so sehr überragen kann, dass diese hinter ihm fast zu verschwinden droht. Beethoven und Bonn, Mozart und Salzburg wären ähnliche Beispiele. Auch sie schrumpfen neben dem Genie, das sie hervorgebracht haben, zur Nebensache, zur Fußnote. Letzten Endes ist es egal, wo diese Künstler gelebt haben: Ihre Kunst ist universal. So spielt es nur eine untergeordnete Rolle, dass es von Dürer etliche Nürnberg-Ansichten gibt und er zum Malen und Zeichnen gerne vor die Tore der Stadt zog: Seinen künstlerischen Rang verdankt er den großen Entwürfen, den *Vier Aposteln, Adam und Eva*, den *Betenden Händen*, dem *Feldhasen* oder dem *Großen Rasenstück*. Werken also, deren geografische Verortung völlig nebensächlich ist.

Dies ist der Grund, warum Ausstellungen mit seinen Werken in Bilbao, Wien oder Chicago genauso ihr Publikum finden wie zu Hause in Nürnberg. Ein Klassiker wie der Kupferstich *Melencolia I.* mit seiner weltweiten, Jahrhunderte währenden Rezeptionsgeschichte belegt diese Tendenz zum Grenzüberschreitenden ebenso eindrucksvoll wie die Flut an Kopien, Reproduktionen und Anspielungen, die er ausgelöst hat. Als »Bild der Bilder« bezeichnet ihn Peter-Klaus Schuster völlig zu Recht, da er geradezu paradigmatisch eine menschliche Grundbefindlichkeit abbildet. (Schuster wäre im Übrigen in den 90ern fast Nachfolger von Gerhard Bott am Germanischen Nationalmuseum geworden, zog es aber vor, nach Berlin zu gehen und bei der Nationalgalerie Karriere zu machen.)

Und es kommt hinzu, dass die Stadt, die sich schon seit einiger Zeit so emphatisch auf Dürer und sein Werk beruft, den Maler zu dessen Lebzeiten nicht gerade auf Händen trug. »Hier bin ich ein Herr, daheim ein Schmarotzer«, schrieb Dürer an seinen Freund Pirckheimer aus Venedig, und es war nicht das einzige Mal, dass er sich verbittert über seine Heimatstadt äußerte. Dabei musste er nicht einmal miterleben, wie sein Grab geöffnet und geleert wurde und wie unsensibel die Stadt sein Erbe verwaltete, seine Bilder verschenkte, gegen andere Werke eintauschte oder zu Schleuderpreisen verhökerte. Einige wurden ihr allerdings auch abgepresst, von mächtigen Potentaten, die sie im Gegenzug dann unversehrt ließen.

Nur so ist zu erklären, dass man Dürers Werke auf der ganzen Welt finden kann, mit der Folge, dass etwa die Alte Pinakothek in München die *Vier Apostel* nicht mal zu hohen Festtagen nach Nürnberg ausleihen möchte. Begründung: Sie würden den Transport nicht überstehen. Und nur so ist zu erklären, warum große Dürer-Ausstellungen zwar in Wien, Rom oder London stattfinden, nicht aber in Nürnberg. In der Heimat- und Geburtsstadt sind von seinen Gemälden gerade noch zwei Werke verblieben: eines der Kaiserbilder und das Porträt seines Lehrers Michael Wolgemut. Beide können im Germanischen Nationalmuseum bewundert werden, dazu eine Auswahl des grafischen Werks. Es ist dies der klägliche Restbestand eines Œuvres, das 720 Holzschnitte, 100 Kupferstiche und Radierungen, 2000 Zeichnungen und 190 Gemälde umfasst. Achtsame Nachlassverwaltung sieht anders aus.

Dabei wäre die deutsche Malerei ohne Dürer nicht zu dem geworden, was sie ist. Er ist die Zäsur an der Schnittstelle von Mittelalter und Renaissance, er markiert die Öffnung zur Neuzeit hin. Durch ihn wurde die Landschaftsdarstellung zum selbstverständlichen Sujet, wurde das perspektivische Malen gang und gäbe. Er war es, der die unter Künstlern so selbstverständlichen Formen der Selbstbefragung und Selbstvergewisserung mitbegründete, die Vielzahl seiner Selbstporträts bezeugt es. Als erster Maler signierte er seine Werke zudem konsequent, unübersehbar und stolz. Neu war auch, dass Tiere porträtiert wurden, selbst solche, die man in natura nie zu Gesicht bekommen hatte. Ebenso Menschen, die weder einen religiösen noch einen mythologischen Hintergrund besaßen oder ein weltliches Amt innehatten. Dürer malte sie einfach aus der Lust an der Darstellung, weil sie ein Gesicht hatten, in das sich ein ganzes Leben eingegraben hatte, wie etwa bei seinen Eltern.

Erstmals rückte die Ästhetik in den Mittelpunkt des Schaffensprozesses, was bei Dürer zur Frage nach der idealen Proportionalität führte. »Was die Schönheit ist, weiß ich nicht«, bekannte er zwar, doch die Akribie seines Strichs ist ein beredtes Dementi dieses Satzes. Ebenso der Hang zu mikroskopisch genauer Beobachtung, der wie bei vielen großen Malern, so auch bei ihm, gelegentlich obsessive Züge annimmt. Am *Rasenstück* mit seinen filigranen Gräsern ist das ebenso ablesbar wie am farbig leuchtenden *Blaurackenflügel*, am *Feldhasen* mit den fein ziselierten Bart- und Fellhaaren ebenso wie an der *Rhinozeros-*

Einst Wohnhaus, heute Museum: 1509 erwarb Albrecht Dürer das wuchtige Haus am Tiergärtnertorplatz

Zeichnung aus dem Jahr 1515. Wer sie genau betrachtet, kann zu dem Schluss kommen, die Natur habe bei ihrem Bauplan an ihnen Maß genommen und nicht umgekehrt.

In der Summe führt es dazu, dass Dürers Werk in seiner Bedeutung kaum zu überschätzen ist. Er ist *der* deutsche Maler schlechthin. Einer der ersten in der Kunstgeschichte, bei dem wir geneigt sind, vom Genie zu sprechen, wie das später die Romantiker tun werden, die ihn nicht zufällig neu entdeckt haben. Mit Dürer wird die Malerei erstmals auch zur akademischen Disziplin, die gelehrt und gelernt werden kann. Denn er begründet quasi nebenbei ein neues Genre, das »Denkbild«, wie Peter Klaus Schuster diese zum Nachdenken einladenden Blätter in Anlehnung an Walter Benjamin nennt. Damit sind phänotypische Darstellungen gemeint, die weit über den Einzelfall hinausweisen, indem sie das Typische an ihm beleuchten. *Ritter, Tod und Teufel* wäre dafür ein Beispiel. Die Reihe ließe sich schier endlos fortsetzen.

Lassen wir zum Abschluss zwei Bewunderer zu Wort kommen, die man sich unterschiedlicher kaum vorstellen kann. Da ist zum einen Goethe, der Eckermann gegenüber bekannte, er hätte sich doch sehr geärgert, wenn er gestorben wäre, ohne die Kunst Albrecht Dürers gesehen zu haben. Zu diesem Zwecke war er auch mehrmals in Nürnberg. In einem Brief an Lavater aus dem Jahr 1780 schreibt er über den Maler:

»Denn ich verehre täglich mehr die mit Gold und Silber nicht zu bezahlende Arbeit des Menschen, der, wenn man ihn recht im Innersten erkennen lernt, an Wahrheit, Erhabenheit und Grazie nur die ersten Italiener zu seinesgleichen hat.«

Ein dickes Lob, eine geradezu überschwängliche Wertschätzung, die freilich an anderer Stelle eine herbe Einschränkung erfährt. »Hätte doch das Glück Dürer tiefer nach Italien geführt«, heißt es in der *Italienischen Reise*. Denn erst da wäre er ein richtig Guter geworden, sagt der Italien-Reisende Goethe, der es im Land der Zitronen zu wahrer Meisterschaft gebracht hatte. (Kaum zu übersehen: Wann immer Goethe sich über Dürer äußert, glaubt man, ihn auch ein bisschen über sich selbst sprechen zu hören.)

Und da ist zum anderen Andy Warhol, der fleißige Reproduzent, der sich die *Betenden Hände* auf seinen Grabstein hat meißeln lassen. Vermächtnis, Verbeugung und zugleich eine Brücke über die Jahrhunderte hinweg. Wie anregend der Altmeister auch für heutige Künstler noch ist, zeigte vor einiger Zeit die Ausstellung *I believe in Dürer* in der Nürnberger Kunsthalle.

Dürer – das ist der Nürnberger Glücksfall schlechthin, das geschichtsträchtige Geschenk weit über die Grenzen der Stadt hinaus. Anlässlich seines 500. Geburtstags, den seine Heimat mit dem nötigen Aplomb feierte, brachte Petra Kipphoff, Kunstkritikerin der *ZEIT*, den Wert dieses Werbeträgers sehr schön auf den Punkt:

»Denn wer, wie Nürnberg, Weltruhm erlangt hat durch Rostbratwürstchen und Reichsparteitag, Lebkuchen und Kriegsverbrecherprozesse, der kann seinen größten Sohn, der weder mit dem einen noch mit dem anderen zu schaffen hatte, dringend brauchen. Nur er könnte«, so fährt sie fort, »in einem Anfall von posthumer Genialität das schaffen, was den Lebenden ein solches Kopfzerbrechen bereitet: die Erinnerung an den Reichsparteitag tilgen und gleichzeitig den Umsatz der Rostbratwürstchen steigern.«

Kleines Fachgespräch zu Dürer mit Thomas Schauerte

Gleich neben dem Museum Industriekultur in einem unschein-baren Amtsgebäude residiert Thomas Schauerte. Wobei »resi-dieren« etwas übertrieben ist, zugegeben. Denn das Büro ist nüchtern, geradezu spartanisch eingerichtet. Und, Zufall oder nicht: Der Herr der Bilder arbeitet in einem Büro ohne Bilder. Kein Dürer an der Wand, kein Cranach, nichts. Nicht mal ein Poster. Doch bereits nach dem ersten Satz ist klar: Da äußert sich ein versierter Kenner von Dürers Leben und Werk, einer, der gewohnt ist, den Dingen wissenschaftlich auf den Grund zu gehen. Thomas Schauerte ist, wenn man so will, Dürers Nachlassverwalter. Der promovierte Kunsthistoriker ist Leiter der Grafischen Sammlung der Stadt, mithin des Besitzes all dessen, was der Stadt geblieben ist von ihrem berühmten Sohn. Im Gespräch erzählt Schauerte dann, dass er gerade an einem Buch über Dürer für den Reclam Verlag arbeitet. Es ist eben unerschöpflich in seinem Ausmaß, in seiner Tiefe und seiner Fragestellung, das Œuvre des Meisters.

Wenn man es mal biografisch betrachtet: Wie war das Verhältnis von Dürer zu seiner Geburtsstadt, wo er ja auch die meiste Zeit seines Lebens verbracht hat?

Nach den Zeugnissen, die wir haben, ein eindeutig positives. Dürer war sich der Tatsache bewusst, in einer, nach damaligen Maßstäben, Weltstadt zu leben, einer großen Akteurin in der Reichspolitik, mit internationalen Handelsbeziehungen ge-segnet. Eine bedeutende Produktionsstätte für vorindustrielle Massenware, könnte man fast sagen. Von daher auch sehr reich, sehr wohlhabend, die Stadt. Das war im Grunde genommen der ideale Hintergrund, vor dem Dürer seine Talente optimal entfalten konnte.

Ganz wichtig dabei war, dass die Stadt auch der Vorbote des frühen Buchdrucks in Deutschland war und dass mit dem Buchdruck schnell das Bedürfnis aufkam, Bücher zu illustrieren. Damit ist Dürer durch seinen Paten Koberger – auch das eine ideale Konstellation – sehr früh in Berührung gekommen. Die Theorie, dass Dürer bereits an der *Schedelschen Weltchronik*, also mit gerade mal 20, 25 Jahren, mitgearbeitet hat, ist nicht von der Hand zu weisen.

Ich denke mal, er hat gern in dieser Stadt gelebt und war stolz darauf, aus einer der wichtigsten Städte im Reich und eben auch einer der wichtigsten Städte in Europa zu stammen. Er hat ja auch die Handelsbeziehungen, die schon bestanden, dahingehend genutzt, dass er zweimal nach Venedig gereist ist ...

... von wo aus er sich dann heftig über Nürnberg beschwert hat mit dem berühmten Satz: »Hier fühle ich mich als Herr, daheim als Schmarotzer«.

Das ist eine Aussage, die immer wieder zitiert und die sehr wörtlich genommen wird. Ich wäre da vorsichtig. Dürer ist in seinen Schriften auch Ironie nicht ganz fremd, und man muss sich natürlich den Kontext ansehen, man muss sich auch den damaligen Sprachgebrauch genau ansehen. Wie gesagt, ich denke, es greift zu kurz, wenn wir das einfach ungeprüft wörtlich übernehmen.

Unbestritten ist, dass es einige Vorkommnisse gab, die ihm nicht hätten gefallen können, wenn er sie noch miterlebt hätte: Graböffnung, Verschleuderung seiner Werke et cetera.

Da liegen sicher Fluch und Segen seines Weltruhmes eng beieinander. Das hat zunächst etwas mit der humanistischen Gedächtniskultur zu tun, d. h. man muss sich zu Lebzeiten darum kümmern, wie man in der Nachwelt angesehen ist. Das hat Dürer bewusst gepflegt. Zum Beispiel mit seinem berühmten Selbstporträt, das im Grunde genommen gestohlen wurde, wofür die Nürnberger nichts können, das jetzt in München hängt und von Rechts wegen eigentlich wieder zurückgegeben werden müsste. Ein anderes berühmtes Beispiel sind *Die vier Apostel,* die auch in München gelandet sind. Das waren Geschenke Dürers an die Stadt, wobei man »Geschenk« nicht so wörtlich nehmen darf, meist hat er auch ein Gegengeschenk erwartet. Fest steht aber, dass Dürer sein künstlerisches Andenken hier in seiner Vaterstadt gewahrt wissen wollte. Und er hat dazu ganz konkret Schritte unternommen, einfach durch die Schenkung bedeutender Kunstwerke. Man kann das gar nicht hoch genug einschätzen, weil er in der Zeit, in der er an den *Vier Aposteln* gemalt hat, mit anderen Kunstwerken auch ein paar 1000 Gulden mehr hätte verdienen können. Nürnberg sind viele Dürerwerke schlichtweg abgepresst worden, anders kann man das gar nicht sagen. Deswegen wäre es zu kurz gegriffen, zu sagen, die haben halt nicht aufgepasst und deshalb gibt es jetzt so wenig in städtischem Besitz.

Sie sagten, Dürer sei eigentlich immer im Bewusstsein der Stadt präsent gewesen. Das widerspricht doch der Tatsache, dass die Romantiker im 19. Jahrhundert mit ihrer Nürnberg-Begeisterung eigentlich auch Dürer erst wieder zum Vorschein gebracht haben.

Das würde ich differenzierter sehen. Sie haben Dürer in die Gedenkkultur eingeführt, die uns im Grunde genommen auch heute noch vertraut ist. Da hat es ja keine großen Brüche seither gegeben. Ich sag es mal so: Dürer hat das »Dritte Reich«, den Kommunismus und die 68er-Revolte fast unbeschadet überstanden. Niemand ist hergegangen und hat ihn dekonstruiert, um einen Modebegriff zu benutzen.

Die Frage ist doch nur: Wie war das im 17. oder 18. Jahrhundert?

Natürlich nicht so, wie wir das heute kennen. Aber die Jubiläumskultur, die Gedenkkultur, die wir heute haben, für die ist Dürer eines der ganz frühen Beispiele mit seinem 300. Todestag im Jahr 1828, der mit großen Dürer-Feiern in Nürnberg, aber auch in anderen deutschen Metropolen wie München begangen worden ist. Mit Blick auf dieses große Dürer-Jubiläum hat die Stadt 1826 das Dürer-Haus erworben.

Aber das war alles schon unter dem Einfluss der Romantiker. Da müssen wir Sandrart dann auch ins Spiel bringen. Also einen der ganz großen Global Player unter den deutschen Barockkünstlern, ich würde ihn sogar als den führenden deutschen Barockkünstler bezeichnen, fast so eine Art deutscher Rubens. Auch aufgrund seiner diplomatischen Kontakte, seiner Weltgewandtheit. Sandrart hatte dem Dürer-Gedenken bereits wieder neuen Zug gegeben, aber er hat nicht bei null angefangen. Seine berühmte *Teutsche Academie*, also die erste deutsche Kunstgeschichte, kann man sagen, ist im Geiste Dürers geschrieben worden. Auch die erste deutsche Akademiegründung, die ja hier in Nürnberg stattgefunden hat und an deren Errichtung die

Brüder Sandrart ganz maßgeblich beteiligt waren, ist sozusagen im Geiste Dürers geschehen. Gerade an seine didaktischen Ambitionen, seine Lehrbücher, seine Absicht, Kunst zu einem akademisch lehrbaren Fach zu machen und aus der Handwerksecke herauszuholen, genau daran haben die Sandrarts angeknüpft. Das war Ende des 17. Jahrhunderts. Also gibt es keine wirkliche Flaute im Dürer-Gedenken. Dürer war immer präsent, lange Zeit eben auch durch seine Werke, die hier in der Stadt waren. Die einzigen Werke, die sich heute noch in städtischem Besitz befinden, sind die zwei Kaiserbilder, die jetzt im Germanischen Nationalmuseum hängen, aber nach wie vor Eigentum der Stadt Nürnberg sind.

Und das Bild seines Lehrers Michael Wolgemut, wie ist es damit? Ist das Eigentum des Germanischen?

Ja, das gehört dem Germanischen Nationalmuseum. Die Kaiserbilder, die von der Stadt auch in Auftrag gegeben worden waren, sind eben das Einzige, was Nürnberg über alle historischen Brüche hinweg von Dürer geblieben ist. Und Grafik natürlich, da gibt es zwei Sammlungen, eine von der Stadt und eine vom Germanischen.

Dürer ist nach wie vor lebendig, trotzdem gab es nach dem Dürer-Jahr 1971, das mit viel Aufwand gefeiert wurde und auf das die Stadt auch angemessen reagiert hat, die Vermutung, eine Ausstellung dieser Größe werden wir möglicherweise nie mehr nach Nürnberg bekommen. Es gab große Dürer-Ausstellungen, zum Beispiel in Wien, Bilbao oder London. Da stellt sich doch die Frage: Muss man immer weit fahren, um Dürer sehen zu können? Gibt es beispielsweise Planungen für anstehende Jubiläen in Sachen Dürer?

Eigentlich nicht. Wenn man überhaupt diese Kunstwerke in Bewegung setzen will, dann gibt es wirklich nur große, runde Jubiläen, die so etwas überhaupt in den Bereich des Denkbaren rücken. Man darf nicht vergessen, dass die Bedingungen, unter denen Kunstwerke ausgeliehen werden, in den letzten 50 Jahren sehr verschärft worden sind, was Auflagen von Sicherheit und Klimaschutz anbelangt. Schon allein deshalb ist das nicht mehr ohne Weiteres möglich. Von daher war 1971 eine Sternstunde, weil man damals mit diesen Dingen noch ein bisschen lockerer umgegangen ist als heute. Das nächste Mal, das überhaupt vorstellbar wäre, wäre dann 2028 zum 500. Todestag. Das ist jetzt noch so weit hin, daran denke ich im Moment noch nicht so sehr.

Sind Werke wie Die vier Apostel *überhaupt noch zu transportieren? Die Münchener wollen sie ja nicht herausrücken, mit der Begründung, die* Apostel *würden es nicht überstehen.*

München hat ja sowieso von Haus aus im Vergleich zu anderen großen Sammlungen eine sehr restriktive Leihpolitik. Es funktioniert heute im internationalen Leihverkehr sehr viel darüber, dass man als Leihnehmer bei dieser Gelegenheit Restaurierungen anbietet. Dann kann man sagen, die Ausleihe verschlechtert den Zustand der Werke nicht, sondern verbessert ihn. Das kostet Geld, das allerdings nicht in den Sand gesetzt ist und für das auch Stiftungen relativ gerne einspringen. Man ist dann als Stiftung mit diesem Kunstwerk sozusagen auf ewig positiv verbunden. Man darf natürlich nicht vergessen, dass das ja oft auch Geschäfte sind, die auf Tauschbasis beruhen. Wenn wir Euch das und das geben, könnt Ihr uns in zwei Jahren dies und jenes ausleihen. Und da sieht Nürnberg besser aus, als man gemeinhin meint. Die städtischen Sammlungen sind ja riesig, das darf man nicht vergessen. Das Problem ist eher, dass man das besser sichtbar machen muss.

Meine Aufgabe als Leiter der grafischen Sammlung ist es so auch, diese besser sichtbar zu machen. Im Dürer-Haus soll mehr Ausstellungsfläche geschaffen werden. Es wird ebenfalls ein Schaufenster der grafischen Sammlung sein. Das war auch früher schon mal so. Es ist eigentlich kein großer, aber doch ein recht schöner Ausstellungsraum, wenn man sich alte Fotos ansieht. Auch die Ausstellungsräume unter dem Dach werden noch weit unter ihren Möglichkeiten genutzt. Man darf nicht vergessen, dass wir eine große Sammlung von teilweise wirklich hochwertigen Dürer-Kopien haben. Immer, wenn der Stadt sozusagen was aus dem Kreuz geleiert worden ist von irgendwelchen Kaisern oder sonstigen Potentaten, sind Kopien angefertigt worden, und auch die möchte ich stärker zeigen. Die sind teilweise so gut, dass sie einen hervorragenden Eindruck von Dürers Kunst vermitteln. Das ist ebenfalls ein Pfund, mit dem man wuchern kann.

Gibt es eine Zusammenarbeit mit dem Germanischen bei solchen Projekten?

Auf jeden Fall, ja. Gerade, was Dürer anbelangt, ist die Zusammenarbeit im Augenblick sehr gedeihlich. Mein erster Aufsatz, der jetzt publiziert wird – ich bin ja erst drei Monate im Amt – kommt in der Dürerforschung des Germanischen Nationalmuseums heraus.

Zur Stellung von Dürer in der Kunstgeschichte: Was ist das Einmalige, Singuläre an ihm? Warum bewegt er bis heute das Publikum ebenso wie die Forschung?

Einmal ganz lapidar gesagt: aufgrund der Qualität seiner Werke. Ich sage das nur, um es erwähnt zu haben. Dann natürlich aufgrund der Tatsache, dass uns Dürer sehr viel näher ist als fast sämtliche seiner Zeitgenossen, weil er sich selbst so stark in sein Werk, aber auch in seinen Schriften dokumentiert hat. Weil wir vieles von dem, was wir heute mit unserem Künstlergeniebegriff verbinden, der auch stark durch das 19. Jahrhundert geprägt wurde, bei Dürer wiederfinden. Dürer ist uns über ein halbes Jahrtausend hinweg immer noch relativ nah. Ich bin nicht mehr so euphorisch, wie man das in früheren Jahrzehnten und auch noch im Nachgang des 19. Jahrhunderts war, dass wir Dürer durch seine Schriften als Mensch vollständig vor uns haben. Die Wahrheit ist komplizierter. Trotzdem, im Vergleich zu allen anderen Künstlern, auch solchen des 16., 17. oder 18. Jahrhunderts, ist uns Dürer unglaublich nahe. In seinen Selbstzweifeln, auch im Grüblerischen, das sein Werk an sich hat und das von vielen vielleicht nicht zu Unrecht als typisch deutsch empfunden wird. Er hat die grafischen Techniken durch seine unglaubliche Qualität revolutioniert, und er ist jemand, der ganz klar erkannt hat, wie er sich selbst zu Lebzeiten schon ein Gedächtnis durch seine Werke bereiten kann, dadurch, dass er konsequent datiert und signiert hat. Er hat das nicht erfunden, aber die Konsequenz, mit der er das umgesetzt hat, ist wirklich neu.

Natürlich hat die Naturstudie einen ganz neuen Stellenwert bei ihm bekommen. Denken Sie an die berühmten Aquarelle, die dann im Sinne von Vorstudien auch wieder Arbeitsmaterial für weitere Gemälde waren. Ganz wichtig ist natürlich – das hatten wir eben im Zusammenhang mit Sandrart angesprochen und darin ist er seiner Zeit weit voraus – die hohe Ansiedlung der Kunst als solcher, der Malerei, der Grafik, weit jenseits der damals geltenden handwerklichen Standards. Sein Lebenstraum war es, all das an einer Universität gelehrt zu sehen. Umgesetzt wurde das durch Sandrart dann hier in der Akademie, tatsächliches Lehrfach an Universitäten ist es in Deutschland aber erst im 19. Jahrhundert geworden.

Das ist die akademische Seite, wie ist es mit der kunstästhetischen? Was ist seit Dürer Standard in der Malerei?

Ich glaube, für Dürer hat es so etwas wie einen vorweggenommenen kategorischen Imperativ gegeben. Wenn du etwas malst oder zeichnest, dann mach es so, dass es nicht mehr zu verbessern ist, allgemeingültig sein kann. Das ist ein Gedanke, der ihm sicherlich nicht fremd war, lange vor Kant natürlich. Das schlägt mir aus seinem Werk entgegen, wenn er *Adam und Eva* malt oder in Kupfer sticht. Man könnte eine riesige Ausstellung damit bestücken, einfach nur Anregungen oder Nachahmungen seines *Adam und Eva*-Kupferstichs zu inszenieren. Bei anderen Motiven ist es ähnlich. Denken Sie an den berühmten *Melancholie*-Kupferstich, vor dem wir sozusagen seit 500 Jahren grübelnd sitzen.

Wie ist es mit der Landschaft?

Ob Dürer die Landschaft als Sujet entdeckt hat? Sagen wir mal so, er hat den ästhetischen Eigenwert von Landschaftsdarstellungen erkannt, er hat allerdings weder in der Druckgrafik noch im Gemälde diese Motive selbstständig umgesetzt. Das darf man dabei ja nicht vergessen. Das hat die Konkurrenz gemacht. Beispielsweise Altdorfer und die sogenannte *Donauschule*, die dann wirklich Landschaftsdarstellungen eigenhändig radiert, in Kupfer gestochen, im Holzschnitt umgesetzt, aber auch als Gemälde auf die Leinwand gebracht hat.

Wie ist es mit seinen Aquarellen vom Nürnberger Raum, von Kraftshof et cetera?

Da müssen wir natürlich ein bisschen zurückhaltend sein, weil wir den Vorstudiencharakter dieser Blätter nicht vergessen dürfen. Denken Sie an die Motive der Nürnberger Burg, die immer wieder irgendwo auftauchen ... Da dürfen wir nicht vergessen, dass das Ganze auch Studiencharakter hat und dass es weniger darum gegangen ist, sich die Dinger in einem fetten Goldrahmen an die Wand zu hängen. Da wäre ich zurückhaltend. Aber natürlich hat Dürer die ästhetischen Werte in der Landschaft wahrgenommen, keine Frage.

Was lässt sich dazu sagen, dass er ganz einfache Menschen porträtiert hat, seine Eltern, seine Frau, seinen Lehrer?

Einerseits steht dahinter die humanistische Kultur des Gedenkens an einen Menschen. Ihn bei Lebzeiten festzuhalten, um ihn sozusagen für immer zu haben. Auf der anderen Seite auch wieder der Studiencharakter. Was Dürers Altarbilder so faszinierend macht, sind die lebensnahen Physiognomien der handelnden Personen, die sind ganz stark individualisiert und nicht so stark schematisiert, wie man das oft in der Altarkunst oder kirchlichen Kunst um 1500 beobachten kann. Die Gedenkkultur auf der einen Seite und der Studiencharakter auf der anderen Seite, das macht den Reiz eines jeden dieser Porträts aus.

Zum Thema Dürer-Forschung: Wie schätzen Sie diese ein, wie gut ist er erforscht, sind noch Überraschungen möglich?

Jede Zeit formuliert ihre Fragen an den Menschen, an das Werk Dürers. Das Interesse verschiebt sich natürlich zwangsläufig in gewissem Maß. Ein großer Komplex, der jetzt auftaucht und uns in den nächsten Jahrzehnten schwer zu schaffen machen wird, sind Echtheitsfragen. Mein Aufsatz im Dürerjahrbuch des GNM geht im Grunde genommen um die Abschreibung des Dürer-Werks *Christus unter den Schriftgelehrten*, das in Madrid hängt. Ich halte dieses Werk nicht für einen eigenhändigen Dürer. Das wird sicherlich Diskussionen auslösen, und wenn es gut läuft, wird es dazu führen, dass dieses Gemälde mit modernen Mitteln kunsttechnologisch untersucht wird und dass man wird sagen können: Der Baum, von dem das Holz der Tafel stammt, ist dann und dann gefällt worden. Es gibt soundso viele Untermalungen, Korrekturen usw. Wenn man einmal angefangen hat, diese Dinge kritisch zu sehen, sieht man eben auch andere Gemälde kritischer. Die Debatte der Echtheit wird uns die nächsten Jahrzehnte über in Atem halten. Wobei natürlich keine Sammlung daran interessiert ist, auf einmal einen unechten Dürer bei sich hängen zu haben.

Mein persönliches Forschungsinteresse ist nach wie vor die humanistische Vernetzung Dürers. Wie eng stand er mit seinen humanistischen Zeitgenossen in Kontakt? Wo hat das eventuell auf sein Werk Einfluss genommen? Beispielsweise die Lektüre des Werkes von Celtis.

Abschließend noch eine Frage, die vor allem den Boulevard beschäftigt. War Dürer bisexuell? Sie wissen, Matthias Mende, der berühmte Dürer-Forscher und einer Ihrer Vorgänger im Amt, hat diese Vermutung aufgestellt.

Sie sehen selbst, wie ruhig es um diese Frage inzwischen geworden ist. Sie ist für sein Werk unerheblich, weil es immer problematisch ist, mit nachfreudianischen Kriterien an Kunstwerke heranzugehen, die 500 Jahre alt sind. Das bringt uns nicht weiter. Wir finden relativ wenig Psychologie in den Werken der älteren Kunst. Das war auch nicht die Aufgabe von Kunst in der damaligen Zeit. Das sind alles Phänomene des 18., 19. und 20. Jahrhunderts. Und von daher die Frage: Hilft uns das in Bezug auf das Werk Dürers irgendwie weiter?

Aber in Bezug auf sein Leben wäre es keine ganz unerhebliche Frage, wie intim Dürer und Pirckheimer zum Beispiel tatsächlich miteinander verkehrt sind ...

Zunächst darf man nicht außer Acht lassen, dass Dürer ausweislich seines Werkes und seiner schriftlichen Zeugnisse ein frommer Mensch war. Man darf nicht vergessen, dass sich mit diesen Dingen der Sodomievorwurf in Verbindung bringen lässt, der schwerwiegend war. Der auch Kirchenstrafen nach sich ziehen konnte. Ich glaube, da geht der präsumtive Nonkonformismus, den wir bei jedem Künstler einfach schon gewohnheitsmäßig unterstellen, zu weit. Das lässt sich nicht einfach 500 Jahre zurückprojizieren.

Trotzdem die Nachfrage: Eher ja oder eher nein?

Eher nein.

Eine Frage noch zu seiner Frau Agnes: War sie Xanthippe, Promoterin oder von beiden was?

Wir wissen darüber nichts. Auch die Tatsache, dass sie miteinander keine Kinder gehabt haben, ergibt für sich genommen kein eindeutiges Bild: Irgendeiner von beiden konnte offenbar keine Kinder zeugen. Dass jemand um 1500 bewusst die Entscheidung getroffen hätte, wir wollen keine Kinder haben, ist völlig undenkbar.

Natürlich wird die Tatsache, keine Kinder bekommen zu können, Probleme aufgeworfen haben. Vielleicht auch den einen oder anderen charakterlich oder emotional beeinflusst haben, aber das sind alles Dinge, bei denen Wissenschaft schnell zur Kaffeesatzleserei wird. Die Agnes jetzt als Überfrau hinzustellen, wie das zuletzt schick geworden ist, ist daher auch nicht unproblematisch.

Was wir schon wissen, ist, dass sie im Betrieb mitgearbeitet hat. Ob sie vielleicht grausam oder unangenehm im Umgang war, das können wir nicht sagen. Man kann da nicht vorsichtig genug sein.

Ich merke schon, Sie wollen gerne Fragen offen halten.

Natürlich.

Veit Stoß: Genie und tragische Figur

Er ist wohl die tragischste Figur unter Nürnbergs Künstlern, dem zu allem persönlichen Unglück auch noch von seiner Heimatstadt übel mitgespielt wurde. Ein Paria, oft auf der Flucht, zeitweise im Gefängnis, schließlich von der Obrigkeit gebrandmarkt, indem ihm glühendes Eisen durch die Wangen gestoßen wird. Die Bürgerrechte werden ihm entzogen. Nicht einmal ein Gnadenbrief des kunstsinnigen Kaisers Maximilian I. kann helfen. Er wird ein »unruwiger, hayloser« Mann, wie er es selbst ausdrückt. Verkauft an einem Stand an der Frauenkirche auf Vorrat geschaffene Kleinkunstwerke und grafische Blätter. Irgendwann wird ihm sogar dieser Stand vom Rat der Stadt gekündigt. Er stirbt als einsamer, verbitterter Greis 1533 in Nürnberg, seiner Wahlheimat, wo er trotz allem geblieben ist. Sein Grab befindet sich auf dem Johannisfriedhof.

Wenigstens dort ist er angekommen im erlauchten Kreis der Nürnberger Künstler, die nahezu alle ihre Händel mit der Stadtspitze hatten, Dürer nicht ausgenommen. Viel später erst wird der Verfemte rehabilitiert werden. Erst nach und nach erkennt man, welch großartige Werke er mit dem *Englischen Gruß* in der Lorenzkirche, dem *Wickelschen Kruzifix* und dem *Apostel Andreas* in St. Sebald sowie der *Raphael-Tobias-Gruppe*, heute im Germanischen Nationalmuseum, geschaffen hat. Vor allem jedoch ist es der gewaltige Hochaltar in der Krakauer Marienkirche, der den Nachruhm dieses Künstlers sichert. Übrigens weit über die Grenzen seiner ihn ebenso schnöde wie grausam behandelnden Heimatstadt hinaus.

Um 1447 wird Veit Stoß vermutlich, genauer lässt es sich nicht datieren, im schwäbischen Horb am Neckar geboren. Ab 1473 lebt er mit Unterbrechungen, wenn er zum Beispiel in Krakau arbeitet, in Nürnberg. Hier heiratet er zweimal, hier kommt sein ältester Sohn Andreas zur Welt. 1499 kauft er für sich und seine Familie für 800 Gulden ein Haus. 1503 begeht Veit Stoß dann den folgenreichen Betrug, der ihn zeitlebens verfolgen wird. Er verliert beim Bankrott einer Tuchfirma viel Geld. Deren Inhaber, der Veit Stoß noch Geld schuldet, flüchtet. Um dennoch an das Geld zu kommen, fälscht er einen Schuldschein mit Unterschrift und Siegel des betrügerischen Kaufmanns. Vor Gericht fliegt der Schwindel auf. In seiner Angst flüchtet der Künstler in das Kar-

Für die Ewigkeit
geschnitzt: Der
Englische Gruß in der
Lorenzkirche

meliterkloster. Doch es hilft nichts. Beim Verlassen des Klosters
wird er auf offener Straße festgenommen. Der Rest ist bekannt.

Soweit die unglückliche Vita des Mannes, der Kunstgeschichte
schrieb. An der Biografie des Veit Stoß lässt sich jedoch auch
etwas Exemplarisches ablesen: die Zerrissenheit der Menschen
in einer historischen Übergangsphase, hier von der Gotik zur
Renaissance. Die alten Werte sind bereits verbraucht oder diskreditiert, die neuen gerade erst im Entstehen. Die Menschen
stehen im Spannungsfeld zwischen alter und neuer Welt, mit
all der damit einhergehenden Verunsicherung.

»Mit feinem Empfinden«, schreibt Bernd Schmidt in seinem
Essay *Veit Stoß und seine Zeit*, »hat Veit Stoß die Umbrüche
zwischen dem Mittelalter und der Renaissance wahrgenommen und erlebt. [...] Das äußert sich in einer Kunst, die
einen leidenschaftlichen Naturalismus in den Einzelheiten
zeigt, gleichzeitig aber innere Aufgewühltheit und geistige
Orientierungslosigkeit offensichtlich macht. Die fast barocke

Durchwühlung der Gewänder und Umrisse ist ein Zeichen für seine seelische Zerrissenheit.« Und an anderer Stelle: »Es ist bemerkenswert, dass in keinem seiner Werke die Figuren zueinander in Beziehung gesetzt sind. Es handelt sich jeweils um isolierte Einzelne ohne persönlichen Kontakt. Könnte es vielleicht sein«, so fragt der Autor, »dass Veit Stoß selbst zu zwischenmenschlichen Beziehungen nur schwer fähig war und ihm daher das Einfühlungs- und Ausdrucksvermögen dafür fehlte?« (Bernd Schmidt ist Kunstkenner und war bis vor kurzem Lehrstuhlinhaber an der Universität Passau für Mathematik und Informatik. Der erwähnte Essay findet sich auf den Web-Seiten der Uni Passau.)

Willibald Pirckheimer: Gelehrter, Frauenfreund, Dürers Spezl

Willibald Pirckheimer gilt als der Universalgelehrte, der in Kontakt mit den führenden Denkern seiner Zeit wie Erasmus von Rotterdam oder Thomas Morus stand und den Humanismus nach Nürnberg brachte. So ist die übliche Lesart, so ist das überlieferte Bild. Vieles daran ist realistisch, zum Beispiel Pirckheimers Physiognomie: wuchtiger Schädel, lange, wellige, fast bis zur Schulter reichende Haare, ernste Augen, die in die Ferne blicken, Knubbelnase, dicke, sinnliche Lippen, im Alter Ansatz zum Doppelkinn. Edel und vornehm die Kleidung, von der ein kostbarer Pelz zu sehen ist, was den Eindruck des Würdevollen noch verstärkt. Kurzum: ein kultivierter, auch wohlgenährter Mann, der sichtlich in sich ruht und dem die Reflexion nicht fremd ist. Der Bilderbuch-Gelehrte. Ein Wilhelm von Humboldt seiner Zeit.

Und genauso muss Willibald Pirckheimer ja auch ausgesehen haben. Das lässt sich insofern mit Bestimmtheit sagen, als ihn sein Freund Albrecht Dürer zweimal porträtiert hat: das erste Mal 1503, als Pirckheimer 33 Jahre alt war, das zweite Mal 1524 im Alter von 54, als der Abgebildete schon deutlich zur Fülle neigte. Beide Darstellungen zeigen geradezu ikonografisch den Gelehrten, den aufgeklärten Geistesmenschen, der zwar in Nürnberg zu Hause war, aber deutlich über dessen Grenzen hinausblickte.

Von des Gedankens Blässe war Pirckheimer bei aller Intellektualität nicht angekränkelt. Er genoss das Leben in vollen Zügen, aß gern und trank gern, führte ein großes, gastfreundliches Haus am Herrenmarkt (heute Hauptmarkt), »die Herberge der Gelehrten«, wie sie der Dichter Celtis nannte; besonders aber war er ein großer Bewunderer weiblicher Schönheit, was sich in zahlreichen Affären niederschlug. Von einem »stadtbekannten Schürzenjäger« spricht der Dürer-Forscher Matthias Mende.

Dürer jedenfalls gefiel sich darin, dem Freund gelegentlich drastisch ins Gewissen zu reden. »Ihr wollt auch ein rechter Seidenschwanz werden und meint, wenn Ihr nur den Dirnen wohlgefallt, so sei es ausgemacht«, so schrieb er am 28. August 1506 aus Venedig. Und weiter: »Wenn Ihr doch wenigstens ein lieblicher Mensch wäret, wie ich, dann würde es mich nicht so erzürnen. Ihr habt soviel Liebschaften, daß wenn Ihr einer jeden nur einmal beiwohnen wolltet, Ihr es in einem Monat und länger nicht zu vollbringen vermöchtet.«

An anderer Stelle äußerte Dürer den Verdacht, dass der Freund beim letzten Brief wohl wieder »voll Hurenfreude« gewesen sei, um ihm dann die Leviten zu lesen: »Ihr solltet Euch denn doch schämen deshalb.«

Ein echtes Männergespräch also, das die beiden da führten, in einem offenen, vertrauten Ton. Heiterer als in diesen Briefen kennt man Dürer kaum. Dazu muss man wissen, dass Pirckheimer, der in Padua und Bologna studiert hatte, ihn bei seiner ersten Italienreise begleitete und die zweite maßgeblich mitfinanzierte. Um Geld geht es denn auch in den Briefen, außerdem um die Malerei und, klar, die Frauen. Der Standesunterschied, der zwischen den beiden bestand, spielte keine Rolle.

Für Nürnberg war der 1470 in Eichstätt geborene Pirckheimer noch in anderer Hinsicht von unschätzbarem Wert. Nicht nur, dass er im Rat saß, was als Jurist und Nachfahre einer Patrizierdynastie geradezu eine Selbstverständlichkeit war, der überzeugte Humanist bemühte sich auch um die Umsetzung seines Gedankenguts in die Praxis. An vier Lateinschulen in der Stadt lehrte er, und mit dem Melanchthon-Gymnasium, damals am Egidienberg, gründete er zusammen mit Philipp Melanchthon auch das erste Gymnasium auf deutschem Boden. Es war

»Die Tugend kann nicht untergehen«. So lautet die Grabinschrift Willibald Pirckheimers auf dem Johannisfriedhof

dies die logische Fortsetzung seines Bemühens, einen neuen Bildungsbegriff zu etablieren, wofür es nicht zuletzt galt, die Werke der klassischen Antike hierzulande bekannt zu machen. Dafür übersetzte er Lukian, Plutarch und viele andere aus dem Griechischen ins Lateinische, gelegentlich auch ins Deutsche. Daneben gab er einen Deutschland-Führer und ein Handbuch zur Münzkunde heraus und korrespondierte zu Fragen der Geschichte und Philosophie mit den Größen seiner Zeit. Kaiser Maximilian I. zählte ihn zu seinen Beratern. Außerdem trieb ihn die Sorge um, seine Heimatstadt Nürnberg könne, ähnlich wie Venedig, in der Bedeutungslosigkeit versinken. Eine, wie man inzwischen weiß, nicht ganz unberechtigte Sorge.

Und auch das kennzeichnet diesen universellen, ebenso konservativen wie innovativen Denker: Bei aller Sympathie für Luthers Reformideen, die er auch unterstützte, blieb er doch katholisch.

Bestärkt wurde er in seiner Skepsis dem Protestantismus gegenüber in der Auseinandersetzung um das Klarissenkloster. Seine Schwester Caritas, Äbtissin dortselbst, stemmte sich in heroischem Kampf gegen die ab 1524 drohende Zwangslutheranisierung ihres Klosters. Ihren Bruder Willibald sowie den eilig zu Hilfe gerufenen Philipp Melanchthon wusste sie dabei an ihrer Seite. Gemeinsam fochten sie für den Gedanken weltanschaulicher Toleranz, wobei Willibald Pirckheimer vor allem auf der Grundlage der Heiligen Schrift argumentierte, die für ihn Vorrang gegenüber allen Zeitströmungen hatte.

Sehr schön hat Wolfgang Koeppen Pirckheimer in einem Essay beschrieben, den er für den *Bayerischen Rundfunk* und dessen Nürnberger Studioleiter Wolfgang Buhl verfasste. »Er war ein Genießer«, schreibt Koeppen, »ich bin ihm nachgefahren nach Neunhof, seinem Gut, wo er die Monate der Pest verbrachte, den Plato las, Fische aus dem Bach speiste, Wild vom Feld, nachts die Sterne betrachtete mit den neuen Instrumenten und mit einer Magd ins Bett ging, einen Sohn zeugte, den er vergaß.«

Willibald Pirckheimer starb am 22. Dezember 1530 und liegt auf dem Johannisfriedhof begraben. »Die Tugend kann nicht untergehen«, steht an seinem Grab. Einen wie ihn sollte die Stadt nicht wieder bekommen.

Martin Behaim: Ein Globetrotter und seine Erfindung

Nichtwissen beflügelt die Fantasie mehr als Wissen. Am produktivsten jedoch ist solides Halbwissen, wie das Beispiel Martin Behaims sehr schön zeigt. Was wurde nicht alles über ihn behauptet: Amerika habe er entdeckt, noch vor Kolumbus, auf der Magellanstraße sei er als Erster unterwegs gewesen, ein berühmter Wissenschaftler soll er gewesen sein, Mitglied der legendären *Junta der Mathematiker*, eines exklusiven naturwissenschaftlichen Zirkels seiner Zeit, und last but not least: Seinen Globus, den berühmten *Behaimschen Erdapfel*, habe er selbst zusammengeklebt, beschriftet und bemalt. Alles Unsinn.

Die Wahrheit ist schlichter: Nach dem heutigen Stand der Forschung war der Mann, der 1459 in Nürnberg auf die Welt kam, lange Jahre seines Lebens in Portugal verbrachte und 1507 völlig verarmt in einem Lissabonner Spital starb, weder Schiffskapitän noch Astronom und auch kein begabter Heimwerker in Sachen Globus, sondern lediglich ein findiger Kaufmann, der des Öfteren bis zur Halskrause in Schulden steckte und dessen Interesse an der Kartografie primär wirtschaftlich begründet war. Eine schmerzliche Entzauberung, gewiss, aber leider nicht zu ändern. Mehr geben die Fakten nicht her.

Und seien wir ehrlich: Für das 15. Jahrhundert ist dieses Leben, das wir nur rudimentär kennen, auch so schon abenteuerlich genug. Behaim wird als eines von zwölf Kindern einer alten Kaufmannsfamilie am Nürnberger Hauptmarkt geboren. Fünf seiner Geschwister überleben das Kindesalter nicht. Als sein Vater stirbt, ist Martin gerade mal 15. Ein Jahr später schickt ihn sein Onkel, der die Vormundschaft übernommen hat, zu einem Tuchkaufmann in den Niederlanden in die Lehre. Er bleibt ein Jahr und wechselt dann nach Antwerpen.

Dort kommt er zum ersten Mal mit der Seefahrt in Berührung. Er erfährt von den Problemen der Seefahrer durch unsichere Navigationsmöglichkeiten und prekäres Kartenwerk; und da ihm Portugal als das Zentrum aller kühnen Entdeckerträume erscheint, reist er 1484 nach Lissabon. Angeblich wurde er vom portugiesischen König in die Kommission zur Anfertigung eines Astrolabiums berufen, doch wie so vieles in Behaims Leben ist auch dies umstritten. Bald jedoch, und damit befinden wir uns

Von Nürnberg in die
große, weite Welt –
soweit sie damals
schon bekannt war:
Martin Behaim

wieder auf gesichertem Gelände, ist er auf einem portugiesischen Schiff entlang der westafrikanischen Küste unterwegs.

Zurück in Portugal wird Behaim 1485 von König João II. zum Ritter geschlagen und gehört fortan zum portugiesischen Königshof. Wenig später heiratet er Joana de Macedo, eine Tochter des Gouverneurs der Azoreninseln Fayal und Pico, mit der er einen gemeinsamen Sohn hat. (Nicht auszuschließen übrigens, dass er in dieser Zeit auch mit Kolumbus zusammentraf und sie über ihre gemeinsame Passion, die Seefahrt, redeten. Mag sein, dass Kolumbus dabei die eine oder andere Anregung, ja vielleicht Ermutigung erhielt, gegen alle Widerstände doch noch den Seeweg nach Indien zu erkunden. Auch Weltentdecker schöpfen nicht aus sich allein. Nachweisen lässt sich ein derartiges Treffen jedoch nicht.)

Doch auch zu Hause in Nürnberg geht das Leben weiter, und dieses ist für Behaim unerfreulich genug. 1490 kehrt er aus Portugal zurück, um sich um den Nachlass seiner Mutter zu kümmern. Schnell gerät er in Streit mit seinen Geschwistern. Eine Schiedskommission (!) soll die Angelegenheit regeln, doch es dauert ein Jahr, bis das Erbe ausgezahlt wird. In dieser Zeit kann Behaim Dienstbotenlöhne nicht auszahlen und Schuldscheine nicht begleichen. Insofern kommt ihm die Idee, einen Globus für den Rat der Stadt Nürnberg herzustellen, die an neuen Handelswegen interessiert ist, wie gerufen. Ruprecht Kolberger besorgt die Leinwand und den Leim, Hans Glockengießer formt aus Lehm die Weltkugel, der Maler Georg Glockendon und seine Frau bemalen sie. Vieles stimmt nicht so ganz auf diesem ersten Globus, so werden Amerika und der Pazifik nicht berücksichtigt, außerdem wird der Erdumfang viel zu niedrig angesetzt.

Vielleicht 1492, wahrscheinlich aber erst 1494, ist das Werk dann fertig, doch gut zehn Jahre später bereits erschafft der Freiburger Kosmograf Martin Waldseemüller einen Erdglobus, auf dem auch Amerika zu finden ist. So schnell können Pioniertaten veralten.

Und dennoch: Der Name Behaim findet damit Eingang in die Geschichte. Die Stadt baut ihm knapp 400 Jahre später ein respektables Denkmal, das ihn als stolzen Ritter zeigt, in der einen Hand ein Schwert, in der anderen einen Bleistift. Späte Rehabilitierung für einen, dem es auf seine alten Tage in Portugal unverdientermaßen dreckig ergeht. Seine Ehe mit der Azorenprinzessin wird geschieden, und er fällt am Königshof in Ungnade. Das Ende ist bekannt. König João II. wie auch Behaims Schwiegervater versterben, beim Nachfolger findet er keine Gunst. Zusätzlich hat ihn seine Frau während seiner Abwesenheit mit einem einflussreichen Mann betrogen – eine Affäre, die Behaim ins gesellschaftliche Abseits treibt. Dass er völlig verarmt in einem Lissabonner Spital stirbt, passt ins zuletzt tragische Bild.

Kuriosum am Rande: Der Globus, heute im Germanischen Nationalmuseum in Nürnberg zu bewundern, ging auch selbst auf Reisen. Zuerst war er lange Zeit in städtischem Besitz, dann gehörte er der Familie Behaim, um 1928 wieder ins Museum zu wandern, wenn auch nur als Leihgabe. Und kein anderer als Adolf Hitler in seiner weltumspannenden Hybris war es, der ihn 1937 endgültig für das Nürnberger Museum erstand. Erdkugeln, das ist bekannt – spätestens aus Chaplins *Der große Diktator* – hatten's ihm angetan.

Die ganze Welt zwischen zwei Buchdeckeln: Die Schedelsche Weltchronik

Es war ein Unternehmen, wie es nur in einer kulturellen Blütezeit entstehen konnte. Ehrgeizig, absolut neu in seiner Art, ein bisschen größenwahnsinnig. Und wie es nur in einer Stadt entstehen konnte, die sich damit selbst in die Geschichte des gedruckten Wortes einschreiben wollte. Die es genoss, sich mit Projekten wie Behaims *Erdapfel* oder eben dieser *Weltchronik* als Nabel der Welt zu fühlen. Provinzielle Entwürfe sehen jedenfalls anders aus. Die *Weltchronik* greift nach der Welt als Ganzer, will sie abbilden und archivieren in ihrer damals bekannten Totalität. Nur so ist jenes bibliophile Wunder im ausgehenden 15. Jahrhundert zu verstehen, das die Nachwelt bis heute in Staunen versetzt. Bis zum heutigen Tag dient es als Vorlage für einschlägige Kompendien und Wissenskonvolute wie etwa den jährlich erscheinenden *Fischer Weltalmanach*.

Und so sah das Projekt aus: Man nehme eine reich bestückte Privatbibliothek und versuche, alles Wissen daraus zu einem ansprechend gestalteten Nachschlagewerk zu bündeln. Zum besseren Verständnis füge man eine Reihe eigens zu diesem Ziel angefertigter Illustrationen hinzu. Und man gewinne einen Autor, der die Übersicht über dieses Wissen hat, am besten den Besitzer jener Bibliothek. Er möge zusammentragen, was in der Tiefe seiner Buchwelt an Schätzen vor sich hin schlummert, auf dass ein Wissensfundus, in erster Linie jedoch ein kohärentes Bild der Welt als Ganzer entstehe.

Kein Autor, kein Schöpfer in des Wortes eigentlichem Sinne also, sondern ein Kompilator, der sich aus vielen Quellen bedient und die zahlreichen Einzelfunde zu einem sinnvollen Ganzen zusammenträgt und zusammenfügt. Am besten ein enzyklopädisch Gebildeter, der in vielen Disziplinen bewandert ist und weiß, wie die Welt jenseits der Stadtmauern aussieht. Schließlich begann sich die Geografie gerade erst als Wissenschaft zu etablieren, dem sollte in dem Werk Rechnung getragen werden. Städteansichten, bis dahin weitgehend unbekannt, bilden einen seiner Schwerpunkte und vermitteln ein bis heute authentisches Bild davon, wie Städte wie Prag, Krakau oder Nürnberg damals ausgesehen haben.

Die Nürnberg-Abbildung aus dem *Liber chronicarum* gilt als idealtypische Darstellung der Stadt im Mittelalter schlechthin.

In ihrer Geschlossenheit vermittelt sie den Eindruck des Normativen, Paradigmatischen. Nicht zuletzt das Kartenwerk ist es, das, erstmals in dieser Ausführlichkeit und Genauigkeit erstellt, den epochalen Rang der *Weltchronik* ausmacht.

In der Summe war es eine fürwahr herkulische Aufgabe, die die Kräfte eines Einzelnen bei Weitem überstieg. Das betraf nicht zuletzt die technische Seite des Opus magnum, seinen Druck, die Vervielfältigung und Vermarktung. Also wurde die führende Druckerwerkstatt Nürnbergs beauftragt und eine Malerwerkstatt für die Illustrationen gefunden (in der der junge Dürer gerade seine Lehre absolviert hatte). Zur Finanzierung griff man auf Geldgeber zurück, die Sachverstand und notfalls einen langen Atem besitzen sollten, falls das Werk am Markt nicht so einschlagen würde wie erwartet. Geduldige Verleger waren gefragt.

All dies traf in Nürnberg in einem historischen Glücksfall zusammen. Mit dem Arzt und Humanisten Hartmann Schedel (1440-1514) hatte man einen geradezu idealen Spiritus Rector, der der Größe der Aufgabe auch gewachsen war. Bereits mit 16 Jahren hatte sich Schedel an der Leipziger Universität immatrikuliert, wo er seinen Magister machte. Später studierte er in Padua Medizin und besuchte Vorlesungen in Physik und Griechisch. Ein umfassend gebildeter Mann, der zudem das Glück hatte, die umfangreiche Bibliothek seines Vetters Hermann zu erben. Er zählte zu den wohlhabenden Bürgern Nürnbergs, besaß Grundstücke und Lehnsgüter und war Mitglied im Größeren Rat der Stadt. Auf einem Porträt, das von Hartmann Schedel erhalten ist, sehen wir einen jungen, schlanken Mann in gelehrter Tracht. (Geld hatte der Autor übrigens für sein Werk nicht zu erwarten, sein Salär sollte der Ruhm sein. Das legen zumindest die noch erhaltenen Verträge nahe.)

Mit Anton Koberger hatte Schedel einen der bedeutendsten Drucker seiner Zeit zur Hand, und mit Michael Wolgemut, dem Lehrer Dürers, und Wilhelm Pleydenwurff standen zwei hochkarätige Illustratoren zur Verfügung. Sebald Schreyer und dessen Schwager Sebastian Kammermeister schließlich finanzierten das Projekt – bei über 1800 Holzschnitten, 645 Druckstöcken und 18 Pressen, an denen rund 100 Setzer und Drucker 15 Monate lang arbeiteten, keine Kleinigkeit. Alle Beteiligten wurden zur Geheimhaltung verpflichtet; jeder Drucker, der am Abend die Werkstatt verließ, wurde gefilzt, damit er nicht heimlich etwas mit nach Hause nahm. Schließlich ging es um nicht weniger als

Nürnbergs »Uransicht« aus der Schedelschen Weltchronik

»das wohl ehrgeizigstes Buchunternehmen der Inkunabelzeit«, wie die *Schedelsche Weltchronik* von der Nachwelt gerne bezeichnet wurde. Ein Buch der Rekorde, kein Zweifel.

1493 erschien das voluminöse Werk dann zeitgleich in deutscher und lateinischer Fassung, die Auflage der deutschen betrug 700 Exemplare, die der lateinischen 1400. Die lateinische Ausgabe umfasste 656 Seiten, die deutsche 597. Außerdem gab es drei unterschiedlich ausgestattete Chroniken: das ungebundene Exemplar für drei bis dreieinhalb Gulden, das gebundene für fünf Gulden und das gebundene, das auch noch koloriert war, für acht Gulden.

Der Inhalt ist in sieben Kapitel unterteilt, die den sieben Weltaltern entsprechen. Es beginnt mit der Schilderung von Paradies, Sündenfall und Vertreibung aus dem Garten Eden, geht weiter mit dem Bau der Arche Noah und dem Turmbau zu Babel. Breiten Raum finden anschließend griechische Geschichte und Mythologie, inklusive der Feldzüge Alexanders des Großen, um sich dann der Heimat zu widmen und beispielsweise den Aufbau des Reichsregiments zu erläutern. Zum Schluss ein Ausblick auf das Ende der Welt, verbunden mit dem Gedanken der Vergänglichkeit alles Existierenden. Einiges davon wird man mehr als 100 Jahre später im Barock wiederentdecken.

Abschluss und Höhepunkt der *Weltchronik* ist jedoch eine Karte, die als älteste erhaltene Deutschlandkarte gilt. Mit den Grenzen nahm Schedel es dabei nicht so genau, das deutsche Reich erstreckt sich einigermaßen riesenhaft über den europäischen Kontinent und reicht bis Konstantinopel. Eine Europa- und eine Weltkarte runden den kartografischen Teil ab. Auf der Weltkarte sind die drei damals bekannten Erdteile eingezeichnet. Offen hat man im gesamten Werk gelassen, ob die Erde nun eine Scheibe oder eine Kugel sei.

Mit ihrem Werk war es der Gruppe um Hartmann Schedel zugleich auch gelungen, einen neuen literarischen Typus zu etablieren. Obwohl ähnliche Unternehmungen auch vor ihr bereits gestartet wurden – so von Bischof Eusebius von Cäsarea im 4. Jahrhundert –, ist die *Schedelsche Weltchronik* in ihrer Kombination von christlichem Denken und antiker Weltauffassung einmalig. Auch dass sie bereits den Geist des Humanismus ausstrahlt, ist ein ideengeschichtliches Novum. Von der reichen Bebilderung ganz zu schweigen.

Das Handexemplar von Hartmann Schedel, in das der Autor zahlreiche Miniaturen, Holzschnitte und Kupferstiche selbst einklebte, befindet sich in der Bayerischen Staatsbibliothek.

So räumt man ein Spital: Eulenspiegels Radikalkur

Die Geschichte ist schnell erzählt: Eines Tages kam Eulenspiegel nach Nürnberg, und da er dringend Geld brauchte, fasste er einen boshaften Plan: Er gab sich als Arzt aus, der noch die schwierigsten Krankheiten zu heilen wusste, und schlug dies in großen Bekanntmachungen am Rathaus und an den Kirchentüren an. Eulenspiegel hatte erfahren, dass im Heilig-Geist-Spital sehr viele, zu viele Kranke lagen und der Spitalmeister gerne einen Teil von ihnen losgeworden wäre. In seiner Not ging dieser zu dem neuen Wunderdoktor und fragte ihn, ob er ihm helfen könne. Eulenspiegel meinte, selbstverständlich, gerne, doch im Erfolgsfall, wenn er das Spital also leer räumen könne mit seiner Methode, hätte er gerne 200 Gulden dafür. Wenn er dagegen scheitere, würden keine Kosten anfallen. Das gefiel dem Spitalmeister, er stimmte zu und gab Eulenspiegel 20 Gulden Vorschuss.

Dieser ging daraufhin ins Spital und fragte jeden einzelnen Kranken, welches Gebrechen ihn denn plage. Anschließend beschwor er jeden von ihnen: »Was ich dir jetzt offenbaren werde, das musst du als Geheimnis bei dir behalten und darfst es auf keinen Fall irgendjemandem verraten.« Die Kranken schworen, dass sie sich daran halten würden. Daraufhin flüsterte Eulenspiegel jedem Einzelnen seinen Plan vertraulich ins Ohr. »Wenn ich euch Kranke auf die Füße bringen und gesund machen soll, muss ich einen von euch zu Pulver verbrennen und es den anderen zu trinken geben. Dazu werde ich mich an die Tür des Spitals stellen und rufen: ›Wer da nicht krank ist, der komme sogleich heraus!‹ Dann lauf so schnell es geht, denn der Letzte muss die Zeche zahlen!« So sprach er zu jedem von ihnen unter dem Siegel der Verschwiegenheit.

Als am betreffenden Tag Eulenspiegel seinen Spruch rief, gingen flugs die Türen auf und ein großes Rennen, Retten, Flüchten setzte ein: All die Siechen, Lahmen, Todkranken gaben sich einen Stoß und kamen angehumpelt, gehinkt und gekrochen, denn keiner wollte der Letzte sein. Der Spitalmeister traute kaum seinen Augen. Überschwänglich und mit größter Dankbarkeit gab er Eulenspiegel den versprochenen Lohn, woraufhin sich dieser eiligst auf sein Pferd schwang und davonritt.

Auch das Ende der Geschichte ist schnell erzählt. Nach drei Tagen kamen all die Siechen, Lahmen und Todkranken wieder ins Spital und erzählten dem Spitalmeister, wie Eulenspiegel ihnen Beine gemacht habe. Dieser erkannte, dass er betrogen worden war. Schweren Herzens musste er die Kranken wieder bei sich aufnehmen und grämte sich sehr des verlorenen Geldes wegen.

Ein Schelm, wer da nun an Aktuelles dächte. Die nicht enden wollende Gesundheitsreform, überfüllte Krankenhäuser, Kopfpauschale und sinnlos verschwendetes Geld! Auch der Klinikchef, der seine Kranken gerne los wäre, ist eine in diesem Zusammenhang natürlich ungehörige Assoziation.

Reformation, Dreißigjähriger Krieg, Friedensmahl: Andreas Osiander, Luthers Mann vor Ort

Er war Luthers Mann vor Ort, verbreitete die Gedanken des Reformators in seiner Gemeinde St. Lorenz und war maßgeblich daran beteiligt, dass die Stadt 1525 evangelisch wurde: Andreas Osiander, 1498 im mittelfränkischen Gunzenhausen geboren, ab 1520 Pfarrer von St. Lorenz, später Theologieprofessor an der Albertina, der ehemaligen Universität in Königsberg. Dort gerät der streitbare Theologe in eine heftige Auseinandersetzung mit Philipp Melanchthon, einem weiteren Weggefährten Luthers. Es kommt zum »Osiandrischen Streit« um die Rechtfertigungslehre. Für Melanchthon ist der Fall klar: Der Mensch bleibt ein Sünder, auch nachdem Christus für ihn am Kreuz gestorben ist. Osiander dagegen glaubt, dass die Gerechtigkeit Gottes dem Menschen dank seines Glaubens inhärent sei und damit Teil seines Wesens. Mit dieser Auffassung gerät er jedoch ins theologische Abseits, während sich Melanchthons Interpretation durchsetzt. Sie wird Bestandteil der lutherischen Theologie.

Wichtiger als dieser Disput um die einzig rechte Glaubenslehre war Osianders Wirken in Nürnberg, besonders seine Auseinandersetzungen mit den Vertretern der katholischen Religion. So diskutiert er am 14. März 1525 im Großen Rathaussaal mit seinem katholischen Kontrahenten, dem Franziskanermönch Lienhard Ebner, die Frage, welche Religion künftig in Nürnberg verpflichtend sein soll. Unter großer Anteilnahme der Bevölkerung, die die Auseinandersetzung durch die geöffneten Rathausfenster verfolgt, geht es um wesentliche theologische Positionen: Wird der Mensch allein durch seinen Glauben selig oder eher durch gute Werke? Was ist Sünde? Welchen Autoritäten muss ein Christ gehorchen? Dürfen Priester heiraten?

Auch bei diesem Disput bestätigt Osiander seinen Ruf als genialer Hitzkopf und schroffer, aber scharfsinniger Polemiker, dem es dank seiner Rhetorik gegeben ist, den Gegner aus dem Feld zu schlagen. Der »Papst von St. Lorenz«, wie er wegen seiner Unfähigkeit, Widerspruch zu ertragen, auch genannt wird, argumentiert sein altgläubiges Gegenüber jedenfalls in Grund und Boden. Der Rat entscheidet sich daraufhin für die Lehre Luthers und untersagt den katholischen Glauben mit allem Beiwerk:

den Gottesdiensten, der Seelsorge, der Reliquienverehrung, den Prozessionen. Auch viele katholische Feiertage werden kurzerhand abgeschafft. Die Männerklöster in der Stadt werden aufgelöst, nur die Nonnen vom Klarissenkloster, dem Caritas Pirckheimer vorsteht, leisten erbitterten Widerstand.

Auch auf den Schembartlauf, einen Fastnachtsbrauch, wird verzichtet. Als er 1539 nach längerer Pause ausnahmsweise wieder gestattet wird, ist vor allem Osiander der Leidtragende, woraufhin er sich beim Magistrat bitter beschwert und ein endgültiges Verbot des frivolen Treibens erreicht. Längst hat der Rat der Stadt die Rechtsgewalt des Bamberger Bischofs übernommen und ist selbst zur Obrigkeit der neuen evangelischen Konfession geworden. 1530 bereits hatte die Stadt als eine der ersten im Lande die *Confessio Augustana* unterschrieben, das grundlegende Glaubensbekenntnis des Protestantismus. Beinahe für die nächsten 300 Jahre ist Nürnberg nun evangelisch.

Osiander indes macht 1543 noch einmal von sich reden. Er sorgt dafür, dass Nicolaus Copernicus' bahnbrechendes Werk *De Revolutionibus Orbium Coelestium* gegen den Widerstand Luthers veröffentlicht wird. Allerdings verändert er es in mehreren Passagen und verfasst ein eigenes Vorwort dazu, das die kopernikanische Lehre stark relativiert. Das veränderte Werk von seinem Verfasser autorisieren zu lassen, hält Osiander nicht für nötig. Die Nachwelt stieß sich daran, doch Urheberrechte im heutigen Sinne waren noch unbekannt.

Die Entscheidung der Stadt, protestantisch zu werden, zeitigt bald praktische Folgen. Sie gerät in Gegnerschaft zum katholischen Kaiser, und so kommt es während des Dreißigjährigen Krieges zu einem drei Jahre währenden Stellungskrieg vor den Toren Nürnbergs zwischen dem Lager Wallensteins und den Truppen des Schwedenkönigs Gustav Adolf. Schwere Verwüstungen im Nürnberger Umland sind die Folge und schwächen die Stadt in ihrer Substanz. Sie markieren ihren allmählichen Abstieg in die Bedeutungslosigkeit.

Letztes bedeutendes Datum in diesem Zusammenhang ist das Nürnberger Friedensmahl am 25. September 1649. Ein Jahr nach dem Westfälischen Frieden von Münster treffen sich die ehemaligen Kriegsgegner erneut, dieses Mal in Nürnberg. Es wird über Gebietsverteilungen und deren konfessionelle Zugehörigkeit sowie über Reparationszahlungen verhandelt. Nach der Unterzeichnung der Verträge gibt Karl Gustav, der spätere

König von Schweden, ein Festbankett, das als »Schwedisches Friedensmahl in Nürnberg« in die Geschichtsbücher eingeht. Joachim Sandrart, einer der bedeutendsten Nürnberger Maler seiner Zeit, bekommt den Auftrag, das Ereignis in einem monumentalen Gemälde festzuhalten. In Anlehnung daran fertigt Caspar Merian einen Kupferstich, der in der Folgezeit mindestens ebenso berühmt wird wie seine Vorlage. Das *Friedensmahl* ist immer wieder in Nürnberg zu sehen, zuletzt in einer Ausstellung im Fembohaus.

III. Nürnberg im Barock

Pegnesischer Blumenorden: Die älteste Sprachgesellschaft weltweit

Es war eine etwas wunderliche Gesellschaft, die sich da unter Bäumen an der Pegnitz traf: Man trug Schäferkleidung und sprach sich mit Fantasienamen an: »Strephon mit der Maienblume« nannte sich einer, »Klee« und »von Birken« zwei andere, ein Dritter hörte auf »Daphnis«, einen Schäfernamen. Alle liebten es blumig und wohlklingend. Klajus Wiesenklee, Lerian Heckenrose und Helianthus Sonnenblume – so hieß man. Und jeder Name, das war klar, war eine poetische Verheißung, ein Programm!

Wer kein Dichter war (oder wenigstens so tat), hatte es schwer. In aller Regel wurde er nach kurzer Zeit exkommuniziert. Zugang hatten nur Auserwählte, die im Geiste der Lyrik Verbundenen. Sie fanden hier ihr Arkadien und durften sich wie Goethe in der Campagna fühlen, so angekommen und ganz bei sich. (Da spielte es keine Rolle, dass der Meister erst viel später gen Italien fuhr.) War es nicht wundervoll, so dachten sie, im Grünen zu lustwandeln und geistvolle Gespräche zu führen? Sollte die Welt draußen mit ihrem Hunger und Krieg, ihrem Lärm und ihrer Banalität doch sehen, wie sie zurechtkam. Man selbst befand sich gerade in diesem anmutig parfümierten Tagtraum. Daher die Maskerade, die nur Eingeweihten zugängliche Sprache, die lauschige Enklave. Alles gehörte zum Spiel, zur Inszenierung. Das Leben ein Traum.

Und so wurde gesungen, getanzt, musiziert und rezitiert. Und über allem stand das Motto: »utile cum dulci«, zu Deutsch: »mit Nutzen erfreuen«. Dagegen konnte keiner etwas haben. Und weil das Vereinsemblem ein mit Blumen durchflochtener Lorbeerkranz war und man die Pegnitzauen als Genius Loci gewählt hatte, nannte sich die Gesellschaft *Pegnesischer Blumenorden*. Das machte was her, auch überregional, und klang fast so schön wie die *Fruchtbringende Gesellschaft* in Weimar, das Vorbild der Nürnberger Poeten.

Als Georg Philipp Harsdörffer und Johann Klaj den *Blumenorden* im Jahr 1644 gründeten, war der Dreißigjährige Krieg noch in vollem Gange. Harsdörffer, Jurist und Bildungsbürger, hatte, ehe er in Nürnberg sesshaft wurde, halb Europa bereist. Siena, Straßburg, Neapel. Überall war er gewesen, hatte sich

Ein Lorbeerkranz für Georg Philipp Harsdörffer, Gründer des Pegnesischen Blumenordens

gebildet und mit den Gelehrten diskutiert (und disputiert). Ein weltoffener, rhetorisch versierter Mann, der bald auch Mitglied im Rat der Stadt Nürnberg wurde.

Vor allem jedoch war er ein Enthusiast der Sprache. Sie war seine eigentliche Heimat. Besonders die poetische Sprache, die allegorische, lautmalerische. Die Sprache als Kunstprodukt. An ihr feilte er zeitlebens. Ihr galt seine ganze Liebe. Daneben pflegte er das Umgangsdeutsch, die unansehnliche Schwester des Poetischen. Abstrakte Wörter wie »Betrachtung«, »Unterweisung«, »Gesichtskreis«, ja selbst »Briefwechsel« sind Harsdörffer'sche Erfindungen. Dass er als Purist, der er war, die deutsche Sprache auch rein halten wollte von fremden oder auch nur fremd klingenden Einflüssen, versteht sich von selbst.

1646 erschien sein Buch *Poetischer Trichter*, eine Poetik mit dem vollständigen Titel *Die Teutsche Dicht- und Reimkunst, ohne Behuf der Lateinischen Sprache, in VI Stunden einzugießen.* Was ursprünglich spielerisch gedacht war, geriet schnell zur Norm, zum Regelwerk. »Nürnberger Trichter« hieß es dann und wurde später zum Synonym für zwangsweise verabreichtes Wissen. Seinem Schöpfer war das egal. Hauptsache, es war Schluss mit der Sprachschluderei.

Denn bei aller Liebe: Regeln mussten sein! Sprachlicher Wildwuchs war Harsdörffers Sache nicht. Aber an oberster Stelle stand die Sprachveredelung. Kontrollierte Sprachzüchtung, wenn man so will. Dafür war es nötig, ein Bewusstsein für Sprache zu wecken. Dafür zu sensibilisieren, dass sie mehr war als ein bloßes Mittel der Verständigung, das nur dem Gesetz der Nützlichkeit diente. Dass sie im Idealfall Schönheit sein konnte, Spiel, Eleganz, Klang. Wenn Nietzsche sagt, ohne Musik wäre das Leben ein Irrtum, so glaubten das die Pegnitzschäfer auch in Bezug auf die Sprache. Ohne sie wäre die menschliche Existenz nur ein Schattenspiel, mehr oder weniger sinnlos. Eine Chimäre, stumm und trivial.

Dem wollte man entgegenwirken. So tat sich Harsdörffer bei den Treffen dadurch hervor, dass er aus seinen *Frauenzimmer Gesprächsspielen* las. Das war ein achtbändiges Konvolut mit dem ehrgeizigen Ziel, das sprachliche Niveau in der Gesellschaft zu heben. Vor allem das der Frauen, wie Harsdörffer etwas ungalant verkündete. Ob er sich damit sehr beliebt machte, wissen wir nicht. Sicher ist nur, dass er mit seiner Poesie und Sprachpflege den literarischen Salon kreierte, der im 19. Jahrhundert in Mode kommen sollte.

Die Nürnberger Blumenkinder hatten schon mal vorgelebt, wie es dabei zugehen sollte: Eine handverlesene Schar (zeitweise hatte der *Blumenorden* ganze 14 Mitglieder) traf sich in einem exklusiven Ambiente mit Kerzenschein und Veilchenduft, und der Rest der Welt musste draußen bleiben. Wie das später auch im Kreis um Stefan George zelebriert wurde. Den anakreontischen Rahmen bildeten Wein, Weib und Gesang, am besten im Freien unterm Sternenhimmel. Das unterhaltende Programm dazu: Rezitationen, kleine Theaterstücke, Debatten zu den Angelegenheiten der Poesie. Als Höhepunkt Selbstgereimtes der Mitglieder. Dafür hatte zu gelten: Je schwülstiger, desto besser. Je kühner die Metapher, desto sicherer der Beifall. Gerade auch aus zarter Damenhand, denn für die Mädels waren sie ja im eigentlichen Sinne gedacht, die Wortgirlanden. Deren Herz sollte damit erobert werden. Carpe diem und Memento mori: Man lebte im Barock, da ließ sich prächtig schwelgen in lauschiger Atmosphäre zwischen Daseinslust und Todesangst. Bald hatte jede Region, die etwas auf sich hielt, ihre literarische Gesellschaft.

Über Harsdörffers Tod im Jahr 1658 gibt es unterschiedliche Versionen. Eine besagt, er sei an einer unheilbaren Krankheit gestorben, eine andere, dass er sich aus Wut über den Streit mit einem Nürnberger Stadtratskollegen so heftig betrunken habe, dass er daran starb. Wir neigen zu Letzterer, einfach weil sie schöner und poetischer ist und mehr gargantueske Kraft in sich birgt.

PS: Der *Pegnesische Blumenorden* existiert noch immer. Er führt ein zurückgezogenes Dasein und trifft sich gelegentlich in einem Wäldchen am Rande Nürnbergs. Beibehalten wurde, dass man gerne unter sich ist und das Exotische pflegt. Im literarischen Leben der Stadt spielt der Orden keine Rolle mehr.

Was bleibt, ist seine historische Bedeutung als älteste Sprachgesellschaft, und das weltweit.

Johann Pachelbel: Der fast Vergessene

Was macht man, wenn man etwas über einen Komponisten in Erfahrung bringen will, der im 17. Jahrhundert gelebt hat und heute zu den weithin Vergessenen zählt? Nun, man kann *Meyers Musiklexikon* konsultieren, eine Frage an Joachim Kaisers Video-Kolumne schicken oder sich einfach an einen Fachmann für alte Musik wenden.

Man kann aber auch bei *YouTube*, der Zentralabspielstation für Bedeutendes und weniger Bedeutendes, vorbeischauen, vielleicht findet sich da ja was. (Das wäre immerhin der Beweis dafür, dass da nicht nur die Gegenwart, sondern auch die Vergangenheit zu Wort kommt.)

Und tatsächlich: Jede Menge Mitschnitte, vor allem natürlich der berühmte Kanon in D-Dur, mit und ohne Gesang, dazu Informatives zum Komponisten, zu seiner Zeit und seinem Einfluss auf Johann Sebastian Bach. Und wer nun glaubt, das Ganze finde unter Ausschluss der Öffentlichkeit statt, der irrt gewaltig. Rund 450 000 Aufrufe hat die erste Einspielung, eine Aufnahme des Kultursenders *arte* aus einer Barockkirche in Brüssel, 120 000 Aufrufe hat eine zweite, die mit stimmungsvollen Naturbildern unterlegt ist und an Pachelbels Grab auf dem Nürnberger Rochusfriedhof endet. Kein schlechtes Ergebnis für einen scheinbar Unzeitgemäßen, halb Vergessenen.

Johann Pachelbel wurde 1653 in Nürnberg in einfachen Verhältnissen geboren. Nach der Lorenzer Hauptschule ging er an die Universität Altdorf, musste sein Studium aber nach neun Monaten abbrechen, weil seinem Vater das Geld ausging. In der Folgezeit besuchte er das Gymnasium Poeticum in Regensburg. Seine nächste Station war Wien, wo er im Stephansdom eine Anstellung als Vikar erhielt. 1677 ging Pachelbel als herzoglicher Hoforganist nach Eisenach und lernte dort die Familie Bach kennen. Mit Johann Christoph Bach, dem wichtigsten Lehrer Johann Sebastian Bachs, verband ihn eine enge Freundschaft. Außerdem unterrichtete er diesen im Orgelspiel, nun bereits als Organist an der Predigerkirche in Erfurt. In Thüringen fand Pachelbel auch seine große Liebe: Judith Dommer, die Tochter eines Kupferschmieds. Mit ihr hatte er, in zweiter Ehe, sieben Kinder.

1695 wechselte er schließlich nach einem Engagement in Stuttgart zurück nach Nürnberg, wo er Organist von St. Sebald

In memoriam
Johann Pachelbel

wurde. Die schon damals sehr renommierte Stelle behielt er bis
zu seinem Tod 1706.

Pachelbels Verdienste als maßgeblicher Komponist des Barock
liegen vor allem in der Vermittlung süddeutsch-italienischer
Orgelkunst mit jener der mitteldeutschen Tradition. Wichtig
war ihm die Klarheit der Stimmführung, also jene Kantabilität,
wie sie später auch das Werk Johann Sebastian Bachs prägte.
Pachelbel hinterließ ein umfangreiches kompositorisches Werk
mit zahlreichen Choralbearbeitungen, Toccaten, Fugen, Kanta-
ten, Triosonaten und Messen. Am populärsten freilich wurde der
eingangs erwähnte *Kanon und Gigue für Streicher in D-Dur,* der
auch unter den Popmusikern seine Liebhaber und Bewunderer
fand und es in einer modernen Version bis in die Charts schaffte.

Einige Werke von Pachelbel haben Eingang in die Musikthe-
rapie gefunden. Über ihre Wirkung (ebenso wie die von Johann
Sebastian Bach) schreibt die Schweizer Psychologin Chris Veil,
sie sei »entspannend, belebend, sehr wohltuend, beruhigend«
und führe zu einer »mildtätigen Gestimmtheit und einem
Wärmegefühl«.

Die Schmetterlingsfrau: Das abenteuerliche Leben der Maria Sibylla Merian

Was für ein Leben! Was für ein Eigensinn! Was für ein Reichtum (und das, obwohl sie Zeit ihres Lebens dazuverdienen musste, um sich und ihre Familie durchzubringen)! Da erscheint es nur recht und billig, dass diese Frau, obwohl sicherlich keine Schönheit, einst die Vorderseite des 500-DM-Geldscheins zierte und uns lange Zeit von einer Briefmarke aus anblickte. Und es ist auch kein Zufall, dass heute, fast 300 Jahre nach ihrem Tod, das Essener Kolleg für Geschlechterforschung an der Universität Duisburg-Essen alle zwei Jahre einen Maria Sibylla Merian-Preis an herausragende Naturwissenschaftlerinnen vergibt, dotiert mit 7500 Euro. Häufig wird »die Merian« in einem Atemzug mit Alexander von Humboldt genannt, nur mit dem Unterschied, dass dieser seine Entdeckungsreisen 100 Jahre später unternahm – und als Mann, was zu dieser Zeit sehr wohl ein Vorteil war.

Eine Pionierin, kein Zweifel. Carl von Linné, der Begründer der systematischen Biologie, der selbst nie in den Tropen gewesen war und einige seiner Schützlinge nur vom Hörensagen oder eben aus den Merian'schen Abbildungen kannte, wollte sie voll Überschwang in die Riege der »Unsterblichen« aufgenommen sehen. Tatsache ist: Mit Maria Sibylla Merian begann der Aufstieg der Insektenkunde von der Feierabendbeschäftigung zur wissenschaftlichen Disziplin, heute auch Entomologie genannt. Viel wichtiger aber noch: Sich mit der Merian zu beschäftigen, heißt, die Lust an der Verwandlung in der Natur wiederzuentdecken.

Keine Frage auch, diese Frau hatte die wahrscheinlich ungewöhnlichste Biografie im Nürnberg des 17. Jahrhunderts. Eine Exotin, ein Paradiesvogel. Dabei kam sie gar nicht in Franken zur Welt, sondern 1647 in Frankfurt am Main, als Tochter des Malers und Verlegers Matthäus Merian d. Ä., dessen Illustrationen später auch Goethe sehr geschätzt hat. »Meine Tochter wird man noch kennen, wenn man mich schon längst vergessen hat«, war sich der Verleger sicher, und er sollte sich darin nicht irren.

Als Maria Sibylla drei Jahre alt ist, stirbt ihr Vater während eines Kuraufenthalts. Ihre Mutter heiratet daraufhin erneut, den Maler und Kunsthändler Jacob Marrel. Dieser erkennt schnell das Talent seiner Stieftochter, richtet ihr in seiner Werkstatt einen eigenen Arbeitsplatz ein, lässt sie auf Papier und Pergament malen und die großen Meisterwerke kopieren. Er verteidigt sie auch, als sie beim Stehlen einer Tulpe in Nachbars Garten erwischt wird. Sie wollte die Blume nur zeichnen, erklärt sie, und anschließend wieder zurückbringen. In dieser Zeit beginnt ihr Interesse am Leben der Schmetterlinge. Sie besucht eine Seidenspinnerzucht und bringt ein Kistchen mit Raupen nach Hause, die sie anschließend mit Maulbeerblättern füttert. Die Metamorphose kann beginnen. Vom Ei über die Raupe bis zum Falter, dem »Mottenvögelchen«, wie sie es nennt, dokumentiert sie akribisch alle Stadien der Verwandlung. Dazu den gesamten Nahrungsplan. »Ich entzog mich deshalb aller menschlichen Gesellschaft und beschäftigte mich mit diesen Untersuchungen«, schreibt sie.

1670 siedelt Maria Sibylla nach Nürnberg über, um den Städtemaler Johann Andreas Graff zu heiraten und in dessen Haus mit Garten am Milchmarkt unterhalb der Burg zu ziehen. Nach der Geburt der ersten Tochter geht Maria Sibylla schon bald wieder ihrer eigentlichen Passion nach, der Malerei und der Raupenzucht. Außerdem gründet sie die *Jungfern-Company*, eine Malschule für die höheren Töchter in der Stadt. Und da ihr Mann das wenige Geld, das er verdient, gerne in die Wirtschaft trägt, betreibt sie außerdem einen Farbenhandel und verkauft bemalte und bestickte Stoffe.

Wie ungewöhnlich dies für ihre Zeit war, geht unter anderem aus der in Nürnberg geltenden »Maler-Ordnung« hervor, die es ausschließlich Männern gestattete, mit Ölfarbe auf Leinwand zu malen; Frauen durften allenfalls mit Deck- oder Aquarellfarben malen, und auch dann nur kleine Formate auf Papier oder Pergament.

Doch Maria Sibylla lässt sich von derlei Einschränkungen nicht entmutigen. 1675 bringt sie den ersten Band ihres *Neuen Blumenbuchs* heraus, dem bald zwei weitere Bände mit eigenen, meisterhaft kolorierten Abbildungen folgen. Dann erscheint ihr Raupenbuch mit dem bildhaften Titel *Der Raupen wunderbare Verwandlung und sonderbare Blumennahrung*, das auf jedem Blatt ein Insekt und dessen Nahrung zeigt. Damit war ein Beispiel beobachtender und systematischer Wissenschaft geboren, das durch seine Darstellung zugleich eine starke Affinität zur Kunst besitzt. Dahinter steht für die gläubige Forscherin das Motiv, »göttliche Wunder vorzustellen«. Den Nachbarn freilich ist ihre Passion für Insekten nicht geheuer. Zeitweise gerät sie sogar in den Verdacht, eine Hexe zu sein.

Mit dieser
Akkuratesse und
Anmut zeichnete nur
eine: Maria Sibylla
Merian

Als dann die Ehe mit dem ihr in jeder Hinsicht unterlege-
nen Johann Andreas Graff scheitert, geht Maria Sibylla Merian
zusammen mit ihrer Mutter und den beiden Töchtern in die
Niederlande, wo sie nach einem längeren Zwischenaufenthalt
bei den *Labadisten*, einer pietistischen Sekte, in Amsterdam
landet. Zuvor hat sie allerdings noch Lord van Sommeldijk, den
Gouverneur von Surinam, kennengelernt.

In Amsterdam trifft sie auf ein aufgeschlossenes, interes-
siertes Publikum, das regen Anteil an ihrer wissenschaftlichen
Arbeit nimmt. Zusammen mit Caspar Commelin, dem Leiter
des Botanischen Gartens, entsteht der Plan zur praktischen
Umsetzung ihres Lebenstraums: die Reise nach Surinam, einer
holländischen Kolonie nördlich von Brasilien. Sie verkauft all
ihr Hab und Gut und geht, obwohl ihr Freunde und Bekannte
davon abraten, im Juni 1699 mit ihrer jüngeren Tochter an Bord
des Dreimasters *Willem de Ruyter*, um sich nach Südamerika
einzuschiffen. Im September 1699 erreichen die beiden Frauen
Paramaribo, die Hauptstadt Surinams.

Auch dies ein höchst ungewöhnliches Unternehmen. So schrieb
Nicolaus de Graaff voller Verachtung, nur »Zuchthaushuren,

betrunkene Straßenferkel und Diebinnen« würden eine derartige Reise unternehmen. (Und dann gab es da auch noch das Gesetz, das es Frauen verbot, ohne männliche Begleitung in einer Postkutsche zu reisen.)

Doch Maria Sibylla Merian lässt sich nicht beirren. Zusammen mit ihrer Tochter (und teils unter Anleitung der Indianer) streift sie zwei Jahre durch die Regenwälder, genießt deren Farbenpracht und Artenreichtum und beobachtet, zeichnet und sammelt, was sie an tropischen Insekten finden kann. Ihre Einteilung der Schmetterlinge in Tag- und Nachtfalter hat sich bis zum heutigen Tag erhalten. Dann erkrankt sie in dem feuchtheißen Klima an Malaria. Die beiden Frauen treten überstürzt die Heimreise nach Amsterdam an, Maria Sibylla überlebt die gefährliche Krankheit nur knapp.

1705 erscheint schließlich – trotz chronischer Finanzierungsprobleme – ihr Opus magnum: *Metamorphosis insectorum Surinamensium (Die Verwandlung der Insekten Surinams)*. Das Werk, für das sie 60 Kupferplatten zur Illustration anfertigen ließ, ist mit seinen Schlangen, Leguanen, Schmetterlingen und Ähnlichem eine Bildmenagerie der besonderen Art, viele der abgebildeten Tiere sind im damaligen Europa noch unbekannt. Fachleute schwärmen von der akribischen Darstellung. Selbst Zar Peter der Große soll es gelesen haben. Davon leben konnte die Autorin jedoch nicht.

Wieder verkauft sie, wie schon in Nürnberg, Malutensilien, Tier- und Pflanzenpräparate und Stickereien. Bis 1715 erfreut sie sich guter Gesundheit. Dann erleidet sie einen Schlaganfall und ist in der Folgezeit an den Rollstuhl gefesselt. Im Januar 1717 stirbt Maria Sibylla Merian in Amsterdam. Sie wird in einem Armengrab beerdigt, das heute nicht mehr aufzufinden ist.

Maria Sibylla Merian, das ist ein feministisches Leben in einer präfeministischen Ära. Jenseits aller ideologischen Enge ist es die Umsetzung einer Passion, eines Lebenstraums in die Praxis.

Wie Goethe in seiner Novellentheorie von der »unerhörten Begebenheit« spricht, so gibt es auch den »unerhörten Lebensweg«. Derjenige der Merian ist so einer.

IV. Das Silberne Zeitalter

Nürnberg wird Teil von Bayern und erlebt eine zweite Blüte

Das Jahr 1806 markiert eine tiefe Zäsur in der Stadtgeschichte Nürnbergs: Die Stadt wurde Teil des neuen Königreichs Bayern und verlor damit offiziell ihren Status als Freie Reichsstadt, der als Relikt einer längst vergangenen Epoche freilich nur noch auf dem Papier bestanden hatte. Die Zeichen der Erschöpfung, des Niedergangs waren zu diesem Zeitpunkt unübersehbar: Nur noch 25 000 Einwohner hatte Nürnberg, seine finanziellen Möglichkeiten waren als Spätfolge des Dreißigjährigen Krieges höchst beschränkt. »Auf dem Rathaus, in Kirche und Schule, im Handel und Wandel, überall stand das Leben still«, berichtete der Chronist Georg Wolfgang Lochner. Da kamen das Ende der Autonomie und die Eingliederung ins Königreich Bayern gerade recht. Ludwig I., Kronprinz und später bayerischer König, tat zudem alles, um die Nürnberger bei Laune zu halten. 1824 ließ er den Schönen Brunnen restaurieren, später verfasste er gar ein Gedicht mit dem Titel *An Nürnberg*, eine Eloge, die ohne Abstriche dessen Vorzüge pries. Zeitweise schwebte ihm sogar vor, seine Residenz von München nach Nürnberg zu verlegen.

Die Stadt erlebte unter diesen günstigen Vorzeichen die zweite Blüte ihrer Geschichte, eine Art Silbernes Zeitalter. Bahnbrechende technologische Neuerungen waren mit ihrem Namen verbunden: So fuhr am 7. Dezember 1835 die erste dampfbetriebene deutsche Eisenbahn vom Plärrer in Richtung Fürth – der *Adler*. Sie legte ein Tempo von bis zu 30 Stundenkilometern vor, was einen Medizinalrat zu einer Warnung vor gesundheitlichen Schäden veranlasste. Dennoch war der Zeitgewinn riesig: Der *Adler* mit seiner aus Großbritannien importierten Lokomotive verkürzte die Fahrzeit auf der sechs Kilometer langen Strecke von einer ganzen auf eine Viertelstunde. Ehe der *Adler* in Dienst genommen wurde, waren die Reisenden noch von Pferdefuhrwerken transportiert worden. Kein Wunder, dass die Ludwigs-Eisenbahn-Gesellschaft, so ihre Bezeichnung, gleich im ersten Jahr 450 000 Fahrgäste begrüßen konnte.

Und schon bald danach nahm die Bahn richtig Fahrt auf. 1847 wurde mit dem Bau des Hauptbahnhofs begonnen. Das erste Schienennetz entstand. Bis 1877 waren bereits sieben Hauptstrecken in Betrieb, die sich alle in Nürnberg trafen. Unter ihnen

Mit dem *Adler* begann in Deutschland ein neues Zeitalter menschlicher Mobilität

die zentrale Nord-Süd-Verbindung von Lindau bis nach Sachsen, auf der wichtige Rohstoffe transportiert wurden.

Auch auf dem Wasser tat sich was: Der Ludwigskanal wurde eröffnet. Damit waren wichtige Verkehrswege zum Warentransport geschaffen. Bald folgten diesen die ersten industriellen Produktionsstätten. Theodor von Cramer-Klett gründete 1841 eine Maschinenfabrik, die später als MAN bekannt wurde, Sigmund Schuckert eine Elektrofabrik, aus der sich der Siemens & Halske-Konzern entwickeln sollte, Lothar von Faber ließ Bleistifte in industrieller Produktion herstellen, andere wie Schwan oder Staedtler taten es ihm nach, sodass es bald 23 Bleistiftfabriken in der Stadt und der näheren Umgebung gab. Auch die Tabakherstellung begann durch die Erfindung von Zigarettenmaschinen zu florieren. Und der Tuchfabrikant Philipp Lobenhofer baute in Wöhrd – gegen den Protest der traditionellen Tuchhändler, die um ihre Existenz fürchteten – eine erste Tuchfabrik mit 115 Mitarbeitern und 56 Maschinen.

Besonders wichtig war die sogenannte Nachtlichter-Produktion, angefangen vom Gaslicht über die Thermolampe bis hin zur flächendeckenden Elektrifizierung, die, aus Frankreich kommend, das Stadtleben nachhaltig veränderte. Nicht nur, dass die neue Straßenbeleuchtung schnell zum Instrument der Kriminalitätsbekämpfung wurde, denn gut ausgeleuchtete Straßen waren allemal sicherer als dunkle. Auch das städtische Nachtleben mit seinen Kneipen, Theatern und Bars begann sich zu entfalten, beleuchtete Schaufenster kamen in Mode. Wo Licht war, da war auch Leben.

Alles in allem also eine technische Revolution, die die »Nacht zum Tage machen« wollte, wie Wolfgang Schivelbusch in seinem Buch *Lichtblicke. Zur Geschichte der künstlichen Helligkeit im 19. Jahrhundert* ausführt. Allein in Nürnberg gab es bereits in den ersten Jahrzehnten der einsetzenden Industrialisierung 190 Familien, die in Heimarbeit Lampen herstellten. Die bedeutendste Fabrik befand sich in der Adlerstraße und gehörte Gottlieb August Glafey.

Nach diesem ersten Technologieschub entstand gegen Ende des 19. Jahrhunderts mit der Firma der Gebrüder Bing, die bald als größte Spielzeugfabrik der Welt galt, die Spielwarenindustrie in Nürnberg. Irgendwann produzierten die Bings dann alles Mögliche – vom Eisschrank bis zu Büroartikeln und Schmuck – und beschäftigten fast 16 000 Menschen. Ein industrielles Imperium, das nicht zuletzt durch seine Vielfalt Erfolg hatte. Etwa zur gleichen Zeit begann auch der Aufstieg Nürnbergs zur Hochburg der Zweiradproduktion und des Radsports. Aus der Fahrradwerkstatt von Carl Marschütz gingen die Hercules-Werke hervor. Später kam die Marke Victoria hinzu. Bei Hercules begann man 1901 mit der Entwicklung von Motorrädern, einer zunächst nicht sehr aussichtsreichen Branche. Noch nach fast zehn Jahren waren gerade mal 184 Exemplare in der Stadt unterwegs. Erst in den 20er-Jahren wurde das Motorrad so richtig populär, bis dahin fuhr man mit dem Fahrrad oder ging zu Fuß.

Der wirtschaftliche Aufschwung veränderte auch das Gesicht Nürnbergs. Die Industrie brauchte Arbeiter, diese zogen aus der Provinz in die Stadt. Wohnungen mussten gebaut werden. Es entwickelten sich typische Arbeiterviertel, die, wie etwa Gibitzenhof, vor allem in der Südstadt lagen. Bald wurde die Stadt zum Zentrum der bayerischen Sozialdemokratie und erwarb sich unter der Führung von Karl Grillenberger (1848-1897) den Ruf des »Roten Nürnberg«. Ihr Einfluss wurde so stark, dass sie sich im Revolutionsjahr 1848 hinter die Beschlüsse der Frankfurter Paulskirche stellen und damit drohen konnte, sich von Bayern zu lösen, falls der König sich widersetzen sollte. Das »Rote Nürnberg« wurde zur größten Industriestadt Süddeutschlands, 1881 lebten mehr als 100 000 Menschen in der Stadt. 20 Jahre später waren es bereits 260 000.

Eine technische Revolution mit Tempo 30: Die erste deutsche Eisenbahn

Er war Nürnbergs erster Gastarbeiter: der Engländer William Wilson. Als er nach Deutschland kam, sprach und verstand er kein Wort Deutsch. Acht Monate wollte er bleiben, so lange ging sein Vertrag, anschließend wollte er in seine Heimat zurückkehren. Doch als die acht Monate vorbei waren, verlängerte er seinen Aufenthalt und blieb schließlich ganz. Kein Wunder, hatte der Mann mit dem ernsten Blick, der hohen Stirn und den langen Koteletten doch seinen absoluten Traumjob gefunden.

Wilson war in Nürnberg Lokomotivführer geworden, und als am 7. Dezember 1835 die Ludwigs-Eisenbahn von Nürnberg nach Fürth dampfte, die erste deutsche Eisenbahn überhaupt, da stand William Wilson, feierlich mit Frack und Zylinder, auf der Steuerplattform der *Adler*-Lokomotive, neben sich einen Heizer, der auf sein Kommando hin immer wieder eine Schippe Steinkohle auflegte, um die Maschine in Schwung zu halten. Mit 35 Stundenkilometern »raste« der Zug mit seinen neun Waggons die sechs Kilometer lange, schnurgerade Strecke gen Fürth, an einer jubelnden Menschenmenge und der diese mit Mühe auf Distanz haltenden Polizei vorbei, die Fürther Chaussee entlang, über freies flaches Land also, das sich zwischen Nürnberg und Fürth zu jener Zeit noch ausbreitete. An der Strecke stand Militär und hielt die Menschen davon ab, auf die Gleise zu rennen, um den *Adler* zu berühren und sich bei der Gelegenheit ein kleines Souvenir abzuschrauben. Auch Ärzte befanden sich unter den Schaulustigen, war es doch höchst ungewiss, ob alle Passagiere die rasende Fahrt heil überstehen würden.

Pünktlich um neun Uhr war man gestartet, unter feierlichen Reden, Kanonendonner und Hochrufen auf den König, der freilich nicht erschienen war. Dafür hatte sich die Presse umso zahlreicher eingefunden und weit über die Grenzen Bayerns hinaus von dem unerhörten Ereignis berichtet. So erfuhr selbst Johann Strauss, der Vater des berühmten Walzerkönigs, von der Pioniertat und komponierte prompt den *Eisenbahn-Lust-Walzer*. Bereits ein Jahr später gab es kühne Pläne zum Ausbau des Schienennetzes, und tatsächlich entstand bis 1840 bereits ein 500 Kilometer langes Eisenbahnnetz im Deutschen Reich.

Bald darauf überschritt man mit der Strecke nach Antwerpen die erste Landesgrenze.

Das Märchen von William Wilson, dem Lokomotivführer, aber ging noch weiter. Er fand die Frau seines Lebens in Nürnberg, verdiente mit einem Gehalt von 1500 Gulden geradezu traumhaft viel und gab sein Wissen weiter, indem er junge Lokomotivführer ausbildete. Zusammen mit ein paar Gesellen besaß er außerdem eine eigene Schlosserwerkstatt, in der er alle Reparaturen, die an der Ludwigs-Eisenbahn anfielen, selbst ausführte. 1862 starb William Wilson nach einem erfüllten Leben und wurde auf dem Johannisfriedhof beigesetzt.

Findling aus gutem Hause: Das Rätsel um Kaspar Hauser

»Es war ein Jüngling von ungefähr siebzehn Jahren. Niemand wusste, woher er kam. Er selbst vermochte keine Auskunft darüber zu erteilen, denn er war der Sprache nicht mächtiger als ein zweijähriges Kind; nur wenige Worte konnte er deutlich aussprechen, und diese wiederholte er immer wieder mit lallender Zunge, bald klagend, bald freudig, als wenn kein Sinn dahintersteckte und sie nur unverstandene Zeichen seiner Angst oder seiner Lust waren.

Auch sein Gang glich dem eines Kindes, das gerade die ersten Schritte erlernt hat: nicht mit der Ferse berührte er zuerst den Boden, sondern trat schwerfällig und vorsichtig mit dem ganzen Fuße auf.«

So beginnt Jakob Wassermanns Roman *Caspar Hauser oder Die Trägheit des Herzens*. (Den Absatz davor überspringen wir, erwähnt sei nur der Hinweis, dass sich das Ganze »in den Sommertagen 1828 in Nürnberg« zugetragen habe.)

Es war genau am 26. Mai, einem Pfingstmontag, als nachmittags gegen 16 Uhr ein unbekannter junger Mann am Unschlittplatz auftauchte und durch seinen unsicheren Gang auffiel. Wie jemand, der eine lange Reise hinter sich hat und am Ende seiner Kräfte ist, schwankte er über das Pflaster und musste schließlich von einem Schustergesellen aufgefangen werden, um nicht zu stürzen. Als dieser ihn fragte, woher er denn komme und wer er sei, murmelte er immer nur den einen Satz: »Ein solcher Reiter möchte ich werden, wie mein Vater gewesen ist.« Mehr war aus ihm nicht herauszubringen.

Es ist einer der rätselhaftesten Auftritte in der jüngeren Kulturgeschichte, und er ist kennzeichnend für einen Menschen, der aus vielen solcher Rätsel zu bestehen scheint – bis hin zu der Tatsache, dass er genauso mysteriös wieder verschwindet, wie er aufgetaucht ist. Am 14. Dezember 1833 wird er im Hofgarten in Ansbach durch einen Messerstich tödlich verletzt und stirbt drei Tage später. Erneut rätselt die Nachwelt. War es Mord? Suizid? Und wer war dieser Kaspar Hauser überhaupt? Ein Prinz aus dem Badischen, Nachkomme der herzoglichen Familie Zähringer? Oder ein schlichter Hochstapler, der sich wieder mal ins Gespräch bringen wollte, ebenso wie damals,

Am Unschlittplatz tauchte der Findling Kaspar Hauser auf als Chiffre des Menschlichen schlechthin

als er am Unschlittplatz auftauchte? Oder ist er am Ende nur ein unglückliches Kind, das, früh aus der Bahn geworfen, sich selbst ein Leben lang ein Rätsel blieb?

Sätze über Kaspar Hauser werden schnell zu Fragen. Das ist sein Wesensmerkmal, sein Mythos. Der Mensch als unbeschriebenes Blatt, als Black Box. Das pure Geheimnis. 1996 bemühte sich *Der Spiegel*, Licht ins Dunkel zu bringen, gab eine DNS-Analyse in Auftrag, ließ mehrere Journalisten recherchieren, schickte gar seinen Chefredakteur zur Pressekonferenz nach Ansbach. Der Ertrag der spektakulären Aktion blieb freilich kärglich. Kaspar Hauser sei auf keinen Fall ein Nachkomme der badischen Herzogsfamilie, lautete die nicht eben üppige Erkenntnis. Sechs Jahre lang ließ das *ZDF* anschließend ein Haarbüschel untersuchen, und schon waren die Zweifel wieder da. Vielleicht war er ja doch ein Prinz, hieß es.

Aufschlussreicher waren da die Versuche, die Figur Kaspar Hauser künstlerisch zu verstehen. Als Archetyp für einen, der sich selbst abhanden gekommen ist. So etwa in Werner Herzogs Film *Jeder für sich und Gott gegen alle*, der in der Ansbacher Gegend gedreht wurde und einen wunderbaren André Eisermann in der Rolle des Kaspar Hauser zeigt. Oder in Peter Handkes Stück *Kaspar*, in dem es um das Medium Sprache geht, mit

dessen Hilfe der Außenseiter in die Gesellschaft zwangsinteg-
riert werden soll.

Eines wird in beiden Bearbeitungen, die neben unzähligen
anderen stehen, deutlich: Kaspar Hauser, das ist der Fremde
schlechthin. Der von Gott und den Menschen Verlassene. Darin
ist er uns ähnlich, darin befremdet er uns auch zugleich.

Hegel, Feuerbach & Co: Ein philosophischer Stadtrundgang

Es beginnt am Brunnen, es endet am Brunnen. Die Brunnen sind das A und O einer Stadt, ihr Alpha und Omega. An den Brunnen wie an den Parks ist zu erkennen, welches Maß an Entspannung sie dir gönnt. Naheliegend also, dass sich ein philosophischer Stadtrundgang an ihnen orientiert. Sinnträchtiger geht's ja kaum. Vom Brunnen komm ich her, zum Brunnen geh ich hin, der Rest ist Geplänkel, kaum der Rede wert. Brunnen als Symbole der Tiefe und Reinheit, Frische und Klarheit. Orte der Entspannung und Erholung, der Sinnenlust, des Müßiggangs, des Dolcefarniente. Spielerisch präsentieren sie ihr Programm, scheinbar nutz- und absichtslos. Wo die weißen Wasser plätschern, wie es bei Heine heißt. Der Brunnen, das ist im Stress der Großstadt das Manifest der Lässigkeit, des Relaxens, die stressfreie Zone schlechthin. Hier bist du Mensch, hier darfst du's sein. Zum Beispiel am Neptunbrunnen im Stadtpark. Du sitzt da, die Zeit vergeht und nichts passiert, absolut nichts. Herrlich. Wo sonst gibt's das in einer Stadt?

Und dann noch die Übung für Fortgeschrittene: Die barocke Form des Brunnens bewundern, die nichts Hartes, Eckiges oder Kantiges an sich hat, sondern von einer Aura des Heiteren umgeben ist, dem Geplätscher lauschen, ins Wasser schauen, sich in ihm verlieren, Schuhe ausziehen, Füße reinstrecken. In den Brunnen träumt die Stadt, wie sie gerne wäre. Und wir träumen mit ihr.

Der Rundgang beginnt am Schönen Brunnen am Hauptmarkt mit seinem üppigen allegorischen Bildprogramm. Er endet am Tugendbrunnen an der Lorenzkirche. Von der Schönheit zur Tugend also, vom Ästhetischen zur Moral. Dazwischen Bedeutsames aus der Geistesgeschichte: Hegels ehemalige Schule am Egidienberg, das Hans-Sachs-Denkmal, die Katharinenruine, noch mal Hegel mit dem Lehrerkolleg an der Lorenzkirche. An jeder Station gibt es eine kurze Lesung, sei es aus dem *Trost der Philosophie* von Boethius, sei es aus Hegels Briefen oder aus dem Werk des alten Hans Sachs, dem Volksdichter mit den saftigen Lebensweisheiten. Dazwischen immer wieder ein kurzer Fußmarsch, weil sich das Gehörte einfach besser zurechtruckelt beim Gehen.

»Denken und Gehen, das sind zwei ganz ähnliche Vorgänge«, sagt Bernd Arnold, der diesen Rundgang beim Bildungszentrum anbietet, »das wussten schon die alten Peripatetiker.«

In der Tat: Wenn diese antiken Philosophen mal wieder was Schwieriges zu bedenken hatten (und wann hatten sie das nicht!), dann gingen sie dabei auf und ab. Das bekam ihren Gedanken und hielt die Denker obendrein gelenkig. Es gab jedoch auch solche, die kaum ihre Wohnung, geschweige denn ihr Städtchen verlassen mochten. Kant war so einer, der Bewegungsmuffel der Aufklärung schlechthin, daher klingt manches auch so unbeweglich und unelegant bei ihm.

Start ist auf dem Hauptmarkt, der Agora, wie die alten Griechen sagen würden. Da setzt der Schöne Brunnen, unaufdringlich am Rand statt in der Mitte des Platzes, einen städtebaulich reizvollen Akzent. Die 19 Meter hohe, an einen Kirchturm erinnernde Pyramide in strahlendem Gold, die ursprünglich, so will es zumindest das Gerücht, für die Frauenkirche vorgesehen war, weist den Weg steil himmelwärts. Der Brunnen und das ihm gegenüberliegende Gotteshaus beherrschen den Platz, teilen ihn unter sich auf. Dennoch ist es mehr eine harmonische Ergänzung als auftrumpfender Wettstreit. Das liegt vor allem am Brunnen, diesem schlanken, nahezu filigranen Monument, erbaut von Fritz Pfintzing und, nach dessen Tod, fortgesetzt von Heinrich Beheim d. Ä. Über 600 Jahre alt und ganz dem Zeitgeschmack der Gotik verpflichtet, entwickelt es eine eigene Bildsprache, die von der Frauenkirche mit dem berühmten »Männleinlaufen« wieder aufgenommen wird. Hier ergibt das strapazierte Wort vom Dialog wirklich einen Sinn.

Viel hat der Brunnen zu erzählen, und das tut er in umlaufenden, sich zur Spitze hin verjüngenden Bildgeschichten, einer Art mittelalterlichem Comic. Im untersten Ring acht Philosophen, die Basis des Brunnens, die zur besseren Erkennbarkeit ein Namensschild im Gewande tragen: Pythagoras, mit Hirtenflöte, vertritt die Musik, Euklid die Geometrie, Ptolemäus die Astronomie, Nikomachos das Rechnen, Aristoteles steht für die Dialektik, Cicero für die Redekunst, Donatus für die Grammatik. Und schließlich steht da, mit Buch, obwohl er nie eines geschrieben hat, unser Lieblingsdenker: der bärtige, ganz ins Nachsinnen versunkene Sokrates. Seine Darstellung allerdings weicht von der überlieferten nicht unerheblich ab: Da sah man Sokrates als einen Mann mit schmalem Resthaarkranz an der spiegelnden Glatze, einer wulstigen, in die Breite strebenden Nase, tiefliegenden Altherrenaugen und einem üppigen Vollbart. Der Anselm Grün der Antike.

In einer weiteren Corona die Kirchenväter und Evangelisten, darüber die weltlichen Herrscher. Das ganze Mittelalter auf einen Blick, ein Aufriss seiner Hierarchie, fein unterschieden nach Bedeutung und Macht.

Nächste Station ist der Egidienberg mit der prächtigen, frisch renovierten Barockkirche. Gleich daneben das ehemalige Ägidiengymnasium (heute Willstätter), dessen Rektor von 1808 bis 1816 Friedrich Hegel war und das als ältestes Gymnasium Deutschlands gilt. Das Denkmal Philipp Melanchthons, des Gründers der »Oberen Schule«, wie sie damals hieß, ist genau vor dem Eingang platziert. Mit seiner Dominanz stiehlt es der Hegel'schen Arbeitsstätte, auf die noch nicht einmal eine Gedenktafel hinweist, die Schau. Der eine im Schatten des anderen: Das ist durchaus problematisch, und nicht erst im Hegel-Jahr 2008 fiel auf, dass sich die Stadt der Bedeutung des berühmten Denkers für Nürnberg nicht so recht bewusst ist. (Hätte Hermann Glaser nicht einiges unternommen, um auf das Datum aufmerksam zu machen, in dem er unter anderem ein Buch über den *Weltgeist in Franken* schrieb, wäre das Ereignis gänzlich unbeachtet geblieben.)

Dabei war Nürnberg für den aus Bamberg kommenden Hegel, der dort als Redakteur gearbeitet hatte, als Lebensstation durchaus prägend: Hier arbeitete er als Lehrer, hier lernte er Marie von Tucher kennen, Tochter einer vornehmen Patrizierfamilie und Liebe seines Lebens. Sie war um 21 Jahre jünger als der Philosoph, der einen unehelichen Sohn aus einer »Eskapade« im Thüringischen, so die Hegel-Forschung etwas verschämt, mit in die Verbindung brachte. Beides tat der Ehe jedoch keinen Abbruch.

Dennoch mangelte es dem Verfasser der *Phänomenologie des Geistes* nicht an Verdruss. Das lag nicht nur an der schlecht beheizbaren, zugigen Wohnung, sondern auch daran, dass er seinen Lebensunterhalt als Lehrer verdienen musste, was Hegel nicht wirklich begeisterte.

»Er war es nicht gern. Er fürchtete, seine Karriere als Philosoph würde leiden«, heißt es in einer längeren Abhandlung des Pädagogen Max Liedtke. Da tröstete es Hegel auch nur wenig, dass er unter allen Lehrern in der Stadt der am besten bezahlte war. Gleichwohl setzte er sich für die Einführung des staatlichen

Sinnbild der
Weltordnung
seiner Zeit: der
Schöne Brunnen am
Hauptmarkt

Schulwesens ein und kümmerte sich um die Armenschulen, die
zu der Zeit nicht einmal Toiletten besaßen. Noch verdienstvoller
war indes eine andere Initiative des Philosophen. Er gründete
1809 das Lehrerseminar, das im Pfarrhof von St. Lorenz seine
Bleibe fand und aus dem später die Erziehungswissenschaftliche
Fakultät der Universität hervorging.

Und doch war er nicht nur ein notorischer Nörgler. Er schätzte
das fränkische Bier und das deftige Essen und war zudem ein
leidenschaftlicher Genießer von Tabak. Selbst beim Unterrichten
soll er überall seine Tabakkrümel hinterlassen haben.

Weiter geht es nun mit Ludwig Feuerbach, dem nächsten aus
der Reihe der Maîtres Penseurs. Auch Feuerbach, dessen Lebensweg eng mit Franken verbunden ist, war mit seiner Nürnberger
Wohnung nicht zufrieden. Er war die großbürgerliche Behaglich-
keit von Schloss Bruckberg bei Ansbach gewohnt, wo seine Frau
eine Porzellanfabrik betrieben hatte. Als diese pleiteging, zog
Feuerbach 1860 nach Nürnberg. In dem bäuerlichen Anwesen

am Rechenberg, der zu jener Zeit noch nicht zu Nürnberg gehörte, bewohnten die Feuerbachs das erste Stockwerk und das Dachgeschoss. Im Vergleich zum Bruckberg'schen Jagdschloss empfand der Philosoph die neue Bleibe freilich als sozialen Abstieg. Eine »akustische Kloake« sei das, zeterte er und verwies auf Hundegebell, Straßenlärm und Kindergeschrei. Da war es nur ein schwacher Trost, dass er kurz zuvor noch geschwärmt hatte, von seinem Hügel aus habe er die »schönste Aussicht in die ganze Umgegend Nürnbergs«.

Überhaupt stellte Nürnberg ein eher düsteres Kapitel in Feuerbachs Leben dar. Längst war der einst gefeierte Philosoph und Freigeist, der mit dem Satz »Der Mensch schuf Gott nach seinem Bilde« bekannt geworden war und in seinem wohl berühmtesten Werk *Das Wesen des Christentums* beschrieben und dessen geistig-psychologische Grundlagen dargestellt hatte, verarmt und lebte weitgehend von Stiftungen und Almosen. Freunde mussten ihn mit Spenden am Leben erhalten. Auch sein Ruhm als Philosoph war weitgehend verblasst. Deprimiert und verbittert zog er sich immer mehr zurück, erlitt schließlich mehrere Schlaganfälle. 1872 starb er 68-jährig und in »geistiger Dumpfheit«, wie es in einer seiner Lebensbeschreibungen heißt.

Sein Grab befindet sich auf dem Johannisfriedhof. Zu Ehren Feuerbachs weihte die Stadt 2004 den Philosophenweg ein (eine Ludwig-Feuerbach-Straße am Maxfeld existierte bereits) und beendete damit eine lange Zeit der Indifferenz, wenn nicht gar Ignoranz, Feuerbach gegenüber. Die Stadt, das wird im Falle Feuerbachs ebenso deutlich wie bei Hegel, hat es nicht mit den großen Denkern.

Nach so viel Bedrückendem ist Weitergehen angesagt. Das relativiert, hilft beim Sortieren. Das schafft Raum für neue, kühne Ideen. So haben wir uns zum Beispiel Nietzsches *Zarathustra* immer als Wanderer vorgestellt. Als einen, der sicherlich schwere Brocken wälzt, dabei selbst aber immer leichter wird. Der federnden Schrittes unterwegs ist. Wie sein Schöpfer, wenn dieser gut drauf war. Seine Besuche in Nürnberg zumindest hat Nietzsche offenbar sehr genossen. Vier Mal war er in der Stadt, und das wenige, das davon erhalten ist, liest sich erstaunlich leicht.

»Selbstverständlich werden im Glöckle die obligatorischen Bratwürste mit Sauerkraut verzehrt«, notiert er im August 1867, ehe der Hinweis folgt, er werde nun »ein Bad nehmen und anschließend ins Germanische Museum gehen«.

1861, als Nietzsche anlässlich des deutschen Sängerfestes in Nürnberg weilte, nahm er offenbar sogar an Gesangsproben teil, spielte bei Bekannten Klavier, sah sich ausgiebig in den Kirchen der Stadt um und landete abends wieder im *Glöckle* (damals an der Moritzkapelle, direkt neben der Sebalduskirche), bei »Abendbrod« und »Bier«.

Einmal allerdings berichtete er, er sei in Nürnberg »höchst, höchst schwermüthig« gewesen. Den Grund verschweigt er nicht: Am Vorabend sei es bei einem Umtrunk in Lichtenfels derart hoch hergegangen, dass er sich fühle wie »in einem großen Rade mit herumgedreht«. Wer bei alldem den Misanthropen Nietzsche vermisst, findet ihn in den Notizen über Erlangen wieder: »Widerwärtige Tischgespräche, entsetzliche Baiernrohheit und Philisterei«.

Weiter geht es auf unserem Rundgang. Zum Abschluss liest Bernd Arnold noch aus den Aufzeichnungen zweier Nürnberg-Besucher, deren Eindrücke ganz frei von romantischer Schwärmerei sind, nicht zuletzt, weil sie in eine Stadt kommen, die sich bereits auf dem Weg in den Untergang befindet.

»Bayern wurde mir durch seine Bewohner etwas verleidet«, heißt es da. »Die massigen Bajuwaren, die ihre behaarten Schenkel zeigten und Würste aßen, fand ich unausstehlich. Wir hatten uns viel vom malerischen Nürnberg erwartet, aber Tausende von Hakenkreuzfahnen flatterten noch vor den Fenstern, und die Bilder, die wir in der Wochenschau gesehen hatten, drängten sich uns mit unersättlicher Arroganz auf: der gewaltige Aufmarsch, die erhobenen Arme, die starren Blicke, ein ganzes Volk in Trance. Wir waren erleichtert, als wir die Stadt hinter uns hatten.«

Das schrieb Simone de Beauvoir, als sie 1934 auf einer Deutschlandreise zusammen mit Sartre Nürnberg besuchte. 20 Jahre später sollten die beiden noch mal nach Nürnberg kommen, ohne dass es davon jedoch ein schriftliches Zeugnis gäbe.

Auch bei Sartre findet sich im Übrigen ein Bezug zu Nürnberg. Für seinen Roman *La Nausée*, zu Deutsch *Der Ekel*, hatte er ursprünglich den Titel *Melencolia*, in Anlehnung an Dürers Kupferstich, gewählt, musste ihn auf Drängen seines Verlegers aber wieder aufgeben. Inzwischen ziert die Dürer'sche Darstellung jedoch das Titelblatt der französischen Folio-Taschenbuch-Ausgabe.

Georg Wilhelm Friedrich Hegel: Weltgeist in Franken

Weisheit schützt vor Pöbelei nicht, und nichts bringt so funkelnde Bosheiten hervor wie das Gefühl der Inferiorität. Was also tun, wenn der andere, der Konkurrent, einem die Schau stiehlt? Wenn die Studenten in seine Vorlesung strömen, während man selbst vor leeren Bänken sitzt? Nun, man nennt den anderen, den Erfolgreichen, einen »Kopfverdreher« und »Absurditätenlehrer«, einen »erbärmlichen Patron« mit einer »Bierwirtsphysiognomie«, dessen »sinnlose, rasende Wortgeflechte« allenfalls in Tollhäusern zu verstehen seien. Und weil man schon mal dabei ist, kippt man über das Haupt des so Geschmähten noch einen Kübel Unflat aus und nennt ihn laut und deutlich beim Namen.

»Hegel« (ihm also gilt die Tirade) sei »ein platter, geistloser, ekelhaft-widerlicher, unwissender Scharlatan, der mit beispielloser Frechheit, Aberwitz und Unsinn zusammenschmierte, was von seinen feilen Anhängern als unsterbliche Weisheit ausposaunt und von Dummköpfen richtig dafür genommen wurde, [...] was den intellektuellen Verderb einer ganzen gelehrten Generation zur Folge gehabt hat.«

(Und so weiter und so fort. Wir verlassen jetzt den wüst Zeternden, nicht ohne beim Abschied – Gerechtigkeit muss sein – auch seinen Namen zu nennen: Arthur Schopenhauer, selbst kein ganz unbedeutender unter den Denkern seiner Zeit und, was wortgewaltige Polemik angeht, seinem Kontrahenten sicherlich weit überlegen.)

Beide trafen sich zu ihrem »Wichtigkeitsduell« 1818 an der Universität Berlin, wo Hegel (1770-1831) schnell zum Star mit einer eigenen Fangemeinde aufstieg, ehe er dann 1829 gar zum Rektor bestimmt wurde. Der Einfluss des »Professors der Professoren«, wie er bald ehrfürchtig genannt wurde, übertrug sich weit über Preußen hinaus auf die gesamte deutsche Hochschullandschaft. Sein philosophisches Weltbild, das, hochabstrakt und knochentrocken formuliert, in dem Satz gipfelte »Das Geistige allein ist das Wirkliche«, bestimmte über lange Zeit hinweg den weltanschaulichen Diskurs und fand schließlich in Karl Marx jenen Theoretiker, der es »vom Kopf auf die Füße stellte«, wie er sagte. Der Rest ist Geschichte, eine linkshegeli-

Eine Welt der Bücher
und ihr Bewohner:
Georg Wilhelm
Friedrich Hegel,
Schulmeister und
Philosoph

anisch-marxistisch-sozialistische. Vermutlich also war Hegel,
ein Idealist und »Kopfverdreher«, der wirkungsmächtigste und
folgenreichste unter den abendländischen Denkern – armer
Arthur Schopenhauer!

Dennoch würde uns Georg Wilhelm Friedrich Hegel, wie er
mit vollem Namen hieß, an dieser Stelle nicht weiter beschäftigen, hätte er nicht eine wichtige Phase seines Lebens in Franken
verbracht: zuerst, 1807, in Bamberg, wo er als Redakteur der
Bamberger Zeitung arbeitete, dann von 1808 bis 1816 in Nürnberg, wo er Professor und Rektor am Ägidiengymnasium war
und die um 21 Jahre jüngere Marie von Tucher, Tochter einer
vornehmen Patrizierfamilie, kennenlernte und alsbald heiratete.
Gerade noch rechtzeitig, ehe Hegel dem »Coelibat« verfallen
wäre, wie einer seiner Biografen besorgt vermerkte. (So ganz
scheint der Verfasser der *Phänomenologie des Geistes* den sinn-
lichen Verlockungen auch wieder nicht abgeneigt gewesen zu
sein: In Stuttgart gab's eine Nanette, für die Hegel erglühte und

die ihn beinahe zur Konversion zum Katholizismus überredet hätte; und aus Jena meldete sich immer mal wieder der Sohn, Folge jener »Eskapade« im Thüringischen, von der die Hegel-Forschung gerne spricht.)

Beide Stationen, die Zeit in Nürnberg mehr noch als die in Bamberg, findet man ausführlich und kenntnisreich dargestellt in dem Buch *Georg Wilhelm Friedrich Hegel – Weltgeist in Franken*, das der frühere Nürnberger Schul- und Kulturdezernent Hermann Glaser schrieb. Erschienen ist es in der Reihe *Auf den Spuren der Dichter und Denker durch Franken* im Gunzenhausener Schrenk-Verlag, der auch schon Monografien über Walther von der Vogelweide, Wolfram von Eschenbach, Jean Paul oder die Familie Feuerbach herausgab.

Nun also Hegel, der auf den ersten Blick so überhaupt keine Kompatibilität mit der fränkischen Seele zu haben scheint. Sein Freund und Gönner, der Münchner Oberschulrat Friedrich Immanuel Niethammer, hatte ihm die Nürnberger Schulstelle verschafft. Für Hegel war damit ein gesichertes Einkommen verbunden, mietfreies Wohnen im Schulgebäude am Egidienberg sowie eine Professur der »philosophischen Vorbereitungswissenschaften«, was auch immer man sich darunter vorzustellen hat. Freilich waren Wohn- und Arbeitsbedingungen alles andere als rosig.

In der Wohnung zog es gotterbärmlich, Hegel klagte über »fortwährende Rheumatismen, Zahnschmerzen und geschwollene Backen«, die ihn am Unterrichten hinderten. Dennoch wurde er 1813 zum Schulrat ernannt und war damit auch für die Volksschulen in der Stadt zuständig. Nun rückten in einer Zeit, in der nach vorsichtigen Schätzungen rund ein Viertel der Stadtbevölkerung von der Bettelei lebte, die sogenannten Armenschulen in sein Blickfeld. Für deren Entwicklung setzte er sich ein, verzweifelte dabei jedoch immer wieder an der Behäbigkeit, mit der auf seine Vorschläge reagiert wurde. »Als er Nürnberg 1816 verließ, war das Reformwerk immer noch nicht verwirklicht«, schreibt Hermann Glaser.

Davon abgesehen scheint er das Leben im Fränkischen durchaus genossen zu haben. Eine gewisse Enge in Alltagsdingen hatte ihm lange vor der Station in Franken der Tübinger Freundeskreis konstatiert, Hegel galt da als der »Normalste« und, schlimmer noch, als der »Untalentierte«. Das änderte sich in der Nürnberger Zeit nicht grundlegend. »Hegels Familienleben in der

Nürnberger Zeit war tief eingebettet in die Alltäglichkeit ohne jeden Zug zum Exzentrischen«, schreibt Glaser.

Dass der Philosoph in äußerlichen Dingen eher nachlässig war, durfte später auch ein Besucher registrieren, der ihn in Berlin aufsuchte: »Er war einem Griesgram im abgetragenen Schlafrock begegnet, mit gelblichem Gesicht, mit dem Blick eines Kurzsichtigen, mit raschen, aber schwerfälligen Bewegungen.«

Der »Weltgeist« erscheint also ganz ungeschönt in Glasers Buch, man könnte sagen: in dialektischer Form. Entstanden ist das Porträt eines großen Denkers, der sich in Franken quasi noch in der Inkubationszeit befand und erst anschließend in Berlin groß herauskam und zu einer Art Staatsphilosoph wurde. Dass man sich angesichts des spröden Schwaben, der zeitlebens seinen pietistischen Wurzeln verhaftet blieb, dann doch nach dem Poltergeist Schopenhauer sehnt, nach seinem Feuer und seinen Rüpeleien, ist weder dem Autor noch der fränkischen Volksseele anzulasten.

V. 20. Jahrhundert, die erste Hälfte

Ein Volk in Trance: Nürnberg im Nationalsozialismus

Das Ende ist banal: Julius Streicher, der fränkische Gauleiter, wird im letzten Kriegsjahr 1945 in Tirol, wo er untergetaucht ist, verhaftet. Er nennt sich Joseph Sailer, will von Beruf Kunstmaler sein (was er tatsächlich einmal gewesen ist) und mit den Nazis nie etwas zu tun gehabt haben. Erst als der jüdische US-Offizier, der ihn aufgespürt hat, fragt, was er denn von Julius Streicher, dem bekannten Judenhasser, halte, bekennt er: »Dieser Julius Streicher bin ich selber.«

Wenige Tage zuvor tönte er noch, er sei in Nürnberg geblieben und habe »an der Spitze« seines Gaus gekämpft. So habe er unter anderem dafür gesorgt, dass Oberbürgermeister Liebel, »dieses Schwein« (mit dem er sich früher einmal bestens verstanden hatte), hingerichtet worden sei, kurz vor dem Einmarsch der Amerikaner. Und an Hitler schrieb er in flehentlichem Ton, er suche dringend eine neue Aufgabe »in der höchsten Notlage des Vaterlandes«. An Pathos ließ er es jedenfalls nicht fehlen.

Die Wahrheit sah jedoch etwas anders aus, wie man inzwischen durch Streichers Frau Adele weiß: So hätten beide zwar angeblich am »Endkampf in Nürnberg« teilnehmen wollen, doch dann sei ihr Auto auf dem Weg zum Chiemsee (!) leider »abgedrängt« worden, sodass sie in Tirol gelandet seien. Wie eben das Leben so spielt, wenn man auf der Flucht ist. Das Ende ist bekannt: Julius Streicher, der Frankenführer, wird bei den Nürnberger Kriegsverbrecherprozessen verurteilt und am 16. Oktober 1946 hingerichtet.

Die Anekdote von Streichers Verhaftung zeigt, wie eine NS-Figur auf Normalgröße schrumpft, sobald sie ihr Wahnsystem verlässt. Ein Mann, der zuvor als einer der schlimmsten Antisemiten hervorgetreten war und sich, schon als er noch im Nürnberger Stadtrat und später dann im Bayerischen Landtag saß, erbitterte Auseinandersetzungen mit Hermann Luppe, dem Nürnberger Oberbürgermeister, geliefert und jede Menge Prozesse geführt hatte. Als Herausgeber des berüchtigten Hassblattes *Der Stürmer* besaß er ein Forum zur publizistischen Verbreitung seines paranoiden Antisemitismus, das ihn dank der hohen Auflage auch noch zu einem reichen Mann machte.

Und so kannte man ihn in Franken: 1,65 Meter groß, glatz-köpfig, martialisches Gehabe, Ledermantel, Ledergamaschen, Schaftstiefel, Reitpeitsche. Stadtbekannt als Weiberheld, Intrigant und Grobian. Streicher wohnte im sogenannten Braunen Haus in der Marienstraße. Hitler war er bis zuletzt in einer merkwürdigen Mischung aus Kumpanei und Vereh-rung zugetan, was ihn bei seinen Eskapaden schützte. Andere Nazigrößen wie Goebbels oder Göring verachteten ihn wegen seiner ungehobelten Art, einige hielten ihn für »nicht ganz zurechnungsfähig«.

Ende der 30er-Jahre fiel er zwar in Ungnade, als er von einer Kommission der eigenen Partei der persönlichen Bereicherung beschuldigt, aller Ämter enthoben und auf sein Gut Pleikershof bei Fürth verbannt wurde. Sein Hetzblatt durfte er jedoch weiter herausgeben.

Der Hitler-Kult, wie ihn Streicher zelebrierte, hatte in Nürn-berg freilich schon lange vor 1933 begonnen. Immer wieder war der »Führer«, wie er sich bald nennen sollte, nach Nürnberg gekommen und im Hotel *Deutscher Hof* abgestiegen. Immer wieder war er öffentlich aufgetreten, trotz zeitweiligen Redever-bots. Als »deutscheste aller deutschen Städte« war ihm Nürnberg erschienen. So war es kein Zufall, dass sie als eine der fünf »Führerstädte« eine besondere Rolle in seinem Denken spielte. Und es war alles andere als ein Zufall, dass 1938 ausgerechnet in Nürnberg die »Rassengesetze« verkündet wurden, in denen die Nazis die Ehe mit »Nicht-Ariern« untersagten.

Bei der Wahl am 5. März 1933 konnten die Nazis in Nürnberg freilich »nur« 41,7 Prozent erringen und waren damit in etwa so stark wie SPD und KPD zusammen. In den Wochen zuvor war es zudem, initiiert von SPD und einigen Gewerkschaften, zu zwei Massenkundgebungen gegen die braunen Volksverführer gekommen. Es sollten für lange Zeit die letzten gewesen sein. Die Machtergreifung der NSDAP war längst in vollem Gang.

Schon zu diesem Zeitpunkt versuchten die Nazis, die Weichen in der Stadt nach ihrem Sinn zu stellen. Wenige Tage nach der Wahl wurde Oberbürgermeister Hermann Luppe, der sich zu-vor dem Wunsch der NSDAP widersetzt hatte, ihren Parteitag regelmäßig in Nürnberg abzuhalten, rüde, um nicht zu sagen putschartig aus dem Amt gedrängt und durch den Hitlergetreuen Willy Liebel ersetzt. Luppe musste Nürnberg verlassen und durfte bayerischen Boden fortan nicht mehr betreten.

Die Nazis wollten sich fortan der Welt präsentieren, in all ihrer Hybris, mit all ihrem Realitätsverlust. Sie wollten sich auf großer Bühne selbst in Szene setzen. Mit Hilfe einer bis ins letzte Detail ausgeklügelten Choreografie und jenem Stimmungsschwulst, den Hitler an den Wagner-Opern so schätzte. Getragen von enthusiasmierten Massen, die sich in einer Art völkischem Rauschzustand befanden. Die Filmemacherin Leni Riefenstahl bekam den Auftrag, das Selbstbeweihräucherungsspektakel effektvoll auf die Leinwand zu bannen, um seine Botschaft in alle Welt zu tragen. Den Titel *Triumph des Willens* steuerte Hitler selbst bei.

Als Ort der Reichsparteitage hatte er am 30. August 1933 Nürnberg bestimmt. Einerseits, um an die Reichstage des Heiligen Römischen Reichs Deutscher Nation anzuknüpfen, in deren Tradition er sich sah. Zum anderen aus pragmatischen Überlegungen: die zentrale Lage im Reich, der Luitpoldhain als Gelände für eine Veranstaltung dieser Größe, nicht zuletzt aber auch die in Franken besonders straff organisierte Partei. Bereits in den 20er-Jahren hatten mehrere Parteitage in der Stadt stattgefunden, die vom Rat nach diversen Ausschreitungen jedoch untersagt worden waren.

Jetzt hatte Nürnberg keine Möglichkeit mehr zum Widerstand. Mit Willy Liebel stand ein nur allzu willfähriger OB an der Spitze. Längst war auch die Bevölkerung bereit, dem »Führer« zu folgen, koste es, was es wolle. Also bereitete sie den durch die Stadt marschierenden Braunhemden einen triumphalen Empfang, etwa am Hauptmarkt, der jetzt Adolf-Hitler-Platz hieß, stellte Übernachtungsquartiere bereit und tat alles, damit sich die Anwesenden wohlfühlten. Als »Volk in Trance« erlebte Simone de Beauvoir, die 1934 Nürnberg besuchte, dessen Einwohner, und die alljährlich stattfindenden Reichsparteitage waren der Höhepunkt dieser Stimmung.

»In ihrer pontifikalen Prachtentfaltung waren die Reichsparteitage nicht nur der äußere Höhepunkt des nationalsozialistischen Kalenderjahres«, schreibt Joachim Fest in seiner Hitler-Biografie, »sondern für Hitler persönlich auch die überwältigende Verwirklichung der monumentalen Kostümträume seiner Jugend.« Und weiter: »Aus seiner Umgebung ist die Erregung überliefert, die ihn während der Nürnberger Woche regelmäßig erfüllte und sich in einem unstillbaren Redestrom befreite.«

Zwischen fünf und 20 Reden, so Fest, habe Hitler bei diesen Gelegenheiten gehalten, manchmal vier am Tag – vor der Frauenschaft, dem Arbeitsdienst, der Wehrmacht, bei Grundsteinlegungen für die geplante »Tempelstadt der Bewegung«, bei Aufmärschen, Standartenweihen und Ähnlichem. Das Ergebnis war stets dasselbe: »eine fast mystische Ekstase, eine Art heiliger Wahn«, wie ein ausländischer Beobachter erstaunt feststellte.

Dennoch wäre Nürnberg Hitler 1930 beinahe zum Verhängnis geworden, als er nur knapp einen Verkehrsunfall überlebte. Mit seinem schweren Wagen war er auf der Münchener Straße unterwegs, als er seinem Chauffeur befahl, in die Wilhelm-Spaeth-Straße einzubiegen. Zur gleichen Zeit tauchte jedoch, von diesem unbemerkt, ein langer Lkw mit Anhänger auf der rechten Seite auf, prallte frontal auf Hitlers Fahrzeug und schob es etwa 20 Meter weit bis auf die gegenüberliegende Straßenseite. Schon drohte der Pkw umzukippen, als der Lastwagen doch noch zum Stehen kam. Einen halben Meter weiter, dann hätte er Hitlers Limousine überrollt – und die Weltgeschichte hätte einen anderen Verlauf genommen.

Gegenüber dem System kollektiver Verblendung hatte der Widerstand eine nur marginale Bedeutung. Doch es gab ihn, zumindest noch 1933 – bei der KPD, der SPD, in den Kirchen, in denen einige mutige Prediger wirkten; und es gab ihn nicht zu-

Dieses Nazi-Bauwerk par excellence befindet sich im Bleiweißviertel

letzt auch im sogenannten Niekisch-Kreis um Joseph E. Drexel, dem späteren Herausgeber der *Nürnberger Nachrichten*. In dem nationalbolschewistischen Debattierclub wurden Pläne für die Zeit nach Hitler geschmiedet und sogar über ein Attentat nachgedacht, doch ein eingeschleuster Spitzel ließ den konspirativen Kreis auffliegen. Apropos Attentat: 1936 waren Pläne zu einem Sprengstoffattentat auf Hitler, das möglicherweise auch Streicher treffen sollte, bekannt geworden, woraufhin Helmut Hirsch, ein aus Stuttgart stammender jüdischer Student, verhaftet und in Berlin hingerichtet wurde. Die Gestapo hatte ihn schon längere Zeit beobachtet und war eingeschritten, noch ehe er seinen Plan in die Tat umsetzen konnte.

Ab 1933 unternahmen die nationalsozialistischen Machthaber alles, um jede Protesthaltung in der Bevölkerung im Keim zu ersticken. Erreicht wurde dies durch drakonische Strafen: Ein Nürnberger Malergehilfe wurde zu drei Jahren Gefängnis verurteilt, weil er eine kommunistische Propagandaschrift vertrieben, und ein Schuster aus Gostenhof zu zwei Jahren, weil er ein Flugblatt weitergegeben hatte.

Es war höchst riskant geworden, eine politische Meinung zu haben, wenn diese von der herrschenden Ideologie abwich.

Triumph der Trümmer: Die steinerne Hinterlassenschaft des Albert Speer

Es ist ein bizarres Problem: Im Jahr 2010 hat Nürnberg mit den Folgen der Finanzkrise ebenso zu kämpfen wie die meisten Kommunen. Doch bei der Frankenmetropole kommt eine besondere Erblast hinzu. Soll sie das ehemalige Reichsparteitagsgelände, dessen Eigentümerin sie ist, sanieren, was mit kaum weniger als 70 Millionen Euro zu machen sein dürfte, oder soll sie es diskret zerbröseln lassen? An seiner inneren Schwäche kollabieren und im Orkus der Geschichte versinken lassen? Auch das wäre ja ein schönes Bild mit Symbolgehalt.

Zum finanziellen Aspekt kommt die Tatsache hinzu, dass die unfertig gebliebenen Bauten des NS-Architekten Albert Speer für die Stadt notwendigerweise auch ein Denkmal der eigenen Schande sind, da sie die Erinnerung an die einstige Nazi-Hochburg Nürnberg als eine von Hitlers Lieblingsstädten wach halten. Also aufwändig restaurieren, was doch nur an das düsterste Kapitel der Stadtgeschichte erinnert? Nur um dem Denkmalschutz und einer politisch korrekten Erinnerungskultur gerecht zu werden? Ist das nicht etwas viel verlangt? Zu viel vielleicht?

Schon einmal stand die Stadt vor einer ähnlich bizarren Situation. Das war am Ende des Zweiten Weltkriegs: Nürnberg lag in Schutt und Asche, war die nach Dresden am meisten zerstörte Stadt in Deutschland, nur das Reichsparteitagsgelände an der Peripherie war von den Bombenfliegern der Alliierten seltsam unbehelligt geblieben. Nicht nur die *FAZ* wunderte sich: »Fast zynisch erscheint es, dass die Alliierten die Nürnberger Altstadt zu 90 Prozent zerstörten, das Aufmarschgelände der Nazis aber unangetastet blieb.«

Es ist ein guter Tag, um solch trüben Gedanken nachzuhängen, draußen am ehemaligen Reichsparteitagsgelände vor den Toren der Stadt, wo sonst die Fahrschüler Anfahren und Einparken üben und einsame Tennisspieler sich im stummen Dialog mit der Granitmauer von Hitlers Zuschauertribüne fit halten. Jetzt bläst ein eisiger Wind, es liegt Schnee, ein harschiger, verbrauchter Schnee, der die großspurige Architektur gnädig bedeckt, darüber ein Himmel, so unbestimmt grau, als gäbe es ihn nicht. Ein trostloses Areal, kein Zweifel. Die Flutlichtmasten aus dem Fußballstadion nebenan und das Eisstadion mit der Leuchtschrift der örtlichen Versicherung künden immerhin von Normalität, von Torjubel und städtischem Wochenendvergnügen. Zeichen einer zivileren Epoche.

Ein paar versprengte Touristen mit bunten Anoraks und ins Gesicht gezogener Kapuze balancieren, das Handy in der Hand, über die verschneiten Zuschauerränge. Gelegentlich traut sich einer auf die »Führerkanzel« an der Haupttribüne und fröstelt ein wenig bei dem Gedanken, dass da Hitler gestanden hat bei seinen Tiraden ans Volk. Weit reicht der Blick von hier oben, lädt geradezu ein zur Selbstüberschätzung. Darunter liegt das hufeisenförmige Zeppelinfeld, auf dem bei den Parteitagen 200 000 Menschen zur Fähnchen schwenkenden Jubelkulisse zusammengepfercht waren. Die akkuraten Toilettentürmchen mit den Schießschartenfenstern erinnern noch daran. Selbst bei diesen dominiert der rechte Winkel, für Speer ein geradezu obsessives Maß. Nur nichts Rundes, Geschwungenes, Verspieltes. Stattdessen gerade Linien, Bombast, Angeberei, Sterilität. Dem griechischen Pergamonaltar hatte er die Haupttribüne nachempfinden wollen. Ein Kolossalbau, mit dem Maßstäbe gesetzt werden sollten und durch den Hitler für seinen Nachruhm sorgen wollte – und dafür war das klassische Vorbild gerade recht.

Der Wahnsinn hatte eben Methode, damals, als das Hakenkreuz an der Haupttribüne prangte. So sollten im ebenfalls für Nürnberg vorgesehenen »Großen Stadion« gleich daneben die Olympischen Spiele stattfinden, erstmals 1944 und von da an nur noch hier. 400 000 Zuschauer sollten darin Platz finden, eine Kultstätte deutscher Leibesertüchtigung, in der man selbst die Größe der Sportplätze neu festlegen wollte. »Wie das Spielfeld zu bemessen ist, bestimmen dann wir«, soll Hitler getönt haben.

»Gebaute Megalomanie« wird es Speer in seinen *Erinnerungen* später nennen. Und er wird noch einmal von seinem Schlüsselerlebnis erzählen: Wie Hitler zu Speers Ehefrau gesagt habe: »Ihr Mann wird für mich Bauten errichten, wie sie seit vier Jahrtausenden nicht mehr entstanden sind.« Als der ehrgeizige, karrierebewusste Baumeister, der zu dieser Zeit auch noch schlecht verdiente, das hörte, habe er einfach zugreifen müssen. Es sei für ihn, der sich als legitimer Nachfolger Schinkels sah, die Chance des Lebens gewesen. Außerdem war er zu diesem Zeitpunkt dem »Charisma« Hitlers, wie er schreibt, längst verfallen. Und so machte er sich daran, zuerst in Nürnberg, dann in Berlin die Monumente für Hitlers Ruhm zu erschaffen.

Das Gelände, das er in Nürnberg vorfand, war ein bis dahin unschuldiger Ort gewesen. 1909 war Graf Zeppelin hier gelandet. Später wurde es zu einem beliebten Naherholungsgebiet der Nürnberger, mit Kleingartenkolonie, Freibad und Sportplätzen, Gaststätten und Cafés. Dann kamen die Nazis und mit ihnen die Militarisierung des Geländes, selbst der Tiergarten musste dieser weichen. Aus dem Zeppelinfeld wurde der nationale Exerzierplatz. Wie es bei den Parteitagen mit ihrer einstudierten Massenchoreografie zuging, lässt sich noch immer sehr gut an Leni Riefenstahls Propagandafilm *Triumph des Willens* ablesen, der hier entstand. Hier zelebrierte Speer seinen »Lichtdom«, hier bereitete Hitler seinen Vernichtungsfeldzug gegen alles vor, was nicht »arisch« war.

1945 dann das Ende des Wahns. Die US-Armee hielt ebenfalls hier ihre Siegesparade ab und sprengte in einem symbolträchtigen Akt das Hakenkreuz. Das Gelände wurde profanisiert. Inzwischen donnern einmal im Jahr Tourenwagen beim Norisring-Rennen über die Pisten, Pop- und Rockkonzerte finden auf dem Gelände statt, Skater nutzen die breiten Straßen, und bei den Heimspielen des 1. FC Nürnberg steht hier das Sanitätszelt. Irgendwann in den 70ern trat Bob Dylan auf, den Dutzendteich mit der ebenso kolossalen wie sinnlosen Kongresshalle im Rücken. Er stimmte ein krächzendes »The times, they're changin'« an, und allen, die dabei waren, kroch ein Schauer über den Rücken.

»Vorsicht, Absturzgefahr! Geländer nicht übersteigen!«, steht auf unzähligen Warnschildern auf der Tribüne zu lesen. Diesen schwachen Gag wollte sich die Stadt offenbar nicht nehmen lassen. Zu lachen hat Nürnberg freilich nichts mit seiner steinernen Erblast. Nicht nur, dass in seinem Haushalt pro Jahr 100 000 Euro zur Erhaltung des ungeliebten Objekts fest eingeplant sind, immer wieder müssen auch Einzelteile des für die Ewigkeit erbauten Ensembles für viel Geld saniert werden. So etwa in den 90er-Jahren, als für 15 Millionen Mark die Große Straße, die zentrale Achse des Reichsparteitagsgeländes, die nach dem Krieg von den Amerikanern als Landebahn für Flugzeuge genutzt wurde, einen neuen Belag brauchte. Als die Stadt die frühere SS-Kaserne umbauen ließ, fielen Kosten von 130 Millionen Mark an, die dann irgendwann der Bund übernahm, weil die Kommune dazu nicht in der Lage war. Und nun eben die Generalsanierung des gesamten Geländes.

»Ich weiß nicht, ob der Erhalt so eines Trümmerhaufens 70 Millionen Euro wert ist«, ließ jüngst Hermann Glaser, der langjährige Kulturreferent der Stadt, vernehmen. Er fordere ja nicht, so Glaser, dass die Tribüne »über Nacht gesprengt« werde, »aber es sollte schon eine offene Diskussion über den Sinn der Sanierung zu diesem Preis geführt werden.« Er hatte auch in der Vergangenheit immer wieder für eine »Trivialisierung« der monumentalen Architektur plädiert, um auf diesem Weg ihr bombastisches Gepräge zu konterkarieren, es womöglich der Lächerlichkeit preiszugeben. Gelegentlich gelang das auch, als etwa im Innenhof der Kongresshalle ein Autofriedhof entstand oder als der Vorschlag aufkam, ein Billigkaufhaus einzurichten. Rudis Reste Rampe in den heiligen Nazihallen, das hätte doch was. Letztlich herrscht jedoch Ratlosigkeit.

Wirklich überzeugend umgesetzt ist die Aufarbeitung der Vergangenheit bislang nur im Dokumentationszentrum Reichsparteitagsgelände. Wie ein brachial in die Mauer getriebener Keil durchstößt es die Außenwand der Kongresshalle: ein ausdrucksstarker Kontrapunkt zu deren bemühter Klassizität. Die Arbeit des Zentrums, inzwischen mit vielen nationalen wie internationalen Preisen gewürdigt, ist nicht nur bei den Schulklassen in der Region beliebt, sondern gilt auch als beispielhaft für eine NS-Gedenkstätte, die nicht an die Opfer, sondern an die Täter erinnern will. »Es gibt in ganz Deutschland nur noch zwei bauliche Erzeugnisse aus der Nazi-Zeit, die in dieser Form ausschließlich für die Inszenierung der Nazis dienten«, sagt Nürnbergs Oberbürgermeister Ulrich Maly, »das eine ist Prora an der Ostsee und das andere ist das Reichsparteitagsgelände.«

Also wird man es erhalten, wohl oder übel. Das strapazierte Wort von der »Trauerarbeit«, häufig schon reflexhaft verwendet – hier ist es angebracht.

Das »Dritte Reich« vor Gericht:
Die Nürnberger Prozesse

Rund um den Justizpalast an der Fürther Straße lag alles in Schutt und Asche, nur das Gerichtsgebäude hatte die Bombenabwürfe merkwürdig unversehrt überstanden. »Es wurde erzählt, dass der amerikanische Bomberpilot es wohl in weiser Voraussicht geschont hatte«, gibt Klaus Kastner ein Gerücht wieder, das, nicht unbedingt ernst gemeint, in jenen Tagen im Herbst 1945 die Runde machte. Klaus Kastner, lange Jahre Präsident am Landgericht Nürnberg-Fürth und habilitierter Rechtshistoriker, hat sich auf die Nürnberger Prozesse spezialisiert. Es gibt kaum ein Detail aus der Zeit von November 1945 bis Oktober 1948, als der letzte der sogenannten Folgeprozesse zu Ende ging, das er nicht kennt.

»Es waren vor allem die Amerikaner, die Nürnberg als Gerichtsort favorisierten«, erzählt Kastner. »Da gab es dieses weitgehend heile Gerichtsgebäude, das groß genug war, die rund 1000 Prozessbeteiligten aufzunehmen, es gab eine direkte Verbindung zum Gefangenentrakt gleich daneben, und man hatte, nachdem eine Wand herausgerissen worden war, einen Verhandlungssaal, der groß genug war.« Schließlich musste nicht nur das Gericht mit den 24 Angeklagten, ihren Verteidigern und den zahlreichen Dolmetschern Platz finden, sondern auch die Vertreter der Anklage sowie die zahlreichen Medienvertreter. Weltweit wurde über die Prozesse berichtet, viele Zeitungen hatten ihre prominentesten Korrespondenten nach Nürnberg geschickt, darunter so klangvolle Namen wie John Dos Passos, Ernest Hemingway und Erika Mann.

Die Verhandlungen wurden in vier Sprachen gleichzeitig geführt, möglich machte dies eine damals als revolutionär geltende Simultantechnik, die in Großbritannien eigens für Nürnberg entwickelt worden war.

»Zuerst glaubte man, das funktioniert nicht, über Kopfhörer hören und gleichzeitig sprechen«, berichtet Klaus Kastner, »aber alle haben sich erstaunlicherweise schnell daran gewöhnt«. Verhandelt wurde bei höchster Sicherheitsstufe, war doch nicht auszuschließen, dass die Nazi-Größen auf der Anklagebank durch irgendwelche Desperados befreit würden. Ein entsprechendes Komplott soll tatsächlich aufgedeckt worden sein.

Bewegende Momente waren naturgemäß rar in dem Verfahren, dennoch erinnert sich Klaus Kastner in diesem Zusammenhang an Keitels Schlusswort. Der ehemalige Chef des Oberkommandos der Wehrmacht, der zwei Söhne im Krieg verloren hatte, bekannte sich als einer von wenigen zu seiner ganz persönlichen Schuld. Er habe, sagte er, den militärischen Gehorsam über alles andere gestellt, eine, wie er inzwischen wisse, fatale Fehlhaltung. Das Gros der Angeklagten präsentierte sich hingegen als völlig einsichtslos, von Schuldbewusstsein oder Reue keine Spur. Eine Sonderstellung nahm Albert Speer ein. Er gestand zwar ein prinzipielles Versagen, blieb jedoch höchst vage, was seine eigene Verstrickung anging.

»Wenn man damals gewusst hätte, was man heute weiß, beispielsweise über seine Rolle als Kriegsminister, wäre er nicht mit 20 Jahren Gefängnis davongekommen«, ist sich Kastner sicher.

Es war eine Art Weltgericht, das in Nürnberg stattfand, ohne Beispiel in der Geschichte. Erstmals sollten die, die einen Krieg angezettelt hatten, dafür zur Verantwortung gezogen werden. Noch während der Zweite Weltkrieg andauerte, hatte es auf Seiten der Alliierten Überlegungen gegeben, wie die NS-Führung zur Rechenschaft gezogen werden sollte. Der britische Premier Winston Churchill wollte »Hitler, Göring, Himmler und andere Ungeheuer« nach ihrer Verhaftung sofort erschießen lassen. Die Schuld der Nazi-Verbrecher sei »so abgrundtief, dass kein Gerichtsverfahren ihr gerecht werden« könne, assistierte sein Außenminister. Auch bei den Russen tendierten viele zur Hinrichtung der übrig gebliebenen Nazi-Größen.

Letztlich setzten sich aber jene durch, die für ein rechtsstaatliches Verfahren plädierten, und das waren vor allem die Amerikaner, personifiziert in Präsident Harry S. Truman, Kriegsminister Henry L. Stimson und dem ehemaligen Justizminister Robert H. Jackson. Besonders Letzterer, später Chefankläger in Nürnberg, gab zu bedenken, dass die Art und Weise, wie Gerichte über Angeklagte richteten, auch als Urteil auf sie selbst zurückfalle. Soll heißen: Ein barbarischer Weg diskreditiert am Ende auch diejenigen, die ihn, wenn auch dazu legitimiert, eingeschlagen haben. Jacksons besonnene Haltung, die zudem ausdrücklich darauf verzichtete, eine Kollektivschuld der Deutschen zu insinuieren, fand nach und nach Gehör bei den Siegermächten. Dennoch bedurfte es harter Verhandlungen, ehe alle Beteiligten sich für den rechtsstaatlichen Weg entschieden.

Der Justizpalast an der Fürther Straße

Um eine juristische Grundlage zu haben, verabschiedeten die Siegermächte am 8. August 1945 das Londoner Statut, das im Wesentlichen folgende vier Verbrechen gegen das Völkerrecht unter Strafe stellt:

Im Schwurgerichtssaal 600 saß die Welt zu Gericht über Nazi-Deutschland

1) Verbrechen gegen den Frieden: Angriffskrieg
2) Kriegsverbrechen
3) Verbrechen gegen die Menschlichkeit
4) Jede Verschwörung, die dazu dient, die genannten Verbrechen zu begehen

Am 20. November 1945 begann das Hauptverfahren in Nürnberg, nachdem es eine Art Prolog unter russischem Vorsitz in Berlin gegeben hatte. 24 Einzelpersonen und sechs Organisationen waren angeklagt. Am 30. September und 1. Oktober des folgenden Jahres wurden die Urteile verkündet. Zwölf Angeklagte wurden zum Tod durch den Strang verurteilt, sieben erhielten Gefängnisstrafen, drei Angeklagte wurden freigesprochen. Für verbrecherisch wurden außerdem die Organisationen SS, SD, Gestapo und das Führerkorps der NSDAP erklärt. In den Morgenstunden des 16. Oktober wurden die Todesurteile in der Turnhalle des Gefängnisses vollstreckt. Göring, prominentester der Angeklagten, der zuvor noch dafür geworben hatte, erschossen zu werden (»Einen Feldmarschall hängt man nicht«), hatte sich der Hinrichtung dadurch entzogen, dass er sich mit einer Zyankalikapsel selbst umgebracht hatte. Zugesteckt hatte sie ihm vermutlich sein Aufseher, ein Mr Willis aus Texas, der Zugang zu Görings Kleiderkammer hatte und wie dieser ein passionierter Jäger war.

Bis 1948 kam es zu insgesamt zwölf Folgeprozessen, in denen entweder bestimmte Berufsstände (Ärzte, Juristen) oder maßgeblich ins Kriegsgeschehen involvierte Wirtschaftsunternehmen wie die IG Farben, Flick oder Krupp angeklagt waren.

Bis heute nicht ganz aus der Welt geschafft sind einige juristische Einwände, die im Laufe der Prozesse aufgeworfen wurden. Sie konzentrieren sich auf zwei wesentliche Aspekte des Verfahrens und lassen sich wie folgt zusammenfassen:

1) Die Ex-post-Argumentation: Sie bezeichnet die Auffassung der Verteidigung, dass die Angeklagten teilweise für Verbrechen verurteilt wurden (Beispiel: Angriffskrieg), die zum Zeitpunkt der Tat zwar durch ein multilaterales Abkommen verboten gewesen seien, für die jedoch kein Strafmaß festgelegt gewesen sei. Deshalb sei die juristische Maxime »Keine Strafe ohne Gesetz« (nulla poena sine lege) verletzt worden.

2) Tu-quoque-Argumentation: Sie bedeutet im Kern, dass sich die Ankläger ähnlicher Verbrechen schuldig gemacht hätten wie die Angeklagten. Als Beispiel wird gerne das Massaker von Katyn, begangen durch die Sowjets, oder das Flächenbombardement der Alliierten gegen deutsche Städte wie Dresden, Hamburg, Nürnberg oder Würzburg angeführt. Im Zusammenhang damit werden die Nürnberger Prozesse dann gerne als »Siegerjustiz« gebrandmarkt.

Inzwischen scheint sich jedoch mehr und mehr die Auffassung durchzusetzen, dass Nürnberg eine Art Modell für die UN-Kriegsverbrechertribunale in Den Haag war, vor denen sich Leute wie Miloševic oder Karadžic für ihre Gräueltaten verantworten müssen.

Eine Folge der Nürnberger Prozesse ist – und das ist ihre historische Bedeutung –, dass es heute nicht mehr möglich ist, nach Völkermorden einfach zur Tagesordnung überzugehen.

Mit dem neu eingerichteten Memorium im Justizpalast an der Fürther Straße hat die Erinnerung an die Nürnberger Prozesse einen institutionellen Rahmen bekommen.

Kleines Fachgespräch zu Nürnberg im National-sozialismus mit Eckart Dietzfelbinger

Das Gehirn des Dokumentationszentrums Reichsparteitagsgelände befindet sich in einem schlauchartigen Büro an der linken
Seite des Eingangs. Hier arbeitet, zusammen mit einem kleinen
wissenschaftlichen Stab, Eckart Dietzfelbinger. Der promovierte
Historiker beschäftigt sich seit Langem mit der Rolle Nürnbergs
im Nationalsozialismus.
Eben erzählt er, wie er von einem Besucher einen schweren
Glasaschenbecher mit Hitler-Konterfei übergeben bekommen
hat. »Soll ich ihn fallen lassen?«, fragt er die Kollegen und hebt
die NS-Devotionalie in die Höhe. Gelächter in der Runde. All-
gemeines Nicken.

*Herr Dr. Dietzfelbinger, das Bild Nürnbergs als NS-Hochburg ist so
dominant, dass daneben alles andere zu verschwinden droht. Deshalb
die Frage: Gab es in der Stadt auch Widerstand in nennenswerter
Form?*

Zunächst muss man sagen: Nürnberg war ja eine Industrie- und
Arbeiterstadt, und der Widerstand organisierte sich speziell bei
der SPD und der KPD. Er wurde bis 1934 brachial zerschlagen.
Namen, die man da nennen kann, sind Fritz Munkert oder auch
Franz Tanzberger, ein junger Kommunist, der im Konzentrati-
onslager umkam. Dessen Schicksal hat eine Schülerklasse vor
zwei Jahren in einem historischen Tatsachenroman mit dem
Titel *Schüsse am Aufseßplatz* rekonstruiert. Daneben gab es viele
Einzelschicksale wie das Oskar Pflaumers oder Ludwig Göhrings,
beide bei der Eisenbahn. Göhring wurde gefoltert, bis er seine
Freunde verriet. Oder wie die *Schwarze Hand*, eine Gruppe von
Jugendlichen. Auch da wurden zwei hingerichtet. Die Polizei hat
diese Gruppe permanent beobachtet. Da hat es schon gereicht,
wenn du Zigaretten geraucht oder dich mit 15 oder 16 Mann
am Plärrer getroffen hast. Das war auffallend, da waren die
Argusaugen bereits auf dich gerichtet. Die *Schwarze Hand*, das
war 1942/43, so spät. Die hatten einfach die Schnauze voll, so
ähnlich wie die *Edelweißpiraten* im Kölner Raum.

Auch von einem Attentäter ist gelegentlich die Rede.

Ja, da gab es Helmut Hirsch, einen jüdischen Studenten mit amerikanischer Staatsbürgerschaft. Der hat beim Reichsparteitag 1937 einen Anschlag auf Hitler auf der Zeppelintribüne geplant. Aber er wurde verpfiffen, man fand Sprengstoff bei ihm, daraufhin wurde er hingerichtet. Der amerikanische Botschafter intervenierte bis zum Schluss, es hat nichts genützt. Wir haben den ganzen Nachlass hier im Doku-Zentrum, Briefe, Kopien, Fotos, den Abschiedsbrief, da wir Kontakt zu seiner Schwester aufgenommen haben. Es gibt auch einen zweistündigen Dokumentarfilm über sein Leben. Hirsch reiht sich in die Riege der erfolglosen Attentäter ein. Es hat 44 oder 45 Attentatsversuche auf Hitler gegeben, keiner hatte Erfolg.

Was war mit den Kirchen?

Die Kirche machte als Institution keinen guten Eindruck, leider nicht. Es hat ganz wenige Pfarrer gegeben, die klar opponiert haben. Auf evangelischer Seite lassen sie sich an fünf Fingern abzählen, bei den Katholiken waren es mehr. Einer war der Franziskanerpater Notker Klenk in St. Ludwig, der auch denunziert wurde wegen »staatsabträglicher Äußerungen«. Das Verfahren wurde zwar eingestellt, aber Klenk wurde aus dem Schuldienst entlassen. Ein anderes Beispiel ist Wilhelm Geyer. Der Pfarrer von St. Lorenz war vor allem als Antisemitismus-Kritiker bekannt. Nach der Reichspogromnacht las er mit Kollegen vor dem Altar in St. Lorenz demonstrativ die Zehn Gebote vor, und obwohl Gestapo-Leute unter den Zuhörern waren, blieb Geyer unbehelligt.

Der bürgerliche Widerstand hatte sich vor allem im Niekisch-Kreis organisiert.

Das ist die Gruppe um Joseph E. Drexel, dem späteren Verleger der *Nürnberger Nachrichten*, und Karl Tröger. Die Nürnberger Gruppe war neben der in Würzburg die stärkste in Bayern. Es handelte sich dabei um die nationalbolschewistische Anhängerschaft des Schriftstellers Ernst Niekisch, zu der auch Vertreter aus Wirtschaft und Industrie gehörten. Doch der Gestapo gelang es, einen Spitzel einzuschleusen, sodass der rechtskommunistische

Zirkel 1937 aufflog. Drexel wurde zu einer Zuchthausstrafe verurteilt und nach Mauthausen gebracht. Er überlebte das KZ jedoch und erhielt 1945 aufgrund seiner antifaschistischen Haltung als einer der Ersten die Lizenz als Zeitungsverleger.

Generell muss man aber sagen: Wenn man den Widerstand landesweit nimmt, dann waren das 0,01 Prozent der Bevölkerung. Immer, wenn wir Leute aus anderen Ländern zu Gast haben, Polen, England, dann sagen die, es hat eigentlich gar keinen Widerstand gegeben. Das bleibt dann so stehen, weil es vom Größenverhältnis her richtig ist.

Wie euphorisch war die Zustimmung zu den Nazis in der Stadt?

Es gibt eine Studie von Ulrich Thamer aus dem Jahr 2003 zum Thema *Wer wählte rechts in Nürnberg?*. Die belegt noch einmal, dass Nürnberg sowohl eine traditionelle Arbeiterstadt in der Weimarer Zeit als auch eine NS-Hochburg war. Aus Sicht nicht aller, aber mehrerer jüdischer Gemeinden war es die antisemitischste Stadt in Europa, wenn nicht auf der ganzen Welt, und das ist natürlich Streicher zuzuschreiben. Die Wahlergebnisse sprechen Bände, wenn man sich die Studie anschaut. Das ist sehr gespalten. Erlenstegen: 70 Prozent NSDAP, schon 1930. Rangierbahnhof: SPD, klar, insgesamt aber eine deutliche Affinität zur NSDAP. Franken war aus vielerlei Gründen die braunste Region in Deutschland. So waren die Wahlergebnisse hier bereits 1928 für die NSDAP im Durchschnitt um das Vierfache höher als im übrigen Reich. Generell war das Verhalten Nürnbergs in der Folgezeit sehr angepasst, die passive Loyalität oder der Opportunismus waren groß. Die Euphorie flammte noch einmal auf – bei den Reichsparteitagen war sie sowieso groß, das wissen wir –, als die Siegesparade der Wehrmacht im August 1940 stattfand, nach der Besetzung Frankreichs. Dann ist es auch wie in jeder anderen Stadt, man richtet sich ein, passt sich an und hält durch bis zum Schluss.

Da traf es die Stadt besonders hart …

Die schwersten Zerstörungen geschahen in den letzten Kriegstagen, als sich die Nürnberger in den Bunkern verschanzt hatten. Da wurde alles in Klump geschossen, was in Klump zu schießen war, anders kann man das wirklich nicht mehr sagen. Der ganze rechte Teil der Burg, die Kaiserstallung, alles war weg. Man musste den Widerstand buchstäblich brechen, mit der Knarre in der Hand hat man die Leute aus dem Keller getrieben. Die Amerikaner waren 1945 entsetzt, wie renitent und widerspenstig und zäh das war.

Besonders fanatisch zeigte sich Nürnberg bei der Pogromnacht 1938.

Die Stadt war die extremste im ganzen Reich. Wir kennen heute genaue Zahlen. Es hat insgesamt fast 1000 Opfer gegeben in jener Nacht, es sind in der Nacht und in den folgenden Wochen auf dem Gebiet des damaligen Deutschen Reiches, in Österreich und in Polen etwa 1500 Synagogen und Gebetshäuser zerstört worden. Auch die Zahl der Verhaftungen ist wesentlich höher als die bisher angenommenen 30 000 oder 40 000, man schätzt sie auf 80 000 bis 100 000.

In Nürnberg gab es nachweisbar 35 oder 36 Tote allein in dieser Nacht. Oberbürgermeister Liebel hat sich gebrüstet, 26 seien erschlagen worden und viele hätten sich das Leben genommen. Die Indizien weisen aber darauf hin, dass es fast 60 waren. Das ist schwierig zu rekonstruieren, weil die Leichenschauscheine zwar vorliegen, zum Teil jedoch gefälscht sind. Wenn da Herzversagen steht und es gab eine jüdische Wohnung, die zerdeppert worden ist, dann kannst du fast schon davon ausgehen, dass das kein Herzversagen war. Aber da fehlt letztendlich der Beweis, da fehlen Zeugenaussagen. Bei den 35 oder 36 Toten dagegen liegen die Zeugenaussagen und die Beweise vor.

Und es gab die Deportationen, von 1941 bis '44, sieben Deportationszüge, die von Langwasser, vom Fäkalienbahnhof aus, losgingen und zum Teil auch über Zweit- und Drittstationen fuhren, das ist mittlerweile alles rekonstruiert. Die Zahl der jüdischen Opfer betrug alleine in Nürnberg 2300. Und noch was: Ich habe mal die Opferzahlen des Zweiten Weltkriegs insgesamt zusammengerechnet, um zu sehen, wer betroffen war – das waren alleine in Nürnberg 25 000 Menschen.

VI. Nachkriegszeit und 20. Jahrhundert, die zweite Hälfte

So viel Anfang war nie: Wiederaufbau und Wirtschaftswunder

»Das war eine Stadt und ist jetzt eine Schutthalde.« Mit diesen Worten beschrieb der Theaterkritiker Alfred Kerr die Situation Nürnbergs nach dem verheerenden Bombenangriff am 2. Januar 1945, bei dem 1829 Menschen ums Leben kamen und 100 000 obdachlos wurden. Die Versorgung der vielen Verletzten war nicht möglich, da auch die meisten Arztpraxen in Schutt und Asche lagen. Die Altstadt hatte sich in ein Trümmerfeld verwandelt. Der Hauptbahnhof war ein Torso, vom Heilig-Geist-Spital war nur eine Außenmauer stehen geblieben, in einigen Stadtteilen im Nordosten stand kein einziges Haus mehr. Nürnberg war nach Dresden die am schwersten zerstörte Stadt Deutschlands.

»Irreführend wäre das Wort ›Ruinen‹, denn da denkt man immerhin an gewesene Behausungen«, fuhr Kerr fort, »dies aber ist dem Staub näher als der billigen Vorstellung zerrissener Wände, sodass im gegenwärtigen Augenblick der Gedanke nicht abwegig erscheint, dieses Trümmerfeld seinem Zustand zu überlassen und ein neues Nürnberg nebenan zu erbauen.«

Ein neues Nürnberg nebenan erbauen? Der Plan wurde ernsthaft diskutiert. Bei der Zerstörung des Stadtkerns zu 90 Prozent und der starken Beschädigung von 50 000 Wohnungen war der Gedanke an einen totalen Neuanfang naheliegend, zumal die Stadt nicht nur in ihrer historischen Bausubstanz weitgehend ausgelöscht war, sondern auch in ihrer Einwohnerzahl empfindlich dezimiert. Um 53,6 Prozent war die Zahl ihrer Bewohner während der Kriegsjahre zurückgegangen. Vor diesem Hintergrund stellte sich die Frage, was von der Identität Nürnbergs übrig geblieben war. Ob die Stadt nicht schlichtweg aufgehört hatte zu existieren.

»Nürnberg als Lebensform gab es 1945 nicht mehr«, erinnert sich Oscar Schneider, ehemaliger Bundesbauminister im Kabinett Kohl, »wohl aber die Erinnerung daran, und diese Erinnerung war kraftvoll und allgemein.« Und so bestätigte sich auch im Falle Nürnbergs die Erkenntnis, dass die Erinnerung das einzige Paradies ist, aus dem der Mensch nicht vertrieben werden kann. Unter der Leitung der Architekten Heinz Schmeissner und Wilhelm Schlegtendal machte sich die Stadt an einen behutsamen Wiederaufbau, der nach sieben vom Stadtrat beschlossenen

Richtlinien durchgeführt werden sollte. (Der Historiker Martin Schieber hat in diesem Zusammenhang darauf hingewiesen, dass es bei beiden Baumeistern eine unrühmliche Kontinuität gab. So hatten sie zuvor auch im Auftrag der Nazis gearbeitet.)

Die wichtigsten dieser Leitsätze waren: Das charakteristische Stadtbild mit der Silhouette der Burg, den Kirchen und der Stadtmauer sollte erhalten bleiben und nicht durch Hochhäuser und Industrietürme beeinträchtigt werden. Auch der Stadtgrundriss sollte, soweit möglich, erhalten bleiben. Die Hausfassaden sollten dem allgemeinen Stadtbild angepasst werden: Das hieß auch, wo es denkmalpflegerisch geboten schien, Sprossenfenster einzusetzen, Dachfenster, Erker und Gauben in traditioneller Form zu rekonstruieren und den Dächern ihre typisch fränkische Form und Neigung zu lassen.

»Es ging darum, das geschichtliche Stadtbild zu bewahren«, berichtet Schneider, der damals an den entscheidenden Stadtratssitzungen teilnahm, »die gewachsene Urbanität der Stadt zu erneuern und so zu verfahren, dass man bei der historischen Wahrheit blieb, ohne die Gegenwart zu verleugnen.«

Kein mittelalterliches Disneyland sollte entstehen, sondern die vertraute Stadtlandschaft wieder hergestellt werden, freilich mit ihren historischen Narben. Ein hehres Ziel, das in der Gesamtansicht der Stadtsilhouette zwar erreicht, im Detail aber auch spektakulär verfehlt wurde.

Erstes Beispiel: Egidienplatz. Lange wurde um seine Gestaltung gerungen. Historisch getreuer Nachbau oder kühner Entwurf in Richtung Urbanität? Der interessanteste Vorschlag kam aus dem städtischen Bauamt. Demnach sollte ein großer, verkehrsfreier Platz entstehen, mit einem Straßencafé vor dem Pellerhaus und zwei großen, ineinander übergehenden Brunnenanlagen, die dem Platz ein heiteres Flair im Stil einer italienischen Piazza geben sollten. Realisiert wurde nichts davon; stattdessen gab es eine halbherzige Lösung, die sich ängstlich ans historische Vorbild klammerte, den Platz jedoch seines Charakters beraubte. Eine aus heutiger Sicht fatale Entscheidung.

Das zeigt sich auf exemplarische Weise am Pellerhaus. Vor der Zerstörung war es dank seiner prachtvollen Fassade ein Musterbeispiel deutscher Renaissance-Baukunst gewesen, das weit über die Grenzen Nürnbergs hinaus bekannt war. Entworfen hatte es Jakob Wolff d. Ä. im italienischen Stil. Zusammen mit dem benachbarten Imhoffschen Palais und der barocken Egidienkirche bildete es ein Ensemble von hohem ästhetischen Reiz. Beim Wiederaufbau wollte man das zerstörte Pellerhaus jedoch nicht rekonstruieren, sondern entschied sich für eine radikale Abkehr vom Original: Das Ergebnis war ein spartanischer Kasten, der hochkant steht – ein Eindruck, der durch die zahlreichen vertikalen Achsen noch unterstrichen wird. Um ihm die Strenge zu nehmen, stattete man ihn mit einem Fensterreichtum aus, wie ihn sonst nur ein Adventskalender besitzt. Es entstand ein funktionaler Klotz, ohne geschichtliches Bewusstsein, ohne städtebaulichen Charme. Ein freundlicheres Finanzamt. Die Gestaltung des Innenhofs, auch dieser ehedem ein architektonisches Juwel, mutete wie ein Akt der Wiedergutmachung an, vermochte das insgesamt traurige Bild aber nur unwesentlich aufzuhellen.

Nicht viel anders die Erneuerung des Imhoff-Hauses zur Rechten. Auch da regiert nun der Beton: langweilige, quadratische Fenster, in den unteren Stockwerken gar vergittert, dazu horizontale und vertikale Linien wie bei einem Brettspiel. Bemerkenswert, dass bei beiden Gebäuden, dem Pellerhaus wie dem Imhoffschen Palais, das Kunststück gelungen ist, eine Vielzahl von Fenstern unterzubringen und dem Besucher dennoch den Eindruck zu vermitteln, er möchte lieber draußen bleiben. (In der Ausstellung *Nürnberg baut auf!* konnte sich der Besucher selbst ein Bild davon machen, die Vorher- und Nachher-Fotos sprachen eine deutliche Sprache.)

Außerdem wurde der Platz für den Verkehr geöffnet, mit dem Ergebnis, dass er nun in aller Regel zugeparkt ist. Eine Chance, Urbanität an zentraler Stelle zu gestalten, wurde vertan.

Zweites Beispiel: Hauptmarkt. Dessen beste Zeit war allerdings schon bei Kriegsbeginn vorbei gewesen. Am prächtigsten war er, wie man auf alten Fotos erkennen kann, um 1900. Da säumten gleich neben dem Schönen Brunnen große, schmucke Wohnhäuser mit Treppengiebeln den Marktplatz, machten ihn zum städtebaulichen Juwel, zum Herzstück der Stadt. Beim Wiederaufbau wurden sie durch nichtssagende, sparkassenhafte Zweckbauten ersetzt. Um nichts besser das 1954 errichtete neue Rathaus.

Zu einer »Wunde« sei der Hauptmarkt geworden, klagt der Architekt Hans Jürgen Sembach und nennt vor allem die beiden Häuser zur Rechten der Frauenkirche – Monstren der Unscheinbarkeit neben einer der prägenden Kirchen der Stadt.

Eine Stadt, die nur noch in der Erinnerung existierte: Nürnberg

Tatsächlich ist, was die gute Stube der Stadt sein sollte, im Laufe der Jahrhunderte immer mehr heruntergekommen. Lediglich die Westseite mit der altehrwürdigen Buchhandlung Korn & Berg erinnert noch an das mittelalterliche Ensemble. Der Rest ist austauschbar, in dieser Beliebigkeit in jeder anderen Großstadt vorstellbar. Wenn es denn stimmt, dass Marktplätze die Visitenkarte einer Stadt sind und Indikatoren, ob es aufwärts geht mit ihr oder abwärts, dann sendet der Hauptmarkt ein fatales Signal aus.

Vieles andere dagegen ist gelungen, etwa der Wiederaufbau der Altstadt, die Restaurierung der Burg und der städtischen Wehranlagen, fast aller Kirchen, des Heilig-Geist-Spitals, der Mauthalle, des Wolff'schen Rathauses und vieler Wohnhäuser. Daneben glückte auch Neues, das über das Bestehende zwar hinausging, es aber nicht sprengte. Genannt seien nicht zuletzt die Entwürfe Sep Rufs, eines prägenden Baumeisters der Nachkriegszeit, dem mit dem Kanzlerbungalow in Bonn ein kleines baugeschichtliches Denkmal gelang. In Nürnberg bleibt sein Name mit dem Neubau des Germanischen Nationalmuseums, der Kunstakademie in der Bingstraße oder, leider ziemlich konventionell, der Bayerischen Staatsbank am Lorenzer Platz verbunden. Einen mutigen neuen Akzent setzte er auch mit dem Hochhaus am Plärrer.

Aufwärts ging es gleichfalls in der Wirtschaft. Wichtige Rahmenbedingungen waren die Neueröffnung des Flughafens und der Bau des Rhein-Main-Donau-Kanals. Die Entwicklung der Stadt zu einem bedeutenden Messestandort wirkte sich ebenfalls positiv aus. Firmen wie AEG, Diehl, Siemens, Grundig oder Photo Porst war ein rasanter Aufstieg beschieden, auch das inzwischen zerschlagene Versandhaus Quelle erlebte mit seinen Katalogen einen wirtschaftlichen Aufschwung, der typisch war für die Zeit des »Wirtschaftswunders«, wie sie bald bezeichnet wurde. Der Dienstleitungsbereich florierte ebenfalls, allen voran mit dem Steuerberatungsservice der DATEV sowie der Gesellschaft für Konsumforschung (GfK), die sich mit neuen Methoden der Markt- und Konsumforschung sogar als Global Player etablieren konnte. Beiden Firmen kam es sehr gelegen, dass mit der Wirtschafts- und Sozialwissenschaftlichen Fakultät der Universität Erlangen-Nürnberg nun auch ein Institut zur Ausbildung akademischer Fachkräfte in der Stadt war.

Das Gleiche galt (und gilt) für die Ohm-Hochschule.

Posaunenchor und Glühweinduft: Zur Magie des Christkindlesmarkts

In der Dunkelheit wirkt er wie eine Insel des Lichts, eingerahmt von der Frauenkirche, dem Schönen Brunnen und, leicht versetzt, der Sebalduskirche. Das »Städtlein in der Stadt, aus Holz und Tuch gemacht«, wie es im Prolog des Christkinds zum Christkindlesmarkt heißt, erstrahlt in Helligkeit. Es wird inmitten der winterlichen Düsternis zu einem Signal der Hoffnung.

Im Zentrum des Markts befindet sich der Stall mit der Krippe und jenem Personal, mit dem alles begann. Die Urszene des christlichen Abendlands. Das Hoffnungsbild. Wer daran glaubt, geht mit etwas mehr Zuversicht durchs Leben. Der weiß, dass über sein Schicksal nicht endgültig in irgendwelchen Chefetagen und auf den Finanzparketts dieser Welt entschieden wird. Dass es Kräfte gibt, die bei *Börse im Ersten* nie auftauchen werden und von denen die *Financial Times Deutschland* bestenfalls eine vage Ahnung hat – metaphysische, geistige, geistliche, transzendente. Vielleicht ist Weihnachten ja das. Die Krippe, das Stroh, die Notunterkunft im Stall, die einfachen Leute, das geradezu aufreizend Unspektakuläre der Szenerie. »Fürchtet euch nicht, denn ich verkünde euch eine große Freude.« Lk 2, 10.

Wenn diese Worte irgendwo eine Chance haben, gehört zu werden, dann hier, auf diesem Markt, vor dieser mittelalterlichen Kulisse, möchte man meinen. Der Posaunenchor, aus dem Nürnberger Umland angereist und nun auf der Bühne vor der aus der Dunkelheit aufragenden Frauenkirche aufgestellt, der Dirigent in einer olivgrünen Windjacke mit zum Einsatz erhobenen Händen, die wie selbstverständlich neben ihren Vätern stehenden Söhne, die blitzenden Instrumente an den Lippen – und nun das schmetternde, über dem Platz aufsteigende »Horch, die Engel Gottes künden«: vorweihnachtliche Verzauberung. Mit all ihren Ingredienzien: Heidelbeerglühwein, gebrannte Mandeln und Zuckerwatte, Wacholderbonbons und duftende Gewürze. Altes, längst aus der Mode gekommenes Spielzeug. Dazu passend das Hufgetrappel, das von einer vorbeifahrenden Postkutsche herüberdringt.

Jetzt müsste es nur noch zu schneien beginnen im Laternenlicht, und die Glocken der Frauenkirche müssten läuten, dann wäre der Zauber perfekt.

Seit einigen Jahrhunderten gibt es diesen Markt. 1530, so glauben die Historiker, ist in den Briefen von Willibald Pirckheimer davon die Rede, der an einer Stelle berichtet, Nonnen aus dem Kloster Bergen bei Hersbruck hätten im Advent Boten »nach Gewürzen von dem Markt« geschickt. Und Luther hat seine Kinder vom »Heiligen Christkind« bescheren lassen, während es zuvor noch der Nikolaus gewesen war.

Mit Sicherheit aber existierte er bereits 1628. Dies ist durch die Inschrift auf einer Spanschachtel belegt, die sich im Besitz des Germanischen Nationalmuseums befindet. Vom »Kindles-Marck« ist darauf die Rede. Und der Altdorfer Professor Christoph Wagenseil schrieb 1697 in seiner Stadtgeschichte, dass die Nürnberger Kinder fest daran glauben würden, dass das Christkind seine Geschenke auf dem Christkindlesmarkt kaufen würde. Er fügte hinzu, dass die Kinder zu jener Zeit in der Schule immer besonders fleißig gewesen seien.

Wie auch immer: Der Christkindlesmarkt wurde zu einer Nürnberger Institution, Bilder von seiner Eröffnung, die alljährlich am Freitag vor dem 1. Advent stattfindet, gehen um die Welt. Jedes Jahr kommen allein in der Vorweihnachtszeit zwei Millionen Besucher in die Stadt, um sich auf Weihnachten einzustimmen. Die Kulisse, das Flair, die Kerzen, Lebkuchen und die Zwetschgenmännla, die stets in die gleiche Richtung zeigenden Budengassen, deren funzelige Beleuchtung, die uralte Leier mit den Weihnachtsliedern. Es ist der Reiz des Déjà-vu. Die Erinnerung an die Kindheit. Die Lust an der Regression. Dreimal werden wir noch wach, heißa, dann ist Weihnachtstach.

Einmal eingetaucht in die Weihnachtsstimmung, stellen sich Kindheitserinnerungen wie von selbst ein. Damals, als man bei Papi auf den Schultern saß, Popcorn aß und vor Erwartung auf das Christkind schier zersprang. So soll es, bitteschön, wieder sein. Und weil es nie wieder so sein wird, ist selbst das schönste Weihnachtsfest mit einer Enttäuschung verbunden. Also muss man immer wieder versuchen, das Unerreichbare zu erreichen, und der Christkindlesmarkt liefert die Illusionskulisse dafür. Deshalb wird er auch künftig noch gebraucht.

Die Krise ist das Normale: Glanz und Elend des 1. FC Nürnberg

War das ein Jubel! War das eine Begeisterung! Der Club war Deutscher Pokalmeister geworden, zum vierten Mal in der Vereinsgeschichte. 3:2 gegen Stuttgart. Ein Sonntagsschuss von Jan Kristiansen in der Verlängerung, und die Schwaben, immerhin amtierender Deutscher Meister, waren k.o. Unglaublich! Der Außenseiter hatte gewonnen. Der Pokal ging nach Franken, wo er 1962 zum letzten Mal gewesen war. Erinnerungen an alte Glanzzeiten wurden wach, dazu die Vorfreunde auf den UEFA-Cup. Eine ganze Region befand sich im Ausnahmezustand.

»So sehen Sieger aus! Schalalalala!« wurde bei den Mitgliedern von www.clubfans-united.de gesungen. Immer und immer wieder stimmten die Fans Schlachtgesänge vom »wunderbaren EffCeEnn« an, die Balkone der Stadt waren mit schwarz-roten Fahnen und Laken zugehängt, Schals mit der Aufschrift »1. FC Nürnberg« wurden zur Erinnerung an den historischen Moment in die Handykamera gehalten, und als Reverenz an den erfolgreichen Trainer Hans Meyer wurde gleich mal die Umbenennung eines Straßenzuges gefordert. Hans-Meyer-Allee oder gleich Hans-Meyer-Platz statt Plärrer! Etwas für die Ewigkeit eben.

Meyer selbst, sonst so stabil wie ein Eichenschrank, hatte schon im Berliner Olympiastadion die ersten Tränen vergossen, ehe er dann wieder ganz der Alte wurde und die Journalisten abblitzen ließ, indem er ihre Fragen dadurch beantwortete, dass er sie nicht beantwortete, dafür aber irgendeinen knorrigen Spruch rausließ. Meyer, das Urgestein, der Mann für die besonderen Fälle. Wenn gar nichts mehr geht, wird er geholt.

»Wenn Männer weinen«, hatte die *Süddeutsche Zeitung* vor dem Hintergrund getitelt, dass einige im Team des unerwarteten Pokalmeisters ihren Gefühlen freien Lauf gelassen hatten. Auch Marek Mintal, zu Hause in Nürnberg Publikumsliebling und im Berliner Olympiastadion Schütze zum 1:1, vergoss heimlich ein paar Tränen. Bei ihm mischte sich in die Freude über den Sieg auch der stechende Schmerz im Knie. Nach einem üblen Foul eines Stuttgarters, dessen portugiesischen Namen wir hiermit dem Vergessen anheimgeben wollen, blieb er minutenlang auf dem Boden liegen und musste ausgewechselt werden.

Dann freilich, nach dem Abpfiff, ging das alles unter im Jubel. Die Blessuren, das Zittern und Bangen waren vergessen, man ließ sich von der Begeisterung im Stadion tragen, in dem die La-Ola-Wellen umgingen, ebenso zu Hause in Franken, wo der siegreichen Truppe ein triumphaler Empfang auf dem Hauptmarkt beschert wurde. Da war alles dabei, was Rang und Namen in der Stadt hatte. Alt und Jung, Mann und Frau, Groß und Klein standen dicht an dicht in der großen Jubelkulisse; und selbst Ministerpräsident Stoiber, sonst nicht gerade ein Meister des Aperçus, hatte in seine Begrüßungsrede den Satz eingebaut: »Der Altmeister ist ein Neumeister geworden!« (Schöner konnte man es kaum sagen.)

Dann sangen sie, was sie immer singen bei solchen Gelegenheiten: »So ein Tag, so wunderschön wie heute!« Und all die Kleinen, die an der großen Feier teilnehmen durften, kamen an den nächsten Tagen natürlich im Trikot ihres Lieblings zur Schule, waren selbst kleine Misimovics und Galaseks und Mintals und Schäfers. Es war traumhaft.

Ein Jahr später dann der Absturz. Der Club wird zweitklassig, wieder einmal, und wieder einmal exakt mit der Mannschaft, die zuvor Pokalsieger geworden war. Es war wie damals, Ende der 60er-Jahre, als Max Merkel erst den Titel holte und dann dieselbe Mannschaft, die Meister geworden war, nicht mehr vor dem Abstieg retten konnte.

Nun also die Neuauflage des Debakels. Hans Meyer, der Meistermacher und vordem überschwänglich Gefeierte, sitzt zu dieser Zeit schon nicht mehr auf der Bank, sein Nachfolger ist mit dem Klassenerhalt überfordert. Die Mannschaft hat, warum auch immer, den Glauben an sich verloren, die Leichtigkeit ist ihr abhandengekommen. Aus dem Pokalmeister ist eine mutlose Truppe ohne Fortüne geworden. Vorbei die Spielkultur, mit der sie sogar im UEFA-Cup noch gelegentlich reüssieren konnte, vorbei die Begeisterung, die Meyer in seiner besten Zeit bei ihr entfacht hatte. Alles wie weggeblasen, ein schöner, nostalgischer Spuk.

Die Fans können den Niedergang, der sich da allwöchentlich vor ihren Augen abspielt, kaum fassen. Das geflügelte Wort von Klaus Schamberger, dass der Club eben a Depp sei, macht wieder die Runde. In den Medien wird von der »Fahrstuhlmannschaft« gesprochen. Abstieg, Aufstieg, Abstieg – das ständige Up and Down beim einst so stolzen Rekordmeister ist wieder eingekehrt, und viele fragen sich, ob es nicht absehbar gewesen sei. Ob man die Mannschaft nicht rechtzeitig hätte verstärken müssen. Ob das andauernde Gerede, zuerst komme die Pflicht in der Bundesliga und dann erst die Kür auf der internationalen Bühne, dem Team nicht den letzten Funken Spielfreude genommen habe. Und schließlich, wie es um das psychologische Feingefühl der Verantwortlichen bestellt sei, die all das hätten bemerken können. (Oder sollten sie Feingefühl für etwas Verzichtbares halten?)

Stattdessen herrscht hektische Betriebsamkeit in der Schaltzentrale am Valznerweiher. Die Vereinsspitze flüchtet sich, wieder einmal, in kurzatmige Personalpolitik, die Spieler holt, die keine wirkliche Verstärkung darstellen, und Spieler ziehen lässt, die in ihrem neuen Verein dann groß auftrumpfen. Einen Spielgestalter leistet man sich seit den Zeiten von Hansi Dorfner nicht mehr, und das ist schon eine Weile her. Überhaupt ist in der Einkaufspolitik ein Hang zum Graumäusigen, zur Risikovermeidung zu bemerken. Lichtgestalten, derentwegen anderswo die Fans zu Zigtausenden ins Stadion pilgern, haben in Nürnberg kaum noch eine Chance. Auch das war mal anders in diesem Traditionsverein. Altgediente Haudegen wie Galasek und veritable Ballkünstler wie Misimovic oder der pfeilschnelle Saenko werden ausgemustert oder kehren dem Verein rechtzeitig den Rücken.

Und man wechselt – auch das hat Tradition – den Trainer wie andere das Hemd. Michael A. Roth, ein Patriarch alten Stils und viele Jahre Präsident des Vereins, brachte es bei diesem »Hire and Fire« zu einschlägiger Berühmtheit, bundesweit. Er führte den Verein wie einen Teppichladen, sein eigentliches Metier. Weshalb es bundesweit auch alles andere als attraktiv gilt, in Nürnberg Trainer zu sein. Roth ist inzwischen nicht mehr dafür verantwortlich, doch auch Nachfolger Franz Schäfer konnte bislang kaum neue Akzente setzen. Im Gegenteil: Er blamierte sich zum Saisonende 2009/10, indem er Clubspieler zum Schleuderpreis anbot, was deren Marktwert nicht eben steigen ließ.

Immerhin steigt man schnell wieder in die 1. Liga auf. Doch dann stellt sich auch das Déjà-vu-Erlebnis schon wieder ein: Ein weitgehend unerfahrenes, zusammengewürfeltes Team von Neulingen und Namenlosen wird ins Rennen geschickt – und bezieht entsprechend Prügel. In Hamburg, in Bremen, in Leverkusen, in Hoffenheim, wo auch immer. Schon bald bietet sich das altbekannte Bild: Der FCN hechelt dem übrigen Feld hinterher und darf froh sein, dass es am Ende zum Relegations-platz reicht. Es ist alles wie gehabt.

Selbst die Durchhalteparolen von offizieller Seite ähneln sich. Leidtragende sind, neben den Fans, die dauerüberforderten Spieler. Immer im Abstiegskampf, immer auf der Aufholjagd, immer am Limit der eigenen Möglichkeiten. Und wenn es dann am Ende wieder nur so gerade noch gereicht hat, weil der Kräfteverschleiß zu groß und das spielerische Potenzial eben doch recht überschaubar war, dann gibt's wieder das bekannte Jammern und Zähneklappern in der Region, und die Fans erkundigen sich schon mal, wie sie denn zum Auswärtsspiel beim SC Paderborn kommen. Die laufende Saison mit dem unsinnigen Verkauf von Diekmeier und Neuverpflichtungen, die anderswo nicht so recht unterkommen konnten, könnte dieses Phänomen aufs Neue bestätigen. Nicht auszuschließen deshalb, dass es der Vereinsführung an Professionalität mangelt, viele Aktivitäten deuten darauf hin. Wie ein Bratwurststand lässt sich ein Bundesliga-Verein im 21. Jahrhundert eben doch nicht führen.

Ein betrübliches Fazit, gewiss. Doch ein Blick in die Annalen genügt, um zu zeigen, dass es keine Erfolgsstory ist, was aus den einst ruhmreichen »Clubberern« geworden ist, die über Jahre hinweg Maßstäbe im deutschen Fußball gesetzt und geradezu ein Gewohnheitsrecht auf den Titel besessen hatten. Der Glanz dieses Vereins, das muss man leider sagen, ist Vergangenheit. Neun Mal hatte man allein den Meistertitel nach Nürnberg geholt. Lange Zeit war das Rekord, ehe sich der FC Bayern anschickte, es den Nürnbergern gleichzutun (und sie zu überholen).

Auf welch klangvolle Namen man stößt, wenn man in jene Zeit zurückblickt: Morlock natürlich, einer der Helden von Bern, dessen großer Zeh dafür sorgte, dass Deutschland Weltmeister wurde. Wabra, der Torwart, berüchtigt für seine Ausflüge übers ganze Feld. Wenauer, der Turm in der Schlacht. Strehl, der in einem Länderspiel Anfang der 60er gleich drei Tore schoss. Der trickreiche Reisch. Der schussstarke Volkert. Zick-Zack-Cebinac, der Dribbler auf Rechtsaußen – alles Legenden, Idole, die darüber entschieden, ob eine Stadt das ganze Wochenende über in Trauer war oder aber in jeder Straße Clubfahnen aus den Fenstern hingen. Zu ihnen, den Wunderspielern, pilgerte man wie zu Sehenswürdigkeiten, jedes Kind kannte sie. (Handke hat über die 68er-Meistermannschaft ein Gedicht geschrieben, es besteht nur aus der Mannschaftsaufstellung, nichts sonst, doch

Da waren sie obenauf: Der 1. FC Nürnberg wird in Berlin Deutscher Pokalmeister. Hinten rechts der Vater des Erfolgs, Trainer Hans Meyer

welche Namen kommen darin vor: Strehl, Brungs, Ludwig Müller, Wenauer. Sie zaubern denen, die sie damals haben spielen sehen, noch heute ein Leuchten in die Augen.)

Und viel früher noch die Stars der Gründer- und Aufbaugeneration: Stuhlfauth, der Torwart mit Händen »so groß wie Bratpfannen«, einer der besten seines Fachs in ganz Europa. Träg. Kalb. Hochgesang. »Schorsch« Kennemann, der Mittelläufer mit dem überragenden Stellungsspiel und den knielangen Hosen. Zuletzt Andi Köpke, der noch mal an Stuhlfauth anknüpfte und Nürnberg selbst dann noch die Treue hielt, als es in die 2. Liga abstieg. Sowie all die anderen: Reinhold Hintermaier, dem im Pokalfinale '82 gegen die Bayern ein Traumtor gelang. Horst Weyerich, Ausputzer mit linksalternativem Touch. Hans Walitza, Torschütze vom Dienst et cetera. Idole, Sympathieträger, Identifikationsfiguren. Im Jubiläumsband *Der Club – 100 Jahre Fußball*, den der Verein zu seinem 100-jährigen Bestehen im Jahr 2000 herausgegeben hat, feiern sie alle fröhliche Urständ.

Dabei begann alles mit einem Missverständnis. Im Mai 1900 hatten 18 Gymnasiasten den 1. FC Nürnberg in der »Burenhütte« an der Deutschherrnwiese gegründet, nicht um Fußball, sondern um Rugby zu spielen. Fußball, so die damalige Meinung, sei nicht gesellschaftsfähig und würde sich in Deutschland nie durchsetzen können. Doch schon nach einigen Wochen wurden sie von einer Auswahl der Schuckert'schen Elektrizitätswerke zu einem Match herausgefordert, nach Fußballregeln. Also schulten die Jungs schnell um, nahmen den Ball außer beim Einwurf nicht mehr in die Hand und gewannen gegen die Werkself 1:0. Es war das erste Spiel und der erste Sieg in der Geschichte des neuen Vereins. Der Fußball hatte unterdessen bereits seinen Siegeszug angetreten. Besonders populär: die »Stadtgraben-mannschaften« am Maxtor und am Spittlertor. Überall in der Stadt wurde um das runde Leder gekämpft.

Kurz darauf gab's schon eine Bayerische Meisterschaft, an der auch der FC Bayern München teilnahm. Er gewann gegen den Club mit 6:0 – vor »zahlreichen« Zuschauern, wie der Chronist berichtet. Zum ersten Derby gegen die Nachbarstadt Fürth kam es 1911, man trennte sich 1:1, aber das war nicht das Problem. 6000 Zuschauer hatten das Nachbarschaftsderby sehen wollen, nur 4000 jedoch auf dem Gelände Platz gefunden.

Von Beginn an war Fußball eine wachstumsstarke und kri-sensichere Sportart. Gespielt wurde immer, sogar in den Jahren des Zweiten Weltkrieges. 1940 zum Beispiel feierte der Club sein 40-jähriges Bestehen mit einem Jubiläumsspiel vor 25 000 Zuschauern in Zerzabelshof. Und 1945, nur ein paar Monate, nachdem die Amerikaner am Hauptmarkt ihre Siegesparade abgehalten hatten, rollte bereits wieder das Leder im Lokalderby gegen die Fürther im Ronhof. Ein Jahr später tingelte der Club dann zu sogenannten »Fress- oder Kalorienspielen« übers Land. Als Prämie gab es einen Korb Kirschen, ein Spanferkel oder ei-nen Ballen Stoff. Und noch 1962, als die Bundesliga eingeführt wurde, waren die Gehälter der Spieler sehr überschaubar: Mehr als 1200 Mark im Monat, Gewinnzulagen inklusive, waren nicht zu erwarten. Dafür zieht sich ein Spieler heute gerade mal die Stutzen glatt.

Einmal holte man zwar noch den Titel in der neuen Liga. Doch selbst das wirkte wie eine Fußnote zur großen Zeit des Vereins, als man die Meisterschaften eingesammelt hatte wie andere Bierfilze. Nun war eine neue Ära angebrochen, und es genügte ein Blick auf die Tabelle, um zu wissen, dass man im Mittelmaß angekommen war. Die Party war vorbei.

»Fußball ist eine Welt der Gefühle, der Dramatik und Tragik«, sagt der Soziologe Michael Rautenberg, »man erlebt Freude und

Trauer. Und das Ganze nicht allein: Viele Fans gehen nicht nur wegen des Spiels ins Stadion, sondern weil sie dort Freundschaften pflegen. Die Fans verfolgen gemeinsame Interessen, identifizieren sich mit ihrer Mannschaft und fühlen sich zugehörig. Fußball bietet eine wunderbare Möglichkeit, in einer Gemeinschaft einen Halt zu finden.«

Die Bindungskraft des Fußballs, sein Identifikationspotenzial in einer zunehmend diversifizierten Welt ist kaum hoch genug einzuschätzen. Das gilt für eine Stadt wie Nürnberg, die sonst kaum noch bei den führenden Städten im Lande mitmischt, in besonderer Weise. Darüber hinaus gilt es grundsätzlich für urbane Gemeinschaften, in denen der Einzelne sein ganz individuelles Lebensmuster hat, das schon mit dem des Nachbarn kaum noch etwas gemein hat. Das hat durchaus Vorteile. Doch andererseits leidet darunter das Gefühl regionaler Zusammengehörigkeit, das Sinn oder Identität (oder auch beides) stiften kann.

Diese Lücke füllt – als vielleicht letzte Kollektivbewegung in der Individualgesellschaft – der Fußball, und er füllt sie, alles in allem, sehr beachtlich. Ohne seine Bindungskräfte würden die gesellschaftlichen Gruppen noch viel stärker auseinanderdriften, als sie es ohnehin schon tun.

Und deshalb pilgern wir am Samstag wieder ins Stadion, ob ihr's glaubt oder nicht. Immer wieder, immer wieder Eff-Ce-Enn!

Kleines Fachgespräch zum Club mit Hans Meyer

Es ist einer dieser glühend heißen Julitage. Man schwitzt im Stehen, und die Stadt döst vor sich hin wie ein Toskana-Dorf während der Siesta. Eine ungünstige Zeit, um auf den Burgberg zu klettern, noch dazu mit dem schwankenden Kuchenpaket in der Hand.

»Am besten Sie bringen Mohnkuchen mit. Ohne Streusel!«, hatte Hans Meyer am Telefon gesagt. Also nichts wie hin in die Edelkonditorei, die so was am besten kann in der Stadt, und nach einem Mohnkuchen gefragt. Den haben sie natürlich nur im Winter und dann in der Regel mit Streusel. Das hilft nun überhaupt nicht weiter. Aber wie wär's mit einem leckeren Kirschstrudel? Oder dem Heidelbeerkuchen gleich daneben? Sieht von Weitem aus wie Mohnkuchen.

Der Hausherr öffnet in Shorts und einem dunkelgrünen T-Shirt. Wie ein Urlauber sieht er aus, braun gebrannt, entspannt, in Freizeitschlappen. Dabei spricht er leise, vorsichtig, fast stockend. Das ist nicht der knurrige Journalistenschreck, der bei der falschen Frage gleich aus der Haut fährt. Wie bei Pressekonferenzen nach Niederlagen oder bei *Doppelpass*, der *Sport1*-Talkrunde am Sonntagmorgen, wo Meyer ein gern gesehener Gast war, weil immer für eine vertrackte Pointe gut. Vom Trainerurgestein durfte man mehr erwarten als geschmeidige Statements. Meyer ließ es auch mal krachen. Nicht zuletzt deswegen liebten ihn die Fans. (Und insgeheim auch viele Journalisten.)

Auf dem Tischchen im Vorgarten liegt ein aufgeschlagenes Buch. *Mein Herz blieb in Afrika* von Miriam Mathabane. Daneben ein großer Blumenkübel mit Sonnenblumen. Mit diesen geht Meyer während des Gesprächs eine freundliche Allianz ein. Bei unangenehmen Fragen verschwindet er nahezu hinter ihnen. Dann ahnt man auch nur, wenn er die Brille, die er an einem Band um den Hals trägt, zwischen den Gläsern in der Mitte auseinanderklappt und dann wieder zusammensetzt. Seit Erich Böhme und seinem *Talk im Turm* sah man keinen mehr, der die Brille so dramaturgisch effektvoll zu handhaben wusste.

Wenn es um den Club geht, sagt Meyer, selbst im Sitzen noch ein Hüne, nach wie vor »wir«. Einmal Club, immer Club. Dazu gehört auch, dass er über ehemalige Spieler in nahezu väterlichem Ton spricht. Und wenn er sich an den Empfang auf dem Hauptmarkt erinnert, als die Mannschaft als Deutscher Pokalmeister aus Berlin zurückkehrte und ganz Nürnberg auf den Beinen war, dann klingt es, als sei das alles erst gestern gewesen.

Herr Meyer, wir sitzen hier unterhalb der Burg, Sie sind viel in der Stadt unterwegs, zu Fuß oder mit dem Rad, und Sie werden, wo immer Sie auftauchen, von Fans noch immer um Autogramme gebeten: Ist Nürnberg zu Ihrer neuen Wahlheimat geworden?

Wissen Sie, wenn Sie sich nach 38 Jahren Ehe trennen und selbst gerade ins Rentenalter kommen, ist das eine richtige Herausforderung. Ich hatte praktisch kein richtiges Zuhause mehr. Und da ich zu dieser Zeit eben gerade in Nürnberg gearbeitet habe und mir die Arbeit wie immer Spaß gemacht hat, hat sich das so ergeben. Dazu kommt, dass ich deutlich später als das, was mit meiner Frau gelaufen ist, hier eine neue Lebensgefährtin gefunden habe. Deshalb bin ich dann auch in die Innenstadt gezogen. Vorher bin ich ja nur zwischen Stadion und einem Hotel in Fürth hin- und hergefahren. Außerdem kann ich sagen, dass ich mit den Menschen, mit denen ich hier zu tun habe, sehr gut kann. Ich habe den Eindruck, dass meine Arbeit sehr sachlich beurteilt wird.

Inwiefern spielt die Stadt als solche eine Rolle?

Nürnberg hat mir von Anfang an sehr gut gefallen. Vom Flair, von der Kultur, von der Gastronomie her. Im Sommer denkt man, man sitzt irgendwo in Italien im Freien. Angenehm finde ich auch, dass mich nicht jeder, der mich erkennt, auch gleich anquatscht. Und wenn doch, dann ist das sehr sachlich und nett. In der Regel geht es dann um den Nürnberger Fußball, aber es kommen auch Fragen zu meinem Wohlbefinden. Außerdem gibt es noch vielfältige Kontakte zum Club, zu einigen Spielern, die unter mir gespielt haben, zum Busfahrer, zum Arzt und Physiotherapeuten, zum Mädel, das sauber gemacht hat bei uns, und zu vielen anderen.

Das heißt, Sie werden bis auf Weiteres in Nürnberg bleiben?

Davon gehe ich aus.

Sie haben erzählt, Sie hätten eine Jahreskarte beim Club und versäumen kaum ein Heimspiel. Wie ist das, wenn man sich da mit den Offiziellen trifft?

Nun, man sagt »Guten Tag« und »Auf Wiedersehen«! Das war aber auch schon während der aktiven Zeit nicht viel anders. Das ist in jedem Verein so: zwei, drei Personen, zu denen man ein engeres Verhältnis hat, auch mal zum Geburtstag hingeht oder sich außerhalb des Vereins trifft. Das ist nicht nürnbergspezifisch.

Ist es dann nürnbergspezifisch, dass der Verein immer wieder der Konkurrenz hinterherspielt und trotz hervorragender Zuschauerzahlen nie so richtig aus den Schulden herauskommt?

Bei Nürnberg gibt es das Problem, dass seit einiger Zeit gestandene Spieler fehlen. Da wird dann dem einen oder anderen jüngeren von außen immer eingeredet, dass er ein »Führungsspieler« ist. Das ist natürlich Unfug. Aber der Dieter Hecking versucht ja aktuell mit dem fast 30-jährigen Schweden, den sie aus Hoffenheim holen, noch nachzulegen, oder mit Simon, dem belgischen Nationalspieler, der bei PSV Eindhoven, einer europäischen Spitzenmannschaft, gespielt hat. Das ist immerhin ein Versuch. Ich könnte dazu noch einige kritische Dinge sagen, aber ich will keine schmutzige Wäsche waschen. Das habe ich noch nie getan.

Warum eigentlich nicht? Die Fans warten vermutlich nur darauf, dass mal einer die Dinge deutlich anspricht.

Ich kann nur so viel sagen: Seit ich gegangen bin, ist der Club eigentlich jedes halbe Jahr dabei, eine neue Mannschaft zu erstellen. Das kann aber nicht die Basis sein für soliden Erstliga-Fußball. Wenn man einen Spieler wie Diekmeier holt, dann eineinhalb Jahre hier trainiert, um ihn dann wieder zu verkaufen, dann hinterlässt das doch ein Loch in der Mannschaft. Und das kann man nicht permanent mit jungen Spielern schließen. Seit zweieinhalb Jahren gibt es diesen Jugendfimmel. Jung, fränkisch, hungrig – höre ich da immer wieder. Da darf ich doch mal kräftig lachen. Das klingt gut, ist aber populistisch. Dabei war die Nachwuchsarbeit zuvor erfolgreicher. Mit einem Stefan

Kießling, der dem Verein 5,5 Millionen eingebracht hat, aber eben auch mal international spielen wollte, was in Nürnberg nicht geht. Oder nehmen Sie den Dominik Reinhardt, der zwei Jahre hier überragend als Rechtsverteidiger gespielt hat. Das zeigt doch: So schlecht war die Nachwuchsarbeit zu meiner Zeit nicht.

Bleibt die Frage, wie es zu der Fehlentwicklung kam?

Also, ich mache das an einer Person fest, die vom Fußball keine Ahnung hat, aber rein ökonomisch handelt, was dazu führt, dass dieser Verein momentan keine Mannschaft hat und der Dieter Hecking erst wieder eine aufbauen muss.

An wen denken Sie dabei?

Ich glaube nicht, dass es gut wäre, wenn ich jetzt einen Namen nennen würde. Aber warum fragen die Journalisten nicht mal selbst, was mit den Finanzen bei dem Verein los ist? Als wir damals zu meiner Zeit Sechster und Achter geworden sind und acht Mal im Europapokal gespielt haben und dann einige Spieler verkauft wurden, ist das ökonomisch fantastisch gelaufen. Und zwei Jahre später haben wir kein Geld. Warum fragt da keiner öffentlich nach den Ursachen? Man hätte im Internet die Möglichkeit dazu, man hätte bei einer Mitglieder-Vollversammlung die Möglichkeit dazu, doch die Opposition ist nicht scharfsinnig und scharfzüngig genug, um ein paar logische Dinge zu fragen. Es geht nicht ums Krakeelen. Aber eine Minute, nachdem gegen Augsburg der Klassenerhalt erreicht war, hat schon niemand mehr gefragt: Was muss sich verändern?

Also, an wem liegt es?

Es liegt an den Personen, die für die sportliche Leitung Verantwortung tragen. Und denjenigen, die alle Entscheidungen abnicken. Tatsache ist, dass wir im Augenblick kein Geld haben und keine Mannschaft. Es wird das Geschick von Dieter Hecking erfordern, aus den drei, vier Routiniers, die sie holen, und den Jungen eine Mannschaft zu formen und zum Beispiel Andreas Wolf wieder zu einem Verteidiger der Extraklasse zu machen. Ich will aber auch deutlich sagen: Wir stehen in der Phalanx der Mannschaften mit Problemen nicht allein und einsam da.

Kann es auch atmosphärische Gründe haben? Man sieht einfach, dass Spieler den Club sehr schnell wieder verlassen.

Das spielt immer eine Rolle. Ausschlaggebend ist, ob ich mich sportlich wohlfühle, ob ich mich in der Truppe wohlfühle, ob ich mich in der Stadt wohlfühle.

Hat der Club vielleicht einfach eine unprofessionelle Führung, die nicht so recht weiß, wie es geht?

Das ist sehr kompliziert. Ich behaupte, dass in sehr vielen Vereinen die Leitungsebene zu wenig fußballbezogen denkt. Darunter verstehe ich, dass man aus dem Milieu des Leistungsfußballs kommt, die Automatismen aus dem Umfeld kennt und nicht nur nach dem Prinzip von Versuch und Irrtum handelt. Bei Managern kenne ich da eine Menge, die nur so agieren, bei Trainern ebenfalls. Umgekehrt hatte ich, als es eng wurde, in der Vereinsführung beim Club keinen stützenden Kontakt.

Kam Ihre Entlassung beim Club überraschend für Sie?

Total. Wir hatten 18 Punkte und die Mannschaft hatte gerade gegen Benfica Lissabon noch gezeigt, dass sie gut drauf ist. Ich habe sonst immer ein sehr feines Gefühl dafür, wenn etwas zwischen mir und der Mannschaft nicht stimmt. Das kam also sehr überraschend für mich, hatte aber nichts mit Roth zu tun. Vielleicht hätte mal einer von euch Journalisten einen der Spieler befragen sollen, was dran ist an dem Vorwurf. Die Entlassung kam zu einem Zeitpunkt, wo wir von 26 000 Zuschauern im Schnitt, als ich in Nürnberg begonnen habe, auf 42 000 gekommen waren, wo wir Europapokal gespielt haben und in der Liga mal Sechster und mal Achter geworden sind. Jeder, der ein bisschen Verstand im Kopf hat, weiß, dass diese Mannschaft intakt war. Es hätte mit dem Teufel zugehen müssen, wenn Meyer es mit diesen Jungs nicht geschafft hätte, die Klasse zu erhalten. Und Sie wissen selbst, welche Euphorie wir in Nürnberg und Umgebung entfacht hatten.

Wer hatte dann am Valznerweiher die unsinnige Idee mit Ihrer Entlassung?

Ich will hier nichts betreiben, was als Hans Meyers Aufarbeitung verstanden werden könnte. Das wäre einseitig und würde niemandem helfen.

Also keine Namen?

Ich verstehe nicht, dass ihr Journalisten, wenn Ihr den Nürnberger Fußball verfolgt, nicht auf manches von selbst kommt. Wenn ein Vittek für eine Million geholt und nach vier Jahren für vier Millionen verkauft wird, wenn man einen Ivan Zajek für 300 000 von Karlsruhe holt und irgendwann drei Millionen für ihn kriegt, oder wenn ein Misimovic, für null aus Bochum geholt, ein Jahr später für vier Millionen nach Wolfsburg geht, dann kann man dem Club doch auf die Schulter klopfen. Und es gibt viele Beispiele dieser Art. Warum stellen da die Journalisten nicht mal die Frage, wo denn das Geld geblieben ist und warum nur so Peanuts wie Christiansen eingekauft wurden. Die Fernsehgelder und Sponsorenverträge kommen ja auch noch dazu. Und zwei Jahre später ist kein Geld da und keine Mannschaft. Aber da macht sich keiner so richtig Gedanken darüber. Wenn man überlegt, was für eine fantastische Möglichkeit der Club versaut hat, sich für längere Zeit auf gesunde Füße zu stellen! Warum das nicht geklappt hat, da müsste sich mal einer dafür interessieren.

Als Seelöwe Salomon einmal keinen Bock hatte: Unterwegs in Deutschlands schönstem Landschaftstierpark

Wie der Hund vor der Hütte liegt der Tiergarten am Schmausenbuck vor der Stadt. Eine Oase der Ruhe und Erholung. Hier kann man gut einen ganzen Tag verbringen, den beruflichen Kram vergessen, die Seele baumeln lassen. Einfach so. Wie die Fledermäuse, wenn sie schlafen. Überhaupt wird viel geschlafen im Tiergarten, stundenlang, ohne erkennbaren Gewissensdruck. Tiere dürfen das. Sie besitzen, wie es scheint, ein gnädigeres Über-Ich als wir Menschen. Die Faultiere zum Beispiel hängen an ihrem Ast, rühren sich nicht und schlafen. Stundenlang. Drehen höchstens mal den Kopf um 180 Grad. Blinzeln. Schlafen weiter. Beneidenswert. Andererseits: Dauernd mit dem Kopf nach unten ist vielleicht auch nicht so ideal.

Gleich am Eingang begrüßen die auf und ab stolzierenden Giraffen den Besucher. Gegenüber die Kängurus, dann die Affen. Überall ist tierisch viel los, volles Programm, Action pur. Und das auf einer Fläche von mehr als 60 Hektar, auf denen es über 250 Tierarten zu bestaunen gibt. Wenn man genug hat, steuert man die *Waldschänke* hinten im Reichswald an. Da sitzt man dann im schattigen Biergarten bei einer frischen Halben, hört von Ferne die Tiger brüllen, schaut in die Baumkronen und hängt seinen Gedanken nach.

Bei den Totenkopfäffchen geht es indessen rund. Tierpfleger Christian ist mit einem Korb Mehlwürmer im Gehege. Sofort wird um die Poleposition beim Futterkriegen gekämpft. Drei ganz Hungrige hüpfen ihm auf den Arm und versuchen, die Würmer selbst aus dem Korb zu ziehen. Toni, der Chef, findet das etwas affig. Mit der Ruhe des Erfahrenen wartet er, bis er an der Reihe ist. Außerdem gibt es immer noch diese jungen Hüpfer, denen man was abjagen kann. Auch nicht schlecht. Da lernen die gleich was fürs Leben.

Wer etwas abbekommen hat von den leckeren Würmern, schwingt sich wieder von Ast zu Ast, von Seil zu Seil. Wie gelbe Gummibälle fliegen sie durchs Gehege. Kleine, weiße Gesichter, die aussehen, als seien sie geschminkt. Darüber die schwarze, kurz geschorene Frisur wie weiland Gabriele Krone-Schmalz, als sie noch für die *ARD* am Roten Platz in Moskau stand, mit diesem mächtigen Zacken mitten auf der Stirn. Unterwegs wie die Hochseilartisten, nur geschwinder.

Davon kann Gorilla Fritz nur träumen. Die Tage der Jugend sind für ihn vorbei. Lange vorbei. Anfang der 60er-Jahre wurde er als Baby in Kamerun eingefangen und irgendwann nach Nürnberg gebracht. Fritz ist inzwischen eine Institution im Nürnberger Tiergarten. Als solche, das weiß er, lässt man es ruhig angehen. Man fläzt in der Ecke, kaut an einer Lauchstange und starrt zurück, wenn man angestarrt wird. Glotzt nicht so romantisch! So vergeht die Zeit auch.

Als die Pflegerin eine halbe Blutorange ans Gitter hält, ist Fritz jedoch erstaunlich schnell auf den Beinen und schnappt danach. Anschließend nuckelt er an der großen Wasserflasche. »Eigentlich ist er ein sehr Sensibler, der Fritz«, erklärt die Pflegerin, und man glaubt es ihr sofort.

Gleich wird er sein Bett für die Nacht machen. Eine gemütliche Kuhle aus Stroh, hinten an der Wand, wo es ruhig und kuschelig ist. Da liegt er dann, den mächtigen Schädel auf den Unterarm gelegt, die Füße senkrecht in die Luft gestreckt, kratzt sich noch mal und hat im Gesicht schon diese wunderbare Altersmelancholie, die weiß, dass nichts für ewig ist. Zwölf Stunden schläft der alte Fritz jede Nacht, das braucht er einfach, um sich am nächsten Tag wohlzufühlen.

Im Delfinarium treffen wir den Seelöwen Salomon. Er ist heute zu Gast bei den Delfinen. Aber anstatt durchs große Wasserbecken zu schießen und sich blitzschnell um die eigene Achse zu drehen, liegt Salomon nur faul auf den Steinen. Irgendwie, das ist zu spüren, hat er keinen Bock heute. Vorschwimmen! Ich mach mich doch hier nicht zum Affen! Vor den Delfinen, diesen Angebern!

Vielleicht fremdelt er auch nur bei den klugen Tümmlern, die sich mit ihrem bunten Spielzeug im Bassin vergnügen und ihn kaum beachten. Da rollt er auf die andere Seite, wedelt mit der Flosse und denkt sich seinen Teil.

»Wer die Menschen kennt, liebt die Tiere«, pflegte meine Tante Trudi zu sagen. Das war sicher nicht so gemeint. Vielleicht aber doch.

Spaziergänger, Weltbürger, Philanthrop: Der Schriftsteller Hermann Kesten

»Lilli hieß mit dem Nachnamen Passage, Lilli Passage hieß das ganze Mädchen. Sie war 22 Jahre alt, als sie sich erschoss. Sie tat das nicht aus Übermut.«

So beginnt *Ein ausschweifender Mensch,* der zweite Band von Kestens Josefs-Tetralogie. Lilli ist jung, schön, intelligent, eine »heroische Natur«, die leider jedoch von Josefs Vater verführt wird und sich anschließend, um ihr Leid zu betäuben, wahllos mit Männern einlässt. Josef, der sie verlassen hat, um seinem Ideal von absoluter Freiheit zu folgen, führt derweil das anstrengende Leben eines Frauenhelden. Wenn er deswegen attackiert wird, gibt er sich ahnungslos: »Wie kommen nur die vielen nackten Mädchen in mein Leben?«

Es ist ein satirischer Roman, in dem Hermann Kesten die Identitätssuche seines jugendlichen Helden kurz vor Ausbruch des Ersten Weltkriegs beschreibt. Der Untertitel verrät bereits dessen Ambivalenz: *Das Leben eines Tölpels.* Denn Josef, ein manischer Idealist und Individualist, scheitert an der eigenen Kompromisslosigkeit, wird zum Gefangenen einer Idee, die zur Wahnidee wird: der Freiheit. Er muss erkennen, dass nichts so unfrei macht wie die Suche nach absoluter Freiheit.

Erzählt ist das Ganze in einer realistischen Sprache, die gelegentlich kolportagehafte Züge annimmt, was dem Erfolg des Buches aus dem Jahr 1929 beim Publikum jedoch keinen Abbruch tat, ganz im Gegenteil. Es schätzte Kestens unterhaltsamen Duktus, seinen luftig-leichten Stil. Und es mochte seine expressionistisch-wilden Ausbrüche. Wenn er sich in Rage redete oder von der »Wollust«, so seine Bezeichnung, überwältigt wurde, dann schoss seine Sprache mächtig ins Kraut, entwickelte einen ganz eigenen »Kaskadenstil«, wie die Kritik das nannte, und man wird bei alledem das Gefühl nicht los, dass Kesten diesen Kontrollverlust sehr genossen hat. Ein Daseins-Euphoriker, ein Vitalist, der das Überschäumende liebt.

In gut einer Woche, so erzählte er gerne, habe er den Josefs-Roman in einem Gartenlokal am Dutzendteich geschrieben; und auch wenn es eher vier waren, wie Kenner seines Werkes meinen, so zeigt sich darin doch, wie schnell, ja rauschhaft der Mann schreiben konnte, aber auch, wie sehr er es genoss, zu

Ein Mann des Wortes, aber auch ein Mann der Tat: der Schriftsteller Hermann Kesten

übertreiben und seine Umgebung zu verblüffen. Als »wendig, witzig, würdig« beschrieb ihn Marcel Reich-Ranicki in einer Besprechung.

Jedenfalls verkauften sich Kestens Romane nicht nur sehr gut, sein Werk wurde 1974 auch mit dem Büchner-Preis gewürdigt.

Nürnbergs bekanntester Schriftsteller wurde in Galizien geboren, das 20. Jahrhundert hatte gerade eben begonnen. In einem Ort mit dem unaussprechlichen Namen Podwoloczyska. Die ukrainischen, damals noch österreichisch-ungarischen Wurzeln seiner Biografie verschwieg Kesten später gerne, warum auch immer. Als er vier war, zog die Familie nach Nürnberg. Sohn Hermann ging in die Volksschule an der Bismarckstraße, danach ins Melanchthon-Gymnasium, wo er sein Abitur machte. Anschließend belegte er ein paar Semester Jura und Volkswirtschaft in Erlangen, ehe er nach Frankfurt am Main wechselte, um dort Geschichte, Philosophie und Germanistik zu studieren.

Bemerkenswert in jener Zeit: Der junge Hermann Kesten verlor seine Doktorarbeit über Heinrich Mann. Wie man ein Brillenetui irgendwo liegen lässt, so ließ er sie an einem unbekannten Ort liegen. Einen »Ersatz«, die Ehrendoktorwürde, bekam er dann gut 50 Jahre später an der Uni Erlangen-Nürnberg verliehen.

Danach wurde es bunt in Kestens Leben. Reisen durch Europa und nach Nordafrika, Umzug nach Berlin, wo er als Cheflektor für den Kiepenheuer Verlag arbeitete. 1933 floh er vor den Nazis und lebte abwechselnd in Paris, Nizza und Amsterdam, wo er den bedeutenden Exilverlag Allert de Lange leitete, und in Ostende. Schließlich dann das Exil in den USA. 1949 wurde Kesten amerikanischer Staatsbürger. Einige Jahre später kehrte er nach Europa zurück, stattete auch Nürnberg mehrere Besuche ab, wo er 1954 den Kulturpreis der Stadt erhielt, lebte aber zunächst in Rom und gegen Ende seines Lebens dann in Basel, wo er 1996 starb. Eine Jahrhundertfigur oder zumindest eine Figur, die beinahe das gesamte Jahrhundert umspannte.

So sehr sich in seinem Lebenslauf die Zeitgeschichte widerspiegelt, so wenig entstand dabei ein Werk von überzeitlicher Gültigkeit: Kesten ist keiner der großen, stilprägenden Autoren des 20. Jahrhunderts wie Joyce, Musil, Kafka oder Thomas Mann. Das gewiss nicht, dazu sind seine Texte zu konventionell, viele Literaturgeschichten erwähnen nicht einmal seinen Namen.

»Vom modernen Roman versteht der Kesten nichts«, spottete nicht nur Marcel Reich-Ranicki. Schriftstellerkollegen machten sich lustig über Kestens vordergründigen Stil, seine Naivität, den Glauben, alles ausdrücken und beschreiben zu können. Das Dogma der *Neuen Sachlichkeit*, wie sie genannt wurde. Denn das bedeutete nichts anderes als: Realität ist lückenlos abbildbar, sie lässt sich darstellen wie ein Fotoroman. Ohne Zwischentöne und ohne Grauzonen, ohne das Unausgesprochene und Unaussprechbare, ohne tiefenpsychologische Fundierung. Das konnte im Zeitalter Freuds nicht lange gut gehen.

Die Quelle, der Antrieb seines Schaffens, war jedoch ohnehin nicht ästhetischer Natur. Es war die Suche nach der Freiheit. Das war seine Passion, sein Thema, in jungen Jahren vielleicht seine Obsession. Sie bewegte ihn, verführte ihn, ließ ihn maßlos und zugleich emphatisch werden, gelegentlich fanatisch. Einem ähnlich rigiden Freiheitsbegriff sollten erst Jahrzehnte später die Existentialisten wieder folgen. Dann hieß es *Die Wege der Freiheit,* und der Autor war Jean-Paul Sartre.

Wie auch immer: Die Freiheitssuche war der eigentliche Motor seines Schreibens. Sie ergab sich aus Kestens Republikanertum, seiner Abneigung gegen alles Hierarchische, gegen jede Form von Befehl und Unterordnung. Kesten war, um einen Begriff seines Antipoden Ernst Jünger zu zitieren, ein »Anarch«, ein ins Positive gekehrter Individualist, ein Einzelgänger aus Passion. Während der »Anarch« bei Jünger jedoch eher rechts konnotiert ist, wird bei Kesten daraus ein überzeugter Linker.

Vor allem jedoch war dieser Schriftsteller, was ihn im monomanischen Literaturbetrieb allein schon zur Ausnahmeerscheinung macht, zur Freundschaft begabt. Er verstand sich nicht als solistische Diva, die nur die eigene Karriere im Sinn hat, sondern als Förderer von Kollegen, mit denen ihn oft mehr verband als der Beruf und das Schicksal des Exils.

»Ich habe selten Freunde anders als durch den Tod verloren«, schreibt er. Nicht umsonst heißt sein vielleicht bedeutendstes Buch *Meine Freunde, die Poeten.*

Während der Zeit des Exils konnte die Freundschaft mit Hermann Kesten lebensrettend sein. »Schutzvater aller Versprengten« nannte ihn Stefan Zweig. Die Unterstützung, die er Autoren angedeihen ließ, die auf der Flucht vor den Nazis waren, ist längst Legende. Schon davor, als Lektor in Amsterdam, hatte er alles getan, um deren Texte zu publizieren. Nun kümmerte er sich um Visa, organisierte Auswanderungen, sammelte Geld für die Kollegen. So kommt es nicht von ungefähr, dass das deutsche PEN-Zentrum, dessen Präsident Kesten von 1972 bis 1976 war, einen Hermann-Kesten-Preis an Persönlichkeiten vergibt, die sich für verfolgte Autoren einsetzen. Ins Bild des Wohltäters und Menschenfreunds passt auch, dass Kesten 1995 das Preisgeld des ersten Nürnberger Menschenrechtspreises stiftete.

»Wir haben Hermann Kesten zu danken«, stellte Marcel Reich-Ranicki, das Lebenswerk des Freundes bilanzierend, fest. Nicht zuletzt seiner moralischen Integrität wegen sei er eine bedeutende Persönlichkeit gewesen.

So ist Hermann Kesten ein schönes Beispiel dafür, dass es Wichtigeres gibt als das Schreiben. Auch und gerade für Schriftsteller.

Die stille Unbequeme:
Die dörfliche Welt der Elisabeth Engelhardt

Sie schrieb nachts. Dann lud sie aufs Papier ab, was sich den ganzen Tag über angesammelt hatte an Verstörendem und Befremdlichem, verwandelte es in Literatur, in eine teils spröde, teils expressionistisch überwucherte Prosa. Schreiben war eine Möglichkeit, vielleicht überhaupt die einzige, den Kontrast zwischen Stadt und Land auszubalancieren. Denn ihre Tage verbrachte Elisabeth Engelhardt außerhalb der dörflichen Schutzzone in Leerstetten (heute Schwanstetten) im Landkreis Roth: Dann fuhr sie nach Nürnberg und arbeitete bei den Städtischen Bühnen als Dekorationsmalerin, später gelegentlich auch im Malersaal. »Acht Stunden am Tag ... Im Grunde genommen zählen sie nicht«, schrieb sie. »Nur die übrigen zählen, die Nachtstunden, die Stunden am Schreibtisch sind Wirklichkeit.«

Ein bäuerlich tradiertes Leben, die Routine einer Erwerbsarbeit, aus der es nur ein Entkommen gab: die Literatur. (Später, in den 50er-Jahren, kam das Reisen hinzu, als Elisabeth Engelhardt wie in einem Anfall von Fernweh fast ganz Europa bereiste.)

1964 machte sie zum ersten Mal als Autorin auf sich aufmerksam. *Feuer heilt* ist der Titel ihres Romandebüts, in dem sie, vor historischer Kulisse, eine Geschichte aus der Zeit der Hexenverfolgung und des grassierenden Aberglaubens erzählt und sich dabei in der Figur der Genoveva diskret selbst porträtiert. Die *Nürnberger Nachrichten* sollten *Feuer heilt* später als Fortsetzungsroman abdrucken. 1967 bereits hatte Elisabeth Engelhardt den Förderpreis der Stadt Nürnberg erhalten.

Genau zehn Jahre später erschien dann der zweite Roman, *Ein deutsches Dorf in Bayern*, das Kaleidoskop ihres Heimatdorfs Schwanstetten, eine der seltenen Darstellungen dörflichen Lebens aus dieser Zeit. Sie zeigt das Bemühen eines kleinen Ortes, den Anschluss an die Gegenwart, an die neue Zeit mit ihren neuen Überzeugungen nicht zu verlieren. Die *Nürnberger Zeitung* druckte das Werk der »stillen Unbequemen«, so ihre Biografin Ingeborg Höverkamp, nach. Es wurde ihr größter Erfolg.

Nach ihrem Tod 1978 erschien unter dem Titel *Zwischen 6 und 6* noch ein zweiter Band mit Erzählungen (der erste, *Johanna geht*, war 1972 herausgekommen), in dem Reisebilder und Heimattexte gleichermaßen versammelt sind und der noch einmal

Zum Broterwerb
kam sie in die Stadt,
geschrieben hat
sie auf dem Land:
Elisabeth Engelhardt

die Spannungspole markierte, zwischen denen diese Autorin sich bewegte.

»Mit Elisabeth Engelhardt verliert die fränkische Autorenszene eines ihrer größten Talente«, würdigte sie Kollegin Irene Reif.

Auf Dürers Spuren, in Dürers Schatten: Maler in Nürnberg

Das Schöne an diesem Zeichner war: Er sah aus wie eine seiner Figuren. Michael Mathias Prechtl (1926-2003), der reale, leibhafte, wenn er bei einer Lesung oder einer Ausstellung auftauchte, hätte auch gut eine Figur aus einem seiner Bücher sein können. Aus dem *Bayerischen Dekameron* etwa, das er so hinreißend illustriert hatte, oder aus dem *Candide*. Oder sonst eine dieser saftig-derben, barocken Gestalten, die seinen Kosmos bevölkern. Immer geht es da sehr sinnlich, sehr diesseitig zu, und immer ist auf den ersten Blick schon klar: Das kann nur ein Prechtl sein. So zeichnet nur der. Unverkennbar sein Strich, ins Auge springend der grelle, boshafte Witz, mit dem er seine Figuren sah.

Damit aber vereinte er Qualitäten in sich, die er mit den ganz Großen seines Faches teilt, ob sie nun Daumier oder Gulbransson heißen oder zu der *Neuen Frankfurter Schule* gehören wie Friedrich Karl Waechter oder Robert Gernhardt. Alle Schöpfer einer ganz eigenen Welt. Das will etwas bedeuten in einem Metier, in dem es von Kopisten nur so wimmelt. Natürlich hatte auch Prechtl seine Vorbilder. Dürer war eines, Picasso ein anderes. Natürlich stand auch er in einer Tradition und hatte das satirische Zeichnen nicht neu erfunden, doch hatte er schnell einen ganz unverwechselbaren Stil entwickelt, dem er bis zum Schluss treu blieb. Man kann auch sagen: Treu bleiben musste, denn alles andere hätte zur Selbstaufgabe geführt.

»Ein Porträtist, der, was nicht von jedem Porträtisten gesagt werden kann, sehr intelligente Bilder herstellt«, hat Marcel Reich-Ranicki über ihn gesagt. »Er hat einen scharfen Blick für das Charakteristische, das Bemerkenswerte einer Figur, und er holt es raus. Ja, er ist einzigartig.«

In mehr als 20 Bücher, darunter Werke der Weltliteratur wie Dantes *Göttliche Komödie*, Goethes *Reineke Fuchs* oder E.T.A. Hoffmanns *Kater Murr*, haben Prechtls Illustrationen Eingang gefunden. Auftraggeber war meist die Büchergilde Gutenberg, der damit Ausgaben von hohem bibliophilen Reiz gelungen sind. Doch nicht nur hierzulande, auch im Ausland war der aus Amberg stammende Zeichner, Grafiker, Plakatmaler und Karikaturist gefragt. Allein die *New York Times* bestellte 45

Porträtzeichnungen namhafter Politiker bei ihm, angefangen von Willy Brandt über Golda Meir bis zu Richard Nixon. Auch *Der Spiegel* ließ mehrere Titelgeschichten von dem Nürnberger illustrieren. Es kam, wie es kommen musste: Prechtl wurde Lesebuchautor, war kanonisiert, damit aber längst nicht gezähmt. Selbst im fernen Taiwan, so wird berichtet, soll man sich über seine Blätter amüsiert haben.

Er war in Venedig mit Ausstellungen ebenso präsent wie in London, Paris oder Rom. Die große Retrospektive sollte es freilich erst 2001 mit *Prechtls Welttheater* im Deutschen Historischen Museum in Berlin geben. Von dort aus ging es, deutlich eine Nummer kleiner, nach Nürnberg ins Kunsthaus, nachdem sich führende Häuser der Stadt wie etwa das Germanische Nationalmuseum nicht zu einer Übernahme entschließen konnten. Das Verhältnis des Künstlers zu seiner Wahlheimat war freilich schon vorher getrübt gewesen. 1987 hatte ihm der Stadtrat den Auftrag erteilt, den Historischen Rathaussaal zu bemalen, diesen nach einer heftigen öffentlichen Kontroverse aber wieder zurückgezogen. Prechtl, der 1974 den Kulturpreis der Stadt erhalten hatte, war tief gekränkt, zog sich in seine Arbeit zurück, mied für lange Zeit alle offiziellen Termine.

Egal, was man aus seinem umfangreichen Werk aufschlägt, immer besticht der genaue, an Dürer geschulte Blick dieses Künstlers. Er sucht bei jeder Figur das Typische, die Details, die sie ausmachen. Zum Beispiel in Voltaires *Candide*. Es sind keine sehr erfreulichen Zeitgenossen, die er da zeigt, eher durchtriebene, eitle, machtgierige Figuren. Da ist der Großinquisitor mit Glasauge, Purpurmütze und brennender Fackel; da ist Schopenhauer, den mächtigen Kopf aufgestützt, die Haare zu Berge stehend, grübelnd; gleich neben ihm Leibniz mit hochgekrempelten Ärmeln, wie ein Jongleur mit der Weltkugel spielend; auch Voltaire selbst hat seinen Auftritt, die Büste von Friedrich II. emporhaltend, dem er gerade eine rote Pappnase aufsetzt. Schließlich noch François Mitterrand in Gesellschaft von Maggie Thatcher, deren Apfelbäckchen glühen und die den Zeigefinger hebt, was sie gleich ein wenig hexenhaft wirken lässt. Da ist es wieder – Prechtls Pandämonium.

Mit naturalistischer Akribie sind seine Figuren gezeichnet, wenn auch nicht mit liebevollem Blick. Der Mann, das ist klar, ist ein Didaktiker, ein Volksaufklärer, und seine Absicht ist Entlarvung, Bloßstellung, Travestie. Dafür ist ihm jedes Mittel

Eine Stadt im Dornröschenschlaf: Nürnberg, umrankt von blauen Blättern und weißen Blüten. Eine allegorische Stadtansicht von Michael Mathias Prechtl

recht (oder sagen wir: fast jedes). Bei Ludwig II. zum Beispiel, dem bayerischen Märchenkönig, reichen schon ein paar frivole Accessoires wie Strumpfbänder und Seidenhöschen, um einen Skandal zu provozieren. Auf dem Plakat *Das Oktoberfest* trat er dementsprechend tuntig auf, und da war schlagartig Schluss mit lustig, zumal Hitler noch mit im Bild saß. Prechtl, der Provokateur, die Bilder als Waffe: Diese Rolle liebte er. Nicht erbaulich wollte er sein, sondern subtilen Aufruhr erzeugen. Wachrütteln, aufklären in einem durchaus klassischen Sinne. Wenn er an eines glaubte, dann an die Macht der Vernunft, an die Beweiskraft der genauen Darstellung. Prechtl, der Moralist mit dem Zeichenstift.

Lange lag er damit im Trend der Zeit. Als es galt, dass Kunst sich engagieren, Partei ergreifen, soziale Missstände sichtbar machen müsse. Klaus Staeck, Michael Mathias Prechtl, Günter Wallraff, Günter Grass, so etwa verlief die ideologische Front. Später dann, als plötzlich die Konzeptkunst und die *Jungen*

Wilden angesagt waren, galt Prechtl als altmodisch, als hoffnungslos rückständig. Altmeister, sagten sie zu ihm, und das war nicht sehr freundlich gemeint. Dabei hatten sich nur die Zeiten und mit ihnen die Denkmoden verändert. Wenn sich einer aber nicht an den Zeitgeist anpassen konnte (und wollte), dann war es der sich gerne dickschädelig gebende Prechtl.

»Wenn es in Deutschland einen Künstler gab, der die Rolle des Unzeitgemäßen spielen musste, dann war es der Maler Michael Mathias Prechtl, der mit seinem stupenden graphischen Illusionismus, seinem satirischen Impetus und seiner kombinatorischen Bilderlust die europäische Geistesgeschichte vergegenwärtigte und so als ein lebender Widerspruch – als gegenwartsbewusster Historienmaler – in die Kulturgeschichte einging«, schrieb Gottfried Knapp in seinem Nachruf in der *Süddeutschen Zeitung*.

Neben Prechtl ist Richard Lindner (1901-1978) die zweite prägende Figur. Wie Prechtl wurde er nicht in Nürnberg geboren, wie dieser befand er sich zeitweise im Zwist mit seiner Wahlheimat, in die er 1905, als Vierjähriger, kam. Und wie dieser hat er sich kurz vor seinem Tod wieder mit ihr versöhnt. Selbst bei der Ausbildung gibt es eine Parallele: So schrieb sich Lindner 1922 an der hiesigen Kunstgewerbeschule ein und studierte Zeichnen, Ölmalerei und Gebrauchsgrafik. 25 Jahre lebte Lindner in Nürnberg. Auch für ihn gab es eine große Retrospektive: 1974 in der Kunsthalle.

Alles andere freilich sind Unterschiede, wie sie gravierender kaum sein können. Da fällt zunächst auf, dass der 1901 in Hamburg geborene Lindner als der Ältere der deutlich Modernere ist. Vielen gilt er als Vertreter der Pop-Art, Roy Lichtenstein und Andy Warhol fühlten sich angeblich von ihm beeinflusst; andere hielten ihn für einen Pionier in der Darstellung von Entfremdung und Beziehungslosigkeit. Immer jedoch fällt der typische Lindner-Stil auf: kontrastreiche Farbigkeit, in Konventionen eingeschnürte Menschen, untergründige Erotik, ein urbanes Milieu jenseits von Vertrautheit und menschlicher Wärme. Insofern ist *Telephone*, im Besitz des Neuen Museums am Klarissenplatz, ein durchaus charakteristisches Werk dieses Künstlers. Rücken an Rücken stehen sie, Mann und Frau, in einer Kleidung, die steril wie ein Panzer wirkt. Ganz nah sind sie sich – und können sich doch nicht erreichen. Ja, das Bild suggeriert sogar, sie werden sich nie erreichen können. Eine menschliche Grundbefindlichkeit, so die Auffassung des Malers.

Lindner, der ratlose Existentialist. Einige Tage vor seinem Tod 1978 in New York (der Jude Lindner war in den 30er-Jahren aus Deutschland geflohen) sagte er zu einem Bekannten:

»Wir machen Schauspieler aus unserem Leben. Wir werden Dramenschriftsteller, entwerfen Kostüme und das Bühnenbild. Und dann fragt jemand: ›Was willst du vom Leben?‹ Und ich muss antworten: ›Ich weiß es nicht.‹«

Es ist ein munterer Pluralismus, der sich in der Nürnberger Szene herausgebildet hat. Von fast allem gibt es was, kaum eine Kunstrichtung bleibt unbesetzt, kaum eine Freiheit ungenutzt. Das führt zu einem buntscheckigen, heterogenen Gesamtbild. Sind schon Prechtl und Lindner zwei völlig unterschiedliche Solitäre, so gilt das auch für den Rest. Auch da kaum Gemeinsames, kaum Vereinendes. Keine verbindende Linie, die etwa von Oskar Koller zu Werner Knaupp führte, von Peter Angermann zu Peter Kampehl, von Franz Vornberger zu Toni Burghart, Nürnbergs satirischem Epigrammatiker.

Und zwischen all diesen die seltsamen Happenings von Ottmar Hörl, der den Hauptmarkt mit grünen Hasen vollstellt oder die Art Cologne mit betenden Gartenzwergen. »Anything goes«, heißt es bei Hörl in postmoderner Beliebigkeit. Der Reiz seiner trivialen Inszenierungen ist freilich schnell verbraucht. Ein bisschen gleichen sie sich wie eine Haribotüte der anderen.

Wer dagegen einmal erlebte, wie Oskar Koller in seinem Atelier im Knoblauchsland ein Aquarell in nur wenigen Minuten hintuschte, es zum Trocknen kurz in der Luft wedelte, um es dann dem Besucher zu überreichen, der weiß, dass auch scheinbar oberflächliche Kunst durchaus ihren Reiz haben kann. Luftig und gleichzeitig bodenständig ging es in seinem Atelier zu, und ein Meister der Selbstvermarktung war Koller natürlich auch. Doch bei aller Skepsis seiner marktaffinen Kunst gegenüber stellt sich schon die Frage: Ist der locker hingetupfte Zyklus von der Insel Santorin nicht wirklich dazu angetan, Ferienstimmung beim Betrachter zu wecken? Ist der Reduktionist Koller, der sich gerne auf den Zen-Buddhismus berief, nicht wirklich gelegentlich ein Emphatiker des Lichts, des einfachen, elementaren Lebens, der Nähe zur Natur? Ist es nicht das, was ihn so erfolgreich machte?

Kollers Antipode heißt Werner Knaupp, ein Meister des Schweren, des Gewichtigen. Nicht zufällig gibt es von ihm zwei Zyklen zum Thema »Kreuzweg«, nicht zufällig ist in vielen seiner Bilder eine Nähe zum Tod, zum Wahnsinn, zu menschlichen Grenzsituationen schlechthin spürbar. Sie bekommen dadurch eine Tiefe, die ebenso an Carl Gustav Jungs Archetypen wie an die Grundbeschaffenheit der menschlichen Existenz denken lässt. Ein Ergründer der Conditio humana, ein Tiefenforscher.

Nichts für den Hauptmarkt.

Die Jahre, die Ihr kennt. Ein Rückblick, nicht ohne Melancholie

Klar, die besten Jahre sind vorbei. Klar ist aber auch: Als sie in vollem Gange waren, erschienen sie bestenfalls durchschnittlich. Erst im Rückblick bekommen sie diesen Verklärungsschmelz, dieses Nostalgie-Schleifchen. Es waren, kurz gesagt, die Jahre, in denen die Kommunen noch Geld hatten für ihre Kulturprojekte und es lohnend fanden, dafür zu investieren. Als sich die Städte landauf, landab über ihr Theater definierten wie Bochum, über ihre *documenta* wie Kassel oder über ihre Filmtage wie Hof. Schnell registrierten die Hoteliers dann, dass ihre Übernachtungszahlen stiegen, die Wirte verkauften einige Schnitzel mehr, und die Taxis mussten nicht ewig auf Kunden warten. Auch die Apotheken und Fahrradverleihe bemerkten es, die Sonnenbrillenverkäufer und Rikschaanbieter sowieso, und alle, alle waren zufrieden. Es waren die Jahre, in denen die Kultur zum Aushängeschild der Städte wurde, ins Corporate Design aufgenommen wurde, wie man damals sagte. Es waren *Die Jahre, die Ihr kennt*, so das Buch von Peter Rühmkorf.

Es war die Zeit, als in Nürnberg nicht nur die erste U-Bahn-Linie entstand (Spatenstich 1967), sondern es auch den Kulturzirkus gab, das Festival Jazz Ost-West, eine Biennale der Zeichner und ein von einer Bleistiftfirma gesponsertes Zeichnerstipendium. Als Tadeusz Kantor sein wundervoll magisches Theaterstück *Die tote Klasse* präsentierte und Curt Heigl eine Klee-Ausstellung und eine Kirchner-Ausstellung in die Kunsthalle holte, die weit über dem Durchschnitt dessen lag, was man dort sonst zu sehen bekam.

Es war die Zeit, als die Literatur noch zu den Lesern kam und Martin Walser beinahe jeden neuen Roman auf der Couch in den Kammerspielen vorstellte. Bei Paul Dreykorn, dem damaligen Leiter des Bildungszentrums. Als Hannes Riesenberger in Arrabals Stück *Der Architekt und der Kaiser von Assyrien* nackt auf der Bühne zu sehen war und Dietmar Mues, bekleidet, im *Gemischten Doppel*, einer eleganten Boulevardkomödie in der Kammer. Es war die Zeit, als Lavelli und Luc Bondy in Nürnberg inszenierten, später dann Utzerath, Hesso Huber und Neuenfels, Letzterer in der Oper. Ebenfalls in der Oper: Hans Werner Henze mit seinem Oratorium *Floß der Medusa*. Nur hundert Schritte weiter, im Schauspielhaus, Kevin Coyne als Rockstar in der *Linie 1*, regelmäßig ausverkauft. In der Meisengeige, Deutschlands erstem kommunalen Kino, lief die Reihe *Meilensteine der Filmgeschichte* – Fellini, Visconti, Buñuel und wie sie alle hießen. Während des Films saß man am Balkon und konnte rauchen und Wein trinken. Unglaublich.

Oder, viel früher noch, als das PEN-Zentrum in die Stadt kam, um seine Jahrestagung abzuhalten. An der Spitze der freundliche, uneitle Heinrich Böll, an seiner Seite Hermann Kesten, der Nürnberger Autor, ein zierlicher Herr mit Hut. Kesten sah immer so aus, als komme er von einer Reise oder würde zu einer aufbrechen. Unterwegs von Bahnhof zu Bahnhof, stets auf der Durchreise, vielleicht nirgendwo wirklich zu Hause. Ein Exilautor, vielleicht *der* Exilautor.

Das PEN-Zentrum war zu jener Zeit eine stark politisierte Organisation, eine Art Schattenregierung, gebildet aus den Virtuosen des Wortes. Eine Resolution nach der anderen wurde verfasst – eine moralischer als die andere – und von Nürnberg aus um den Erdball gejagt. Vietnamkrieg, Springer, Notstandsgesetze, Pershing II: Es gab immer etwas, gegen das man protestieren konnte. Verlässliche Feindbilder, klare politische Verhältnisse. Erst viel später prägte Habermas das Wort von der »Neuen Unübersichtlichkeit«.

Es war die Zeit, in der Alexander Mitscherlich in der Meistersingerhalle über Pornografie diskutierte. In der man noch an die Wirkkraft von Diskussionen glaubte und Jean Améry, Max Horkheimer, Horst-Eberhard Richter und all die anderen zu Vorträgen und Diskussionen nach Nürnberg kamen. Stets auf das Freundlichste empfangen von einem Kulturreferenten, den sie als einen der ihren ansahen.

»1965 organisierte Hermann Glaser, Nürnbergs sozialdemokratischer Kulturdezernent, das erste einer Reihe von öffentlichen Gesprächen, die sogenannten ›Nürnberger Gespräche‹. Selbst Historiker, war er überzeugt, daß die Deutschen sich den verderblichen Elementen ihrer Vergangenheit, den frommen Mythen und dem schwärmerischen Deutschtum, die Hitler den Weg ebneten, noch nicht ausreichend gestellt hatten, und er hielt seine Stadt angesichts ihrer Vergangenheit für den geeigneten Ort für solche Begegnungen«, schreibt der Historiker Fritz Stern in seinen Lebenserinnerungen *Fünf Deutschland und ein Leben*. Und er fährt fort: »Vier Tage hielten wir Vorträge und

Wenn Kino auf die Wirklichkeit trifft: Am Pegnitzufer entstand eines der ersten Multiplex-Kinos in Deutschland

diskutierten darüber beim gemeinsamen Essen bis tief in die Nacht miteinander.«

Ohne Glaser, die Behauptung fällt nicht schwer, hätten die *Nürnberger Gespräche* kaum stattgefunden. Er war ihr Mentor, ihr Motor. Er war der leidenschaftliche Diskutant, der für den öffentlichen Diskurs, für den Wettstreit der Argumente nötig war. Eine Veranstaltung ganz im Verständnis jener Aufklärung, an die Glaser unermüdlich glaubte.

Daneben gab es noch ein Ereignis, das eng mit seiner Person verknüpft ist: die Massenverhaftung im *Komm* Anfang März 1981, als 141 zum Großteil Jugendliche nach einer spontanen Demonstration für die Sache der Hausbesetzer festgenommen und verhört wurden. Dass der Fall bundesweit Aufsehen erregte, ist nicht zuletzt dem couragierten Auftritt des damaligen Schul- und Kulturreferenten zu verdanken, der in einer emotionsgeladenen Ansprache an der Lorenzkirche den Rücktritt der Verantwortlichen, darunter zwei Minister und ein Polizeipräsident, forderte.

»Das war schon im Stile eines Émile Zola in der Affäre Dreyfuss und seines berühmten J'accuse«, erinnert sich Glaser mit einem Anflug von Selbstironie, »aber es ging mir darum, diese beispiellose Polizeiaktion als juristisch fragwürdig und maßstabslos zu brandmarken.«

Wie auch immer man zu Glasers Haltung stehen mag, der es im Übrigen an Solidarität seitens des sozialdemokratischen Oberbürgermeisters Andreas Urschlechter ermangelte – Tatsache ist, dass es in der Folgezeit zu keiner ähnlichen Massenverhaftung mehr kam.

Zurück zur Literatur. Es war die Zeit, als Ingeborg Bachmann der *Gruppe 47* im Saal der *Naturhistorischen Gesellschaft* in der Stadtbibliothek ihren Roman *Malina* vorstellte und einen Besucheransturm auslöste, sodass die Studenten ihr schließlich zu Füßen auf dem Boden saßen, wodurch ihr Text noch mal an Gewicht gewann. Von den zahlreichen Lesungen in der Stadt blieb auch die Nicolas Borns in Erinnerung. In Jürgen Wolffs *Plakaterie* las Born aus seinem einzigen Roman *Die erdabgewandte Seite der Geschichte*, einem Schlüsselwerk jener Neuen Innerlichkeit, die damals unheimlich angesagt war. Es war brechend voll, doch die Lesung war so intensiv, dass man all das Gedränge um sich herum vergaß.

Die Nürnberger Literatenszene war vor allem durch drei Namen geprägt. Gisela Elsner, Ludwig Fels und Fitzgerald Kusz. Gisela Elsner war 1964 mit ihrem Roman *Die Riesenzwerge* bekannt geworden, in dem sie mehr oder weniger Autobiografisches aus dem Kleinbürgermilieu satirisch verarbeitete. Es sollte der einzige Erfolg der Autorin mit der Cleopatra-Frisur bleiben. 1999 hat ihr Oskar Roehler mit dem Film *Die Unberührbare*, in der Hauptrolle Hannelore Elsner, ein bewegendes Denkmal gesetzt. Die Hommage des Sohnes an eine schwierige Mutter.

Mit Ludwig Fels meldete sich eine ganz andere Stimme zu Wort: expressiv-kraftvoll, sinnlich, im Existenzkampf erprobt. Zuerst vor allem mit Lyrik, später auch mit Prosawerken wie *Ein Unding der Liebe* war Fels ein bald bundesweit ein geachteter Autor. 1974 erhielt er zusammen mit Max von der Grün den Kulturpreis der Stadt Nürnberg. Fels verlegte seinen Lebensmittelpunkt bald nach Wien, war aber beispielsweise beim *Erlanger Poetenfest* häufiger und gern gesehener Gast.

Richtig populär in der fränkischen Region (und darüber hinaus) wurde Fitzgerald Kusz, dessen *Schweig, Bub!* zum Dauerbrenner an den Städtischen Bühnen avancierte. Auch mit seiner Mundartlyrik traf Kusz den richtigen Ton. Bei ihm stimmt der Satz: Er schaute dem Volk aufs Maul, ohne ihm nach dem Mund zu reden. Viele Preise sowie die Übersetzung von *Schweig, Bub!* in andere Dialekte waren der gerechte Lohn.

Abgesehen davon taucht die Stadt bestenfalls als Kulisse in der zeitgenössischen Literatur auf, so in den Romanen von Wolfgang Hilbig und Natascha Wodin. Die fränkische Erde scheint nicht der beste Humus für die Literatur zu sein. Oder wie Steffen Radlmaier in seinem *Nürnberg-Lesebuch* schreibt: »Nürnberg spielt heute eine Nebenrolle – in der Literatur wie in der Weltgeschichte. Und das ist vielleicht ganz gut so.«

Eine Zäsur in der Stadtpolitik deutete sich mit der Ära Schönlein an: Ein Lehrer im Rathaus, ein Altphilologe in den Niederungen der Kommunalpolitik. Es war in seiner Amtszeit als Oberbürgermeister, als die Stadt um ihr Staatsmuseum für zeitgenössische Kunst und Design kämpfte. Und darum, Kulturhauptstadt Europas zu werden, was letztendlich wohl in München und durch den damaligen Minister Zehetmair versiebt wurde. Die Idee einer Kulturmeile (In Nürnberg! Man traute seinen Ohren kaum!) kam auf; das Frankenstadion wurde eingeweiht und musste noch nicht auf den hässlichen Namen »easyCredit« hören. Es war die Zeit, als im September, kurz nach dem Ende der *Tour de France*, die internationale Radsportelite immer nach Nürnberg kam, um am Rennen *Rund um die Nürnberger Altstadt* teilzunehmen. Und schließlich das letzte Großereignis in dieser Reihe: Nürnberg wurde Austragungsort für die Fußballweltmeisterschaft 2006.

Da war längst Ulrich Maly ins Rathaus eingezogen, doch im Rückblick lässt sich sagen: Wäre Schönlein damals nicht auf die Idee verfallen, die Altstadt für den (Durchgangs-)Verkehr zu sperren, hätte er sehr lange Oberbürgermeister bleiben können. So aber wählten ihn die Nürnberger ab, und Ludwig Scholz, der väterlich-joviale CSU-Mann, kam ans Ruder.

Bei allen Wechseln an der Stadtspitze: Die Kontinuität in kulturellen Dingen blieb. Beim Bardentreffen waren Konstantin Wecker und Hannes Wader zu hören, Ihre Kinder mit ihrem Deutschrock und der unvergessene Kevin Coyne. Die Höhepunkte schlechthin: Als Bob Dylan am Zeppelinfeld auftrat und ein paar Jahre später Miles Davis in der Frankenhalle. Und es war, deutlich später bereits, die Zeit, als das Cinecittà, eines der größten Multiplexkinos der Republik, an der Pegnitz eröffnet wurde. Mit einer Dachterrasse, von der aus man den herrlichsten Blick auf die Burg hat: Wie bei einer Zeitreise schaut man aus dem Nürnberg von heute auf das von gestern.

Es war fernerhin auch die Zeit, als Christian Thielemann als Generalmusikdirektor am Opernhaus fungierte und in Nürnberg

Der erste Rammstoß für den Bau der U-Bahn am 20.3.1967: Bundesverkehrsminister Georg Leber und Oberbürgermeister Dr. Andreas Urschlechter drücken zum Auftakt der Arbeiten an der Bauernfeindstraße symbolisch auf das Knöpfchen

dirigierte (wenn er gerade mal in der Stadt war), gefolgt von Eberhard Kloke, der den Nürnbergern seinen allzu progressiven Musikgeschmack oktroyieren wollte und damit scheiterte.

Schließlich die unendliche (auch unendlich ermüdende) Geschichte um den Augustinerhof: Jahrelang wurde diskutiert, gebaut wurde nicht. Es blieb bei der Brache an prominenter Stelle. Anfangs durfte man hoffen, dass Helmut Jahn, der in Nürnberg geborene Stararchitekt, quasi einen neuen Stadtteil aus dem Hut zaubern und damit einen Hauch großer, weiter Architekturwelt nach Nürnberg holen würde. Dagegen sperrten sich vor allem die Altstadtfreunde. Zu sehr fürchteten sie um das Fluidum der Altstadt, ihre Homogenität, die verwinkelten Ecken und Gassen, die biedere Vertrautheit der Häuser, die Einheitlichkeit der Dachlandschaften. Und so verteidigten sie denn die geliebte Butzenscheiben-Romantik. Neben Zutreffendem waren da auch eine Menge antimodernistischer Ressentiments dabei.

Freilich: Allzu inspirierend waren Jahns Entwürfe nicht, und mit jeder neuen Überarbeitung wurden sie provinzieller, bratwursthafter. Baureferent Anderle kämpfte verbissen und mit rhetorischer Bravour um das Projekt und argumentierte gegen volle Säle an. Architekt Jahn verlor jedoch irgendwann die Geduld und baute anderswo, wo man ihm weniger Vorschriften machte.

Zum Beispiel in Berlin Mitte. Die Stadt hätte daraus die Lehre ziehen können, dass zeitgenössische Architektur nur selten konsensfähig ist, manchmal aber dennoch realisiert werden sollte.

Alles Schnee von gestern, Tempi passati, aus und vorbei. So verging die Zeit, die uns gegeben war auf Erden, heißt es in den *Nachgeborenen* von Brecht, der damals viel gespielt wurde in Nürnberg, am Theater, an den Schulen, in der freien Theaterszene. Apropos freie Szene: Gerade von ihr, von Gruppen wie Mummpitz oder Theater Pfütze gingen wichtige Impulse aus, das Kinder- und Jugendtheater profitierte hier in hohem Maße.

Überregional fiel der Name »Nürnberg« eher selten, und wenn, dann häufig im Zusammenhang mit Renate Schmidt. Mit ihrer erfrischenden Direktheit war sie ein beliebter Kontrast zum gewöhnlichen Politikertypus. Als Vizepräsidentin des Deutschen Bundestages setzte sie Maßstäbe für mehr Bürgernähe. Der CSU-Slogan »Näher am Menschen« wäre bei ihr besser aufgehoben gewesen. Sie war eine ideale Botschafterin Nürnbergs in der Bundespolitik und übernahm damit eine Rolle, die ihr Käte Strobel, ebenfalls SPD-Mitglied und Ministerin, hinterlassen hatte. Inzwischen ist die Stelle vakant. Oberbürgermeister Ulrich Maly, der das Zeug dazu hätte, sie zu füllen, ziert sich (noch) beim Sprung auf die bundespolitische Bühne.

Wie auch immer: Die Lage der Stadt ist alles andere als rosig, die Kassen sind im Zuge der Finanzkrise leerer denn je. Altlasten wie das Volksbad, für das seit mehr als zehn Jahren ein Investor gesucht wird, oder der Ausbau des Frankenschnellwegs sind geblieben. Viel später, wir sind schon im 21. Jahrhundert, dann das Abenteuer Cross-Border-Leasing, als man eben mal die Kanalisation nach Übersee verkaufte, um sie anschließend wieder anzumieten. Es ist glimpflich überstanden, wird so künftig auch nicht mehr möglich sein.

Was fehlt, sind neue, gemeinschaftsstiftende Projekte, hinter denen sich die Bürger scharen wie bei der WM 2006 oder im Dürer-Jahr. Es fehlen, seitdem Glaser weg ist und Kultur nur noch verwaltet wird, die Leuchtturm-Veranstaltungen, die über die Stadt hinaus strahlen und sie auch überregional ins Gespräch bringen. Es fehlen die viel zitierten weichen Standortfaktoren, mit denen Nürnberg immer punkten konnte und die in vergleichbaren Städten hoch im Kurs stehen.

Kleines Fachgespräch zur Kultur
mit Hermann Glaser

Eine Teekanne auf dem Stövchen, aufgeschnittener Zitronenkuchen, dazwischen das Aufnahmegerät und, griffbereit, ein Walkie-Talkie: »Falls mich meine Frau braucht!«, so der Hausherr. Es klingt besorgt. An der Wand im großräumigen Wohnzimmer die Prechtl-Motive, die man kennt: Literatur-Illustrationen, Satirisches aus Nürnbergs großer Zeit. Das Haus erfüllt von Gelehrtenruhe, im Garten ein Teppich mit welken Blättern, hereingeweht vom Wäldchen nebenan. Ein Refugium, ein Ort zum Arbeiten.

Drei Tageszeitungen, zwei überregionale und eine regionale, liest der über 80-Jährige am Tag, daran hat sich auch im Ruhestand nichts geändert. Dazu einige Titel der Wochenpresse und Zeitschriften. Die große bunte Feuilletonwiese mit ihren Debatten und Debättchen. Denn das ist Glasers große Leidenschaft: der Diskurs, das gesellschaftliche Gespräch zu den wesentlichen Fragen der Zeit, gerne auch kontrovers geführt. Solange man ihn kennt, hat er daran teilgenommen, ihn zeitweise sogar geprägt. Oft brillant in der Argumentation, gelegentlich feuilletonistisch mäandernd, voller Anspielungen und Zitate, stets anregend.

Zwischendurch eilt er ins Nebenzimmer und kommt mit einem Buch zurück, das zum gerade besprochenen Thema passt – und das er in aller Regel selbst geschrieben hat. *Die 60er Jahre* zum Beispiel. Leuchtend roter Einband, etwas unhandlich vielleicht wegen der großflächigen Abbildungen. Im selben Verlag der opulente Bildband *Ins Land der Franken fahren ...*, nach der Zeile aus dem *Frankenlied* von Victor von Scheffel, mit prominenten Gastbeiträgen zur Ergründung der fränkischen Seele. Und das schönste unter ihnen: *Und du meinst, so bliebe es immer.* Das Buch, in dem auch die Person Glaser in ihren Konturen sichtbar wird. Ein autobiografischer Essay, Fortsetzung ungewiss.

Und doch ist es nur ein schmaler Ausschnitt aus seinem Lebenswerk. Die monumentalen, Epochen beschreibenden Wälzer wie *Die Kulturgeschichte der Bundesrepublik Deutschland*, die die Jahre von 1945 bis 1989 behandelt und von der bisher drei Bände erschienen sind, fehlen hier ebenso wie die populäre, bei Ullstein erschienene Literaturgeschichte *Wege der deutschen Literatur* und so manches andere. Ohne zu übertreiben, ließe sich sagen, dass da ein Werk entstanden ist, das das geistige Panorama der alten Bundesrepublik abbildet, angefangen von der Adenauerzeit, bis zum Mauerfall und der Zeit danach.

26 Jahre lang, bis 1990, war Hermann Glaser Schul- und Kulturreferent in Nürnberg. Es gab Zeiten, in den 70er- und 80er-Jahren, da kannte man im Land zwei Kulturreferenten: Hilmar Hoffmann in Frankfurt am Main und eben Glaser in Nürnberg. Sie standen für ein neues Verständnis städtischer Kulturpolitik. Dezentral, niederschwellig, mit einem dezidiert unelitären Kulturbegriff operierend, der den Alltag und seine Erfahrungen ausdrücklich einschloss. »Soziokultur« hieß das im Jargon der 80er, und verwirklicht wurde diese in den Kulturläden, einer damals unerhörten Neuerung, die bei allen Haushaltsberatungen stets aufs Neue umkämpft war. Inzwischen ist der Kulturladen im Stadtteil so selbstverständlich wie die Fahrradwerkstatt oder der Computerladen um die Ecke.

Immer hat Glaser versucht, seine Politik intellektuell zu begründen. Mit der ihm eigenen Verve. Fast immer sprang dabei der Funke auf die Umgebung über. Glaser war einer, der begeistern konnte, das war eine seiner Stärken. So ließ sich im kulturkonservativen Klima der Stadt manches durchsetzen, was zuvor als utopisch gegolten hatte. Das Jugendzentrum *Komm* mit dem Status der Selbstverwaltung zum Beispiel, die öffentliche Würdigung der Industriekultur und vieles, vieles andere. Unter seinen Nachfolgern drohte (und droht) die Schneise der Freiheit wieder zuzuwachsen. Die intellektuelle Begeisterung von ehedem ist schaler Routine gewichen.

Herr Prof. Glaser, der Begriff des »Alleinstellungsmerkmals« hat derzeit Konjunktur. Daher die Frage: Was hat Nürnberg im Wettbewerb der Städte untereinander, was andere Städte nicht haben?

Da ist zunächst die Einmaligkeit des Stadtbildes. Jedes Mal, wenn ich vom Ring aus in Richtung Burg blicke, bin ich von der Geschlossenheit des Stadtbildes bewegt. Es ist eine Stadt – jetzt ist natürlich die Kriegszerstörung mit hineinzudenken – mit einer fast völlig intakten Stadtmauer, der Kaiserburg, den beiden großen Kirchen St. Lorenz und St. Sebald, was in dieser Form Seltenheitswert hat. Vor allem aber mit einem Wiederaufbauplan nach 1945, der die Grundstruktur der mittelalterlichen Stadt erhalten hat. Das war damals völlig altmodisch, aber vom heutigen

Gesichtspunkt aus war es für das Stadtbild ein großer Segen, dass man zum Beispiel keine Hochhäuser baute, dass man die Dachlandschaft erhalten hat, dass man von allen wichtigen Punkten der Stadt den Blick auf die Burg haben sollte, dass man die Straßenführung, die mäandernden Gassen und so weiter bewahrt hat. Dadurch hat sich eine Romantik erhalten, die sich auch schon in der Wiederentdeckung der Stadt durch die Romantiker Ende des 18. Jahrhunderts, Anfang des 19. Jahrhunderts widergespiegelt hat, auch wenn sie in vielen Dingen etwas kitschig sein mag: die Stadt der Lebkuchen, des Spielzeugs, der Bratwürste, des Christkindlesmarktes. Das ist nach wie vor ein Flair, das einmalig ist.

Was man dabei versäumt hat, ist die Tatsache, dass es eine Stadt im Maschinenzeitalter, eine Industriestadt ist. Mit dem Projekt »Industriekultur«, aber nicht nur damit, haben wir dem Rechnung getragen. Schließlich ist diese Mischung aus Handwerk und Industrie ja auch eine gewisse Einmaligkeit, wie etwa beim Spielzeug.

Und nicht zuletzt: Dass eine ganz bestimmte Kultur mehr gepflegt wurde als in anderen Städten, nämlich die Soziokultur, die Stadtteilkultur, das Netz der vielen pädagogischen Einrichtungen, der Jugendarbeit und, daraus abgeleitet, die bürgergesellschaftliche Kultur, das herausragende Kinder- und Jugendtheater.

Also, wer an Nürnberg denkt, der denkt schon an eine besondere Stadt.

Und was fehlt Nürnberg im Vergleich zu anderen Städten?

Es fehlt beispielsweise die literarische Öffentlichkeit. Es gibt ja nicht sehr viele Städte, die eine solche haben, aber man vergleicht Nürnberg oft mit München und seinen kulturellen Attraktionen, die auch Künstler in der Stadt halten. Wir sind dagegen immer wieder so was wie ein Durchzugsgebiet von Schriftstellern gewesen. Einer der berühmtesten, Wolfgang Hilbig, hat ja einige Zeit hier gelebt, Natascha Wodin ebenso. Bei Herta Müller, der frisch gekürten Nobelpreisträgern, muss man sagen: Hätte sie hier gelebt, hätte sie viele Verbindungen nicht knüpfen können.

Es fehlt uns die Redaktion von Zeitschriften, es fehlt das Verlagsleben, das spielt eine große Rolle. Wir können auch an Christian Thielemann denken, auch da waren wir Durchzugsgebiet. Oder an Ludwig Fels, der heute in Wien lebt und für den ich mich, als er in Nürnberg war, noch um eine Wohnung gekümmert habe.

Mit anderen Worten: Es fehlen die Kristallisationskerne, die eine Stadt kulturpolitisch so gar nicht schaffen kann, sondern das ist eine Angelegenheit privater Initiativen. Wie beispielsweise des Literaturhauses.

Fehlt auch eine Institution wie die Nürnberger Gespräche, *wie es sie zu Ihrer Zeit gab?*

Die *Nürnberger Gespräche* sind sicher signifikant für diese Situation. Wenn man ihre Teilnehmerliste anschaut, dann ist da im Bereich der Soziologie, der Germanistik, der Politologie damals eigentlich jeder in Nürnberg gewesen, der von Bedeutung war. Ob das Fritz Stern war oder Hartmut von Hentig, Peter de Mendelssohn, Jean Améry oder Schalom Ben-Chorin ... Es ist ein *Who's who* der damaligen Zeit. Und wenn diese ihre Erinnerungen niederschreiben wie kürzlich Fritz Stern, spielt die Stadt eine Rolle.

Wir haben dann ja versucht, Leute wie sie immer wieder nach Nürnberg zu bringen, und teilweise ist es auch gelungen. Heute, wo jeden Tag irgendeine Talkshow ist, wo die Leute anreisen und gleich wieder wegfahren und hohe Honorare bekommen, ist eine solche diskursive Intimität, die damals das Markenzeichen Nürnbergs war, nicht mehr möglich.

Themenwechsel: Moderne Architektur. Es fällt auf, dass man in Nürnberg mit der Lupe danach suchen muss. Zeigt sich da ein prinzipieller Konservativismus?

Ich glaube schon. In der modernen Architektur spielt ja das Wagnis eine große Rolle. Denken wir jetzt mal an den Reichstag: eine grandiose Idee, die kann danebengehen oder gelingen, beides ist möglich. Aber eine solche Offenheit ist in Nürnberg durch seine mittelalterliche, in dem Fall würde ich mal sagen, Ideologie natürlich sehr beengt. Gleichwohl gibt es ein überzeugendes Gegenbeispiel, das Neue Museum. Das ist wahrlich ein großer Wurf, noch dazu in der mittelalterlichen Struktur. Auch das Doku-Zentrum ist vom Architektonischen her ein großer Wurf – wie man es verstanden hat, an ein abgründiges Mausoleum so was anzuhängen ...

Aber insgesamt ist der Konservativismus der Stadtpolitik sicher dominant gewesen. Die Offenheit war auch bei denjenigen nicht vorhanden, die das Sagen haben bei solcher radikal-modernen Architektur. Die Verbindung mit dem Alten muss radikal sein, nicht extremistisch. Aber radikale Konzepte umzusetzen, das ist in Nürnberg nicht gewagt worden.

Letzte Frage: Macht aus Ihrer Sicht die aktuelle Kultur- und Kommunalpolitik genug, um mögliche Defizite auszugleichen?

Das ist eine Frage, die ich grundsätzlich nicht beantworte, da bitte ich um Verständnis. Wo ich als Anreger mitwirken kann, mache ich das. Zum Beispiel bei dem Thema »Hegel in Nürnberg« oder beim 175-jährigen Jubiläum der ersten deutschen Eisenbahn. Das sind so Dinge, die zunächst ganz abstrakt erscheinen, sie zu nutzen, hat sich aber als sinnvoll herausgestellt.

Ob das Sache der Kulturpolitik ist oder nicht, möchte ich an dieser Stelle nicht weiter bewerten.

VII. Gegenwart und Zukunft

Einfach abheben: Ein kleiner Flughafen will hoch hinaus

Der 12. Juli 1970 ist nicht irgendein Datum in der Geschichte des Nürnberger Flughafens. Erstmals landete an diesem Tag ein Jumbo-Jet, eine Boeing 747, in Nürnberg, und das wollten sich 20 000 Schaulustige nicht entgehen lassen. Möglich geworden war das spektakuläre Ereignis überhaupt erst, nachdem die Landebahn von zuerst 1900 auf 2300 und dann noch mal auf 2700 Meter verlängert worden war. Damit aber waren die Zeiten, als man noch direkt neben dem Rollfeld seinen Kaffee trinken konnte, endgültig vorbei. So beschaulich ist es einmal zugegangen, in den Kindertagen des Flughafens. Mitte der 50er-Jahre hatte man ihn nach Plänen des Architekten Friedrich Seegy ins verträumte Knoblauchsland implantiert, zwischen Kohlköpfen, Pferdekoppeln und Spargelfeldern, nachdem sein Vorgänger am Marienberg 1943 zerstört worden war.

Vielen der Besucher, die wegen des Jumbo-Jets gekommen waren, dürfte der Flughafen indes bekannt gewesen sein. Ursprünglich nur als Ergänzung für Frankfurt, Stuttgart und München gedacht, entwickelte die Nürnberger Dependance bald ein Eigenleben. Das lag nicht zuletzt an der Reiselust jener Jahre. In den frühen 60ern war es schick geworden, nicht mehr mit dem eigenen Auto, sondern per Flugzeug zu verreisen. Erste Ziele waren Mallorca und die italienische Adria, bald kamen das Schwarze Meer, Jugoslawien und das spanische Festland hinzu, zehn Jahre später dann Rhodos, Faro an der Algarve und Fuerteventura sowie viele, viele andere. Die Deutschen flogen gerne, die Nürnberger bildeten da keine Ausnahme, und so brummte der Laden. Im Dezember 1986 wurde erstmals die Millionengrenze bei den Passagieren überschritten.

Ein weiteres wichtiges Datum ist der Winter 1997/98. Die Fluggesellschaft Air Berlin bestimmt Nürnberg als ihr süddeutsches Drehkreuz für Auslandsreisen und wird damit zum wichtigsten Anbieter vor Ort. Ein Jahr später wird mit der Anbindung durch die U2 auch die Anreise komfortabler: Zwölf Minuten braucht es, um vom Flughafen, der sich inzwischen lieber Airport nennt, im Stadtzentrum zu sein. Davon kann München nur träumen. Bald fliegen auch so noble Linien wie Lufthansa oder Air France Nürnberg an. Fast vier Millionen Passagiere im Jahr

Der Nürnberger Flughafen: eine Erfolgsgeschichte

hatte der Nürnberger Flughafen zuletzt, womit er bundesweit einen respektablen zehnten Platz belegt. Und noch eine Zahl: 4000 Arbeitsplätze sind in seinem Umfeld entstanden, davon allein 1000 bei der Flughafen Nürnberg GmbH.

Leider konnte die Kommunalpolitik mit dieser Erfolgsstory nicht ganz Schritt halten und hat sich über der Frage eines Zubringers, der sogenannten Nordspange, erfolgreich zerstritten. Die CSU will sie, die SPD lieber nicht. Damit scheint sich die Nordspange wie der Frankenschnellweg im Südwesten zur unendlichen Geschichte in der kommunalen Verkehrsplanung zu entwickeln. Auf der anderen Seite ist die Befürchtung der Anwohner, speziell in Ziegelstein, bei einem noch stärker expandierenden Flughafen überhaupt keinen Schlaf mehr zu finden, auch nicht ganz von der Hand zu weisen.

Fazit: So lange Fliegen erschwinglich bleibt, wird der Flughafen ein florierender Wirtschaftszweig sein. Bei der umstrittenen Nordspange dagegen gilt: Egal, wie entschieden wird, einer geht danach in die Luft.

Kulturgeschichte, Stadtgeschichte, zeitgenössische Kunst: Nürnberg, Stadt der Museen

Es gab Zeiten, da hätte man sich lächerlich gemacht, wenn man von Nürnberg als der Stadt der Museen gesprochen hätte. Da gab es das Germanische Nationalmuseum, das Spielzeugmuseum und das eine oder andere stadtgeschichtliche Haus, außerdem das Verkehrsmuseum mit dem *Adler,* und damit hatte es sich schon.

Die Nürnberger Museenlandschaft entstand hauptsächlich in den 90er-Jahren und um die Jahrtausendwende. Das hatte maßgeblich damit zu tun, dass Franz Sonnenberger die Leitung der Städtischen Museen übernommen hatte. Seither präsentieren sich die zehn Einzelinstitute unter einem einheitlichen Logo, haben einen übersichtlichen, aktuellen Internetauftritt und sind auf Flyern und Plakaten allgegenwärtig in der Stadt. Wer sie alle besuchen will, tut gut daran, eine Woche oder mehr einzuplanen. Leitinstitut der städtischen Museen ist das Fembohaus, auf halbem Weg zwischen Sebalduskirche und Burg gelegen. Es bietet neben Wechselausstellungen zu Themen wie *Der Kaiser kommt* oder zum Wiederaufbau der Stadt nach dem Zweiten Weltkrieg mit der *Noricama* eine Multimedia-Show, die dem Besucher das Wesentliche aus der Nürnberger Stadtgeschichte in 50 Minuten nahebringt.

Anschließend kann sich dieser bei einem Gang durchs Haus über diverse Miniaturen von Nürnberger Sehenswürdigkeiten beugen, beispielsweise über das hölzerne Stadtmodell im Maßstab 1:500, oder aber in der Ausstellung *Nürnberger Witz* die Erträge des heimischen Erfindergeistes bestaunen. Wer im Fembohaus war, hat schon mal eine En-bloc-Fassung der Nürnberger Stadtgeschichte im Kopf.

Ganz in der Nähe befindet sich der prächtige Hirsvogelsaal im Tucherschloss, ein frisch restauriertes Renaissance-Juwel mit sehenswerter Gartenanlage. Das Albrecht-Dürer-Haus, in dem der Meister persönlich lebte und arbeitete, nachdem sein Vater die Heirat mit einer wohlbetuchten Patriziertochter arrangiert hatte, bietet einen Einblick in seinen Alltag. Originale Dürerwerke hat es freilich nicht im Repertoire.

Weitere Attraktionen der städtischen Museen: das Spielzeugmuseum und das Museum Industriekultur mit seiner

Nürnberg, die
Spielzeugstadt. Im
Spielzeugmuseum
der lokalen
Wirtschaftsgeschichte
auf der Spur

Motorradschau und einem liebevoll rekonstruierten historischen Klassenzimmer. Ebenfalls in städtischer Obhut sind das 2001 eröffnete Dokumentationszentrum Reichsparteitagsgelände sowie der als Memorium eingerichtete Saal 600 im Justizgebäude, in dem die Kriegsverbrecherprozesse stattfanden. Mit beiden dokumentiert die Stadt ein düsteres Kapitel ihrer Geschichte, zugleich jedoch auch die Absicht, sich dieser Geschichte zu stellen.

Bleiben noch die beiden großen Häuser: das Germanische Nationalmuseum, 1825 von Hans von Aufseß gegründet und mit mehr als einer Million Exponaten das größte kulturgeschichtliche Museum in Deutschland, sowie seit 1999 das Neue Museum am Klarissenplatz mit seiner spektakulären Spiegelglasfassade. Es ist als Schaufenster für die Gegenwartskunst konzipiert, auch die regionale. Als Dependance der Neuen Sammlung in München ist es zudem Sammel- und Präsentationsort von Alltagskultur und Design aus Gegenwart und jüngster Vergangenheit.

Das New Yorker *Guggenheim Museum* lässt grüßen: Mit dem schneckenförmigen Aufgang im Staatsmuseum am Klarissenplatz erweist Architekt Volker Staab dem großen Vorbild seine Reverenz

An der Ausstellungspolitik beider Häuser entzündet sich jedoch immer wieder Kritik. Beide spielen im Kulturleben der Stadt nicht annähernd jene Rolle, zu der sie aufgrund ihrer Kapazität in der Lage wären. In den überregionalen Medien sind sie kaum vorhanden und führen im bundesweiten Wettbewerb allenfalls ein Nischendasein. Beim Neuen Museum, das in der Ära Grisebach in eskapistischer Kunst schwelgte, kamen desolate Besucherzahlen hinzu. Zuletzt ist unter der Leitung von Angelika Nollert immerhin eine gewisse Öffnung zu bemerken. Der Klarissenplatz wird endlich in den Ausstellungsbereich einbezogen, Lichtinstallationen wie die von Daniel Buren erzeugen einen hohen Aufmerksamkeitswert, weit über das Haus hinaus. Im Wechsel mit den Präsentationen überregional bedeutender Künstler wäre freilich auch die Rückbesinnung auf regionale Kunst und ihre Vertreter anregend. Warum gibt es im Neuen Museum keine große Lindner-Retrospektive, sondern nur versprengte Einzelwerke? Warum zeigt man keinen Oskar Koller, keinen Werner Knaupp, keinen Michael Mathias Prechtl? Alles zu provinziell? Davon kann bei den Genannten keine Rede sein.

Im Germanischen Nationalmuseum hat man sich weitgehend in den Elfenbeinturm der Sammlertätigkeit zurückgezogen. Eine Ausstellung wie die zur Eröffnung des Neubaus, als es eine vom Museum Ludwig in Köln ausgeliehene Picasso-Schau zu sehen gab, ist die absolute Ausnahme geblieben. Auch die letzte große Ausstellung zur deutsch-deutschen Kunst in Zeiten des Kalten Krieges war nicht etwa in Nürnberg kuratiert worden, sondern in Los Angeles. Eine Präsentation wie die der sicherlich sehenswerten Meisterwerke der Museumssammlung hing dagegen weit länger als vorgesehen und blockierte die Räume für mögliche Wechselausstellungen. Seinem Rang als führendes kulturgeschichtliches Museum deutschlandweit wird das Haus damit nicht gerecht.

»Man muss härter am Profil arbeiten«, sagte Klaus-Dieter Lehmann, Präsident des Goethe-Instituts und neuer Vorsitzender des Verwaltungsrates des Germanischen Nationalmuseums, den *Nürnberger Nachrichten*. Als Beispiele nannte er die stärkere Vernetzung mit anderen Museen in Nürnberg, aber auch bundesweit, engere Kontakte zur Wirtschaft sowie Überlegungen zu einem moderneren, zeitgemäßeren Image. Das Germanische Nationalmuseum, so Lehmanns Überzeugung, müsste aufgrund seines Potentials unter den führenden Häusern in Europa rangieren. Davon ist es freilich weit entfernt.

Zum Abschluss des Rundgangs bieten sich Abstecher ins Spielzeugmuseum und ins frühere Verkehrsmuseum an, das zum Bahn- beziehungsweise Kommunikationsmuseum umgestaltet wurde. Hier kann man unter anderem den *Adler*, die erste deutsche Eisenbahn, sehen, sowie den Waggon, in dem König Ludwig zu reisen pflegte.

Insgesamt eine durchaus vielgestaltige, anregende Museumslandschaft. Zu ihrer gemeinsamen Präsentation sollte man ihr nur noch ein eigenes Internetportal gönnen, das sich nicht auf die städtischen Häuser beschränkt, wie es die Münchner Museen seit einiger Zeit haben.

Renaissance. Barock. Aufklärung:
Ein Besuch im Germanischen Nationalmuseum

Das entscheidende Bild hängt in einem der hinteren Räume. Es heißt *Blick in eine Gemäldegalerie* und stammt von Johann Michael Bretschneider, einem Barockmaler, der vor allem in Prag und dessen Umgebung tätig war, inzwischen aber weitgehend vergessen ist. In einschlägigen Enzyklopädien taucht er nur noch höchst selten auf, auch im Internet findet man kaum etwas über den Böhmen. (Das Internet, das ist bekannt, wird umso lückenhafter, je weiter man sich zurückorientiert in der Geschichte.)

Das Nürnberger Gemälde, es stammt aus dem Jahr 1702, zeigt in Frontalansicht eine fürstliche Barockgalerie. Die Wände in diesem repräsentativen Raum quellen geradezu über von Gemälden, streng symmetrisch hängen sie Rahmen an Rahmen wie auf einem überdimensionalen Schachbrett, ohne Lücken, ohne Zwischenräume, vom Fußboden bis hoch unter die Decke nichts als Bilder. Davor, in demutsvoller Andacht versunken und quasi zur Fußnote degradiert, eine kleine Gruppe Betrachter, die versuchen, die über sie hereinbrechende Bilderflut zu verstehen, sie möglicherweise zu kategorisieren, Ordnungsmuster im Überangebot des Visuellen und Motivischen zu finden.

Auf einen Blick wird klar: Bretschneiders Tableau, das in der Nürnberger Ausstellung eine Wand für sich allein beansprucht, hat den Gestus des penetrant Lehrhaften. Es markiert den Beginn des wissenschaftlichen Umgangs mit Kunst. Gleichzeitig ist es, wie man im Barock gesagt hätte, ein Emblem für Sammlerstolz und Sammlerleidenschaft, vor allem jedoch für die Integration der Bildenden Kunst in den Bereich des Wohnens, des Lehrens, der Alltagskultur insgesamt. Damit nicht genug: Wer den Bretschneider genau betrachtet, erfährt auch einiges über die Philosophie jenes Hauses, in dem er hängt. Wie in einem riesigen Bienenkorb wird hier gearbeitet, so lautet die Botschaft, gesammelt, inventarisiert und schließlich in einen überzeitlichen Bezugsrahmen gebracht. Es ist ein hehres Ziel, den Gegensatz von Kunst und Kunsthandwerk in einer überzeugenden Synthese des Schönen mit dem Nützlichen zu versöhnen.

Rund 1000 Exponate aus drei Jahrhunderten präsentiert die Ausstellung *Galerie der Meisterwerke* im Germanischen National-

Eines der führenden Häuser der Republik: Mit seinem luftigen, hellen Erweiterungsbau in der Straße der Menschenrechte bekam das Germanische Nationalmuseum wertvollen zusätzlichen Ausstellungsraum

museum in Nürnberg, beginnend bei Textilien, Schmuck und anderem Kunsthandwerk über Möbel und Musikinstrumente bis hin zu den Meisterwerken im engeren Sinn: Mehrere Werke Dürers, ein Selbstbildnis Rembrandts als junger Mann, einige charmant-entzückende Darstellungen Lucas Cranachs d. Ä. zum Thema Liebe und Verführung, Werke von Albrecht Altdorfer und Vertretern der *Donauschule*, ein Tilman Riemenschneider und vieles mehr. Nicht zu vergessen die hinreißenden Charakterköpfe Franz Xaver Messerschmidts, eines Zeitgenossen des Physiognomen Lavater und wie dieser davon überzeugt, dass sich das Innere eines Menschen in dessen äußerer Erscheinung abbilde. Wie also jemand aussieht, der häufig an Verstopfung leidet, findet man bei Messerschmidt.

In der Summe trifft der Besucher auf ein Kaleidoskop von drei Jahrhunderten Bildender Kunst und Kultur, mit der Dürerzeit beginnend über den Barock bis hin zu Lessings Aufklärung, die alle weltlichen Autoritäten in Frage stellte und die menschliche Vernunft an deren Stelle setzte. Das wirkt im Spiegel der Exponate gelegentlich etwas staatstragend, wie zum Beispiel in der Dürerzeit. Später sah man es glücklicherweise entspannter. Die Ausstellung reagiert darauf, indem sie neben all dem Repräsentativen auch einiges zeigt, das vielleicht nur pittoresk oder verspielt dekorativ ist, an dem sich gleichwohl das Lebensgefühl der jeweiligen Epoche ablesen lässt.

Das Museum hat für die Ausstellung, die dauerhaft im Germanischen Nationalmuseum zu sehen sein wird, tief in seinen Schatztruhen gewühlt (als größtes kulturgeschichtliches Museum in Deutschland verfügt es über mehr als 1,3 Millionen Ausstellungsgegenstände); und weil mit der Ernst von Siemens-Kunststiftung ein finanzkräftiger Sponsor zur Seite stand, hat es bei dieser Gelegenheit auch gleich viel Unansehnliches, vom Zahn der Zeit Angenagtes restaurieren lassen. Zur Ausstellung hinzu kam als Gerüst all das, was in den letzten Jahren immer mal wieder zu sehen war, ehe es dann auf Nimmerwiedersehen im Depot verschwand. Die Kombination aus beidem kann sich sehen lassen. Auf rund 1800 Quadratmetern in 33 Räumen – womit nahezu das gesamte Obergeschoss bestückt ist – ist ein Parcours durch die Kulturgeschichte entstanden, der seinesgleichen sucht.

»Dieses genreübergreifende Panorama können eigentlich nur wir zeigen«, formuliert Daniel Hess, Kurator der Ausstellung, ein Alleinstellungsmerkmal seines Hauses. Seit seiner Gründung in der Mitte des 19. Jahrhunderts bis zum heutigen Tag ist das Germanische Nationalmuseum auf einen umfassenderen Kulturbegriff hin angelegt als auf den eines reinen Kunstmuseums. Dem gerecht zu werden, war nicht immer leicht. Gerade in den vergangenen Jahren, als das Germanische häufig in die Kritik geriet – die Besucherzahlen gingen zurück, Wechselausstellungen hingen zu lange, die Präsentation des Hauses in der Öffentlichkeit war seltsam zaghaft –, schien das Schiff in stürmischen Gewässern unterwegs zu sein. So kehrt man mit der *Galerie der Meisterwerke* auch zu den eigenen Wurzeln, zum eigenen Selbstverständnis zurück. Das wird nicht zuletzt an der Raumnutzung innerhalb des Hauses deutlich: Wie eine zentrale Achse, die alles trägt und an der sich alles orientiert, ist die *Galerie der Meisterwerke* in den Gesamtkomplex des Instituts eingezogen.

Einige der Glanzlichter seien pars pro toto wenigstens noch kurz erwähnt. Dürers wundervolle Darstellung seines Lehrers Michael Wolgemut etwa, ein Lehrstück respektvoll-akribischer Porträtkunst; schräg gegenüber dann gleich das Bildnis seiner Mutter, das man zuletzt in der großen Dürer-Ausstellung in der Wiener Albertina sah, damals ergänzt um das Bild des Vaters. Den hat das Germanische Nationalmuseum leider nicht zu bieten, dafür aber die glanzvoll restaurierten Kaiserbilder. Im nächsten Raum dann die Cranachs und ein Baldung, in der Art eines Triptychons nebeneinandergehängt, was ihren frivolen Reiz zusätzlich steigert. Diese Lust am Dasein, an der Sinnlichkeit und am Carpe diem begegnet dem Besucher im Laufe des Durchgangs mehrfach, besonders natürlich im Barockteil, der aufgrund seiner Heiterkeit und Darstellungsfreude zum Höhepunkt der Ausstellung geworden ist.

»Durch die Kunst wehrt sich der Mensch gegen das Los seiner Vergänglichkeit«, schrieb André Malraux in seinem *Musée imaginaire*, an das man sich durch die Nürnberger Ausstellung lebhaft erinnert fühlt. Trotz ihrer geradezu erschlagenden Opulenz verlässt man sie am Ende eher heiter und entspannt als erschöpft oder mutlos.

Spiegelglasfassade, Business Tower und sonst? Zur zeitgenössischen Architektur

Wer sich in Nürnberg auf die Suche nach Beispielen zeitgenössischer Architektur macht, wird kaum fündig werden. Außer dem Neuen Museum, dem Business Tower der Nürnberger Versicherung und dem Dokumentationszentrum Reichsparteitagsgelände am Dutzendteich wird er nur wenig entdecken. Nichts spektakulär Modernes wie das Guggenheim Museum in Bilbao (zum Vergleich: Bilbao hat etwas mehr als 350 000 Einwohner) oder das Hans Otto Theater in Potsdam (160 000 Einwohner). Beides sind Bauwerke, die dem Besucher auf den ersten Blick signalisieren, dass er sich im 21. Jahrhundert befindet. Da ist es nur eine unwesentliche Fußnote, dass Frank Gehrys »Metallblume«, wie das Guggenheim Museum gern genannt wird, bereits 1997 eröffnet wurde. Deutlicher als andere Beispiele zeitgenössischen Bauens atmet es den Geist der Moderne. Bilbao und Potsdam zeigen mit dieser Architektur, dass sie in der Gegenwart angekommen sind und an ihre Zukunft als Stadt glauben.

Nun steht außer Frage, dass Volker Staab mit dem Neuen Museum in Nürnberg ein herausragender Wurf gelungen ist, der mit dem Kulturpreis der Stadt auch entsprechend honoriert wurde. Die geschwungene, 100 Meter lange Glasfassade öffnet den Klarissenplatz auf faszinierende Weise. Gleichzeitig erreichte Staab damit, dass sich das monumentale Gebäude in die Struktur des Platzes einfügt, sodass man das Gefühl hat, es schmiege sich an die bereits vorgefundenen Bauten an, was selbst noch für die mittelalterliche Stadtmauer gilt. Das Gebäude integriert sich, ohne sich zu verstecken. Inzwischen hat sich herausgestellt, dass das Spiegelglas selbst noch eine Kunstfläche ist, die zur Bespielung taugt. Gleichzeitig wirkt es wie ein überdimensionales Schaufenster, das gleichermaßen ausstellt und einlädt.

Auch die Innenräume sind von jenem Geist der Großzügigkeit und Eleganz erfüllt, der urbanes Flair verbreitet, ohne protzig zu wirken. Die schneckenförmige Wendeltreppe, eine Art freistehende Skulptur, ist eine artige Reverenz an das MoMA in New York. Die Ausstellungsräume bleiben immer überschaubar und von menschlichem Zuschnitt. Die Zweiteilung in Kunst

Hoch hinaus will
die Nürnberger
Versicherung mit
ihrem Business Tower

und Design ist plausibel und überzeugend, selbst wenn sie im Einzelfall von aktuellen Ausstellungen konterkariert wird.

Hoch, funktional und mit dem Charme einer aus dem Weltall gefallenen Milchkanne: Das ist der Business Tower der Nürnberger Versicherung an der Ostendstraße. »Längst ist der Business Tower Nürnberg, mit 135 Metern der höchste Büroturm Nordbayerns, neben der Kaiserburg zum zweiten Wahrzeichen der Stadt geworden«, stellt sein Eigentümer fest. Sehr bescheiden klingt das nicht, und es wäre zu fragen, wie stolz die Stadt und ihre Bürger auf dieses Wahrzeichen sind, dessen Besucherplattform gerade mal am Tag der offenen Tür geöffnet ist. 205 Millionen Euro sind nach Angaben der Generaldirektion in den Bau des Turms geflossen, der eine Bürofläche von 29 000 Quadratmetern, ein Betriebskasino, eine Druckerei und Tagungsräume hat. Gleichwohl ist er verglichen mit anderen Büromonumenten wie etwa dem Dockland am Hamburger Hafen bestenfalls subspektakulär.

Beeindruckend wegen seiner brachialen Form dagegen das von Günther Domenig entworfene Dokumentationszentrum Reichsparteitagsgelände. Der österreichische Architekt durchstößt in der Art eines Keils die Mauer der Kongresshalle und macht damit den diskontinuierlichen, kontrapunktischen Charakter seines Baus deutlich. Er ist, verkürzt gesagt, ein Faustschlag gegen die NS-Architektur und ihre Ideologie, ein Stachel im Fleisch.

»Ein Speer aus Glas und Stahl durchbricht die meterdicken Ziegelwände«, beschreibt der Architekt die Intention« seines Entwurfes, der gleichzeitig Innenräume hervorbrachte, die leicht und schwebend anmuten.

Als Nürnbergs Oberbürgermeister Ulrich Maly 2006 die *Dritte Architekturwoche* in Nürnberg eröffnete, sprach er von »qualitätvoller Architektur, auch über die historische Altstadt hinaus«. Beispiele freilich nannte er nicht, vielleicht in der vagen Befürchtung, die Besucher könnten dann allzu enttäuscht sein. Dabei würden einem, neben den bereits erwähnten, doch einige Bauten einfallen, die für ein zumindest moderat modernes (oder postmodernes) Bauen stehen könnten: Der Kopfbau Künstlerhaus gleich am Eingang zur Stadt, das Cinecittà, der gläserne Traumpalast, der an der Pegnitz einen in dieser Form einmaligen Akzent setzt, das Messezentrum von Otl Aicher an der Münchener Straße, der Zumikon Art Club von Max Bill in Johannis, der, Wohnhaus und Künstlerdomizil zugleich, die Moderne in einen konservativen Stadtteil bringt, ohne dass dadurch allzu große Reibungen entstehen. Initiiert hat das Zumikon Volker Koch, der Kunstmäzen. Schließlich – etwas weiter zurückgehend in die Vergangenheit – die Bauten von Sep Ruf, etwa die Akademie der Künste in ihrer typischen Flachbauweise. Nicht zu vergessen das Kreuzgassenviertel, maßgeblich gestaltet von den Baufröschen und dem Architekturbüro Steidle und 1993 mit dem Deutschen Städtebaupreis ausgezeichnet.

Als Nächstes wird nun Volker Staab den Augustinerhof bebauen, ein Projekt, das sich nach allem, was man bisher darüber weiß, würdig in die Reihe der »moderaten Moderne« einfügen wird. Nürnberg wird bis auf Weiteres, die Prognose sei gewagt, ein schwieriges Pflaster für innovatives Bauen bleiben.

So sieht Nürnberg im Jahr 2015 aus: Ein Zukunftsszenario

»Die Wahrheit ist stets konkret.« Diesen Satz hatte Brecht im Arbeitszimmer seines dänischen Exils hängen. Wenn er morgens aufwachte, wollte er daran erinnert werden, nicht allgemein didaktische Sätze zu formulieren, sondern sich stets zu überlegen, wie sich diese Wahrheit, ausgedrückt an einem sinnlich-konkreten Beispiel, ausnehmen würde. Erst danach wollte er entscheiden, ob sie sinnvoll ist oder nicht. (Ob das erwähnte Wahrheitspostulat ursprünglich ein Nürnberger Satz war, wissen wir nicht. Sicher ist jedoch, dass Hegel das Copyright darauf hat. Er ließ nur das »stets« weg, was an der Aussage des Satzes freilich nichts ändert.) Unabhängig davon liegt die Vermutung nahe, dass die dem Satz zugrunde liegende Einsicht, wiewohl abstrakt formuliert, richtig ist, Hegel hin, Brecht her.

Die Politik dagegen liebt das Wolkige, die unkonkrete Aussage. Die Kommunalpolitik macht da keine Ausnahme. In der Stadtentwicklung geht es gerne luftig-unverbindlich zu. Ein Beispiel, wie man anspruchsvoll an der Sache vorbeireden kann, ist die Konzeptstudie *koopstadt*. Dabei geht es um ein Papier zur vergleichenden Stadtentwicklung bis ins Jahr 2015, das am Beispiel von Bremen, Leipzig und Nürnberg entwickelt wurde.

Im Fall von Nürnberg werden mehrere Themenschwerpunkte benannt, die noch der konkreten Ausgestaltung bedürfen. So das Praxisnetzwerk für Schüler, das zwei Hauptschulen in der Südstadt mit »äußerst schwachen Vermittlungszahlen« in die Wirtschaft betrifft. Hier sollen künftig private, vermutlich aber vor allem kommunale Arbeitgeber Praktika zur Verbesserung von beruflichen Kompetenzen anbieten. Ohne den Leitbegriff des »Netzwerkes« wird auch hier nicht ausgekommen, aber unter der Einbindung in das »Übergangsmanagement SCHLAU« vermag man sich immerhin etwas vorzustellen. Auch die Idee einer Markthalle für die Südstadt ist erfreulich konkret. Abstrus dagegen der Vorschlag, »temporäre Gärten« auf Brachflächen einzurichten.

Apropos Südstadt: Von einer »Integrationsdrehscheibe« zu sprechen, ist schön. Dass es dabei jedoch zu Umsetzungsproblemen kommen kann, hätten die *koopstadt*-Planer erfahren können, wenn sie mit Südstadtbewohnern gesprochen hätten.

Ehe die Nazis kamen und mit ihnen ihre megalomane Architektur, war der Bereich um den Dutzendteich Naherholungsgebiet. Daran will die Entwicklungsstudie *koopstadt* anknüpfen

Dafür aber hätte man von Haustüre zu Haustüre gehen müssen, ganz konkret.

Zweites Beispiel: »Blaue Region Nürnberg«. Gemeint sind Pegnitz, Dutzendteich, Silbersee, Main-Donau-Kanal und Hafen. Dazu sollen die städtischen Grünanlagen vernetzt (!) werden, auch ist an eine Verbindung der Radwege und Fußwege gedacht. Sinnvollerweise macht das Projekt nicht an der Stadtgrenze halt, sondern erstreckt sich auch nach Fürth. »Gemeinsame Waterfront Nürnberg-Fürth« nennt sich das, das schlichte Wort »Pegnitzauen« hat offenbar ausgedient. Dafür sind selbst die Brücken mit einem Graffiti-Wettbewerb dabei. Abschließend heißt es: »Die Besonderheit bei diesem Projekt ist die besondere Faszination, die Wasser auf viele Menschen ausübt, sowie die Notwendigkeit, interdisziplinär und regional zusammenzuarbeiten.«

Interdisziplinär und regional zusammenarbeiten – das kann eigentlich nur großartig werden.

Auch einen »Steckbrief Altstadt für alle« gibt es, in dem neben viel Bekanntem auch viel Zutreffendes steht. So etwa, dass die Altstadt ein attraktiver Wohnstandort für derzeit 13 200 Menschen ist, zugleich jedoch Anziehungspunkt für zahlreiche Touristen, mit der Folge, dass es zu Interessenskonflikten kommt. »Die vielfältigen Funktionen der Altstadt konkurrieren teilweise miteinander. Nächtliche Besucher stören die dort Wohnenden, Vandalismus ist vor allem für die Gastronomen und Gewerbetreibende ein Ärgernis und Bewohner benötigen eine andere Einzelhandelsinfrastruktur als Besucher.«

Alles richtig, nur: Einen Ausweg aus dem Dilemma sucht man in dem Konzept vergeblich. Mehr als Allgemeinplätze wie jenen, dass »hierzu die kontinuierliche Zusammenarbeit aller gewichtigen Altstadt-Akteure sinnvoll« sei, hat die Studie nicht zu bieten. Praktische Vorschläge: Fehlanzeige.

Stattdessen wuchert das Soziologendeutsch. Da ist von einer »Stärkung der Wohnfunktion« die Rede, von »energetischer Sanierung« und »wohnungsbezogenen Freiräumen«. Wie das jedoch im Einzelnen aussehen soll, wird nicht ausgeführt. In dem genannten Steckbrief haben wir auch unseren Lieblingsbegriff entdeckt: NID. Dahinter verbirgt sich der Neighbourhood Improvement District. Hat irgendwie mit einem Nachbarschaftsprojekt zu tun, aber was es damit genau auf sich hat, wissen wohl nur seine Erfinder. Ähnliches gilt für den »Erinnerungspark« am Dutzendteich unter Einbeziehung des ehemaligen Reichsparteitagsgeländes.

Fazit: Die Zukunft der Stadt hat längst begonnen. Man weiß nur nicht so recht, ob man sich darauf freuen soll.

Nürnberg 2.0:
Auf Klicktour durch die virtuelle Stadt

Stellen wir uns vor, ein Mensch in Reykjavik überlegt sich, nach Nürnberg zu kommen. Dazu ruft er die Internetseiten Nürnbergs auf. Die offizielle Seite der Stadt findet sich unter *www.nuernberg.de*. Sie ist übersichtlich, aktuell, bietet einen Wetterbericht und Veranstaltungskalender und ist mit dem Hotelreservierungssystem der Tourismus-Zentrale verlinkt. In kurzen Teasern bekommt man einen Überblick, was gerade los ist in der Stadt. Texte, die den puren Veranstaltungskalender erläutern. Das wird den Menschen in Reykjavik freuen. Doch was fehlt, ist ein ansprechendes Bild am Kopf der Seite. Aktuell dürfen drei Hörl'sche Hasen für den Ostermarkt werben, damit hat es sich auch schon. Nun ist nicht das ganze Jahr Ostern, doch auch beim Bardentreffen im Sommer bleibt die schmale Sichtschneise am Kopf der Seite. Sehr einladend ist das nicht. Man vermisst eine Stadtansicht, die Lust macht auf Nürnberg, am besten im ultrabreiten Panoramaformat. Auf der Homepage von Köln ist sowas zu sehen. Ein Blick vom Rheinufer auf den Dom mit der Stadtsilhouette, und gleich möchte man hin. Dasselbe, bei Nacht und noch einen Tick spektakulärer, auf der Seite der Stadt Leipzig. Und so weiter, und so fort. Freiburg im Breisgau bietet zusätzlich eine ganze Galerie mit Stadtansichten, alle auf der ersten Seite, wohlgemerkt.

Nürnberg hat dafür seine Webcam von der Altstadt hinauf zur Burg gerichtet und ein schönes Zeitraffervideo, das einen Tag in der Stadt auf eine knappe Minute zusammenschnurren lässt. Dazu haufenweise Bilder und Bildgalerien, einige freilich in der Größe einer Briefmarke. Hübsch sind die Panoramabilder von Sehenswürdigkeiten, vom Historischen Rathaussaal bis zum Johannisfriedhof. Warum aber gibt es keine längeren Videos? Keine Podcasts? Der Mitschnitt eines lauschigen Sommerkonzerts in der Katharinenruine würde sicher Lust auf die Stadt machen, das *Klassik Open Air* am Luitpoldhain ebenso. Zur *Blauen Nacht* gibt es wenigstens eine animierende Fotostrecke. (Außerdem hat die *Blaue Nacht* ihre eigenen Seiten.)

Gut am Nürnberger Auftritt: Die Top-Kategorien wie »Stadt und Bürger« oder »Reiseziel Nürnberg« haben ein einheitliches Layout, was zur Übersicht beiträgt. Was fehlt, sind Seiten, die das Lebensgefühl in der Stadt transportieren. Selbst bei den Grünanlagen wie dem Luitpoldhain oder dem Marienberg fehlt die (unausgesprochene) Botschaft: Lieber User, lieber Nürnbergfreund, das solltest du dir nicht entgehen lassen! Welchen anderen Sinn, neben der Information, könnten diese Seiten sonst haben als den, für die Stadt zu werben? Stadtverführung darf auch im Netz stattfinden, sie ist geradezu eines seiner Merkmale. Der Kulturserver *www.kubiss.de* bietet so neben all den Informationen, die lediglich für die unmittelbar Betroffenen interessant sind, eine Reihe ausgesuchter Podcasts beispielsweise zu Lesungen an, die auch einen atmosphärischen Eindruck vermitteln.

Fragt sich, ob der Mensch in Reykjavik damit zufrieden ist. Oder ob man ihm nicht eine kleine virtuelle Tour durch die Stadt mit an die Hand geben müsste, die ihn vom letzten Rest an Wankelmut befreit. Die Tourismuszentrale hätte da sicher einige nette Vorschläge. Klar, damit wäre es mit dem offiziellen Amtsblattcharakter der Seiten erst mal vorbei. Doch wo steht geschrieben, dass die Selbstpräsentation einer Stadt im Netz unkommerziell zu sein hat und auf alle PR verzichten muss?

Doch weiter mit unserem Webbummel. Sehr textintensiv, leider aber ebenfalls kaum bebildert, ist das Angebot von *www.nuernberginfos.de*. Empfehlenswert für eine schnelle, überblickartige Recherche sind die Podcasts der Metropolregion Nürnberg *(www.em-n.eu./index)*, beispielsweise zu Maria Sibylla Merian oder Kaspar Hauser.

Kaum Wünsche, was ihre intellektuelle Qualität angeht, lassen die Texte der Evangelischen Kirche im Dekanat Nürnberg offen (»Lebst du nur oder glaubst du schon?«). Sie sind gut durchdacht, bringen das Wesentliche auf den Punkt und sind so formuliert, dass auch der Laie sie versteht. Die mit Abstand beste Darstellung der Reformation in Nürnberg liest man hier, die Navigation ist übersichtlich und zielführend, die Seiten selbst sind so ruhig wie eine Karfreitagsandacht.

Bei den Altstadtfreunden ist besonders die Seite in memoriam Erich Mulzer gelungen. Plausible Erklärungen, warum die Nürnberger Altstadt so einmalig ist, sucht man dagegen vergeblich, Blogs und Meinungsforen ebenfalls. Dabei böte sich hier eine Chance, ein Gespräch zu führen, worin denn nun die Alleinstellungsmerkmale der Stadt bestehen und wie deren Attraktivität auch für künftige Zeiten zu bewahren ist.

Einen ebenso unterhaltsamen wie intellektuell anspruchsvollen Einblick in das Massenphänomen Fußball bietet die in der Marienstraße ansässige Deutsche Akademie für Fußballkultur *(www.fussball-kultur.org)*. Ihre Seiten durchstreift man stets mit Gewinn, ganz gleich, ob es sich um die schrägsten Spieler-Sprüche handelt (»Rituale habe ich nicht – bis auf die Sachen, die man immer gleich macht«, Michael Ballack), um Literaturtipps zum Thema Fußball oder um das ambitionierte Vortragsprogramm. Die Liste der Mitglieder liest sich wie das *Who's who* des Sportjournalismus hierzulande. Leider kommt die Sportfotografie demgegenüber etwas kurz. Dennoch: Eine Fundgrube, ein virtueller Spielplatz!

Mit ähnlich großem Lust- und Erkenntnisgewinn klickt man die Seiten von Baukunst Nürnberg, einer Subkategorie von Architektur Nürnberg, und die eigenständige Baulust Nürnberg an. Quer durch die Epochen findet man darauf interessante Informationen zu lokalen Sehenswürdigkeiten von der Kaiserburg bis zum Business Tower. Wenn die Diskussion über das Stadtbild und seine mögliche Modernisierung überhaupt irgendwo geführt wird, dann auf den Seiten dieser beiden Anbieter. Was man sich noch wünschen würde, wären meinungsfreudige Kommentare von auswärtigen Sachverständigen zur Nürnberger Stadtentwicklung.

Immer einen Besuch wert ist das Online-Lexikon der *Nürnberger Zeitung*, das bei *www.franken-wiki.de* untergekommen ist und in dem man zu jedem Stichwort aus der Region Links zu Texten der Zeitung findet. Einen Galaauftritt, optisch wie textlich, legen die Nürnberger Symphoniker *(www.nuernbergersymphoniker.de)* hin. Auf ihrer Internetseite erfährt man viel Wissenswertes zum Selbstverständnis und zur Geschichte dieses Klangkörpers.

Den Schlagzeuger Wolfgang Haffner muss man nicht lange vorstellen. Unzählige Konzerte hat er in Nürnberg gegeben, begleitet von hochkarätigen Musikern. Zusammen mit Pat Metheny, McCoy Tyner, Art Farmer, Jan Garbarek und anderen Legenden des Jazz trat er auf, er war der Schlagzeuger in Klaus Doldingers legendärer Gruppe Passport und in Albert Mangelsdorffs Jazzensemble. Wolfgang Niedecken, Konstantin Wecker und Xavier Naidoo holten ihn in ihre Band. Im März 2010 gewann Haffner einen Echo, nach vielen anderen Auszeichnungen und nachdem ihm die Stadt Nürnberg 1989 einen ihrer Förderpreise zuerkannt hatte. Inzwischen ist er ein Kandidat für ihren

Hauptkulturpreis. Den Wolfram von Eschenbach-Preis hat er schon einmal bekommen.

Wolfgang Haffner also, der, wenn er nicht gerade auf Tournee ist, in Altdorf lebt, ist im Internet mit der Homepage *www.wolfganghaffner.de* vertreten. Darauf gibt es neben seinem Lebenslauf und einer ausführlichen Diskografie ausgezeichnete Fotos von Konzertauftritten zu entdecken. Schnell landet man auch bei mehreren Mitschnitten auf *YouTube*, unter anderem von *Shapes*, das 2006 in Nürnberg eingespielt wurde. Es gibt davon eine Studiofassung und einen Live-Mitschnitt, beide bieten Jazz vom Feinsten.

Kleines Fachgespräch zu Gegenwart und Zukunft der Stadt mit André Fischer

In der Redaktion einer Tageszeitung wird in aller Regel bis tief in die Nacht hinein gearbeitet. Der Ticker gibt keine Ruhe, das aktuelle Tagesgeschehen pflegt sich nicht nach Bürozeiten zu richten. Umso erstaunlicher ist es, wenn ein Journalist früh morgens um halb zehn schon an seinem Arbeitsplatz ist. André Fischer, Lokalchef der *Nürnberger Zeitung*, liest gerade, was die Konkurrenz heute im Blatt hat. Er verfolgt und kommentiert Nürnbergs Kommunalpolitik seit vielen Jahren aus nächster Nähe.

Herr Dr. Fischer, nach dem Niedergang der Quelle liegt die Frage nahe: Ist Nürnberg auf dem Weg, zur Krisenregion zu werden?

Wenn die Arbeitslosenzahl wie intern prognostiziert auf 13 Prozent steigt, dann haben wir natürlich eine Situation wie in den neuen Bundesländern. Man muss jedoch unterscheiden: Die Region steht insgesamt besser da als bei den letzten großen Firmenpleiten und -wegzügen wie von AEG und Adtrans. Sie hat derzeit einen sehr gut funktionierenden Mittelstand und hat auch in der Forschung und Entwicklung durch den Ausbau der Uni und Fachhochschulen mehr Substanz als zuvor. Was bei Quelle jetzt schwierig ist: Es sind zwar gut ausgebildete Leute, aber für die gibt es letztlich kaum mehr Jobs. Ich habe die Hoffnung, dass das, was angedacht und vom Freistaat auch teilweise zugesagt ist, sprich ein Energiecampus, in den 50 Millionen investiert werden sollen, auch wirklich kommt.

Ist Quelle insofern typisch, als es die Strukturkrise nicht bewältigt hat?

Die Quelle gehört auch zu diesen Nürnberger Dinosauriern wie Grundig, AEG oder Triumph Adler, wo man immer gedacht hat, da kann nichts passieren, die sind so gut aufgestellt. Aber das waren sie am Ende natürlich nicht. Bei der Quelle kann man sehr gut nachweisen, wo die Fehler waren. Sie haben zu spät und dann zu langsam auf das Internet gesetzt. Sie haben Managementfehler gemacht, die unglaublich sind. Die Vorstände haben teilweise jedes Jahr gewechselt, und jeder hat ein neues Konzept mitgebracht.

Nun hat Oberbürgermeister Maly in einem Interview gesagt, er hätte sich gewünscht, dass man auf Quelle ähnlich reagiert hätte wie auf Opel.

Auch das ist eine zweischneidige Geschichte. Die Versandfirmen – es gibt ja genug Versandfirmen, die immer noch gut verdienen – fragen, warum man jemandem, der Fehler im Management gemacht und Misswirtschaft betrieben hat, auch noch Staatsknete hinterherwerfen soll. Andererseits geht es darum, Arbeitsplätze zu erhalten. Aber wenn man schon den Massekredit verleiht, dann hätte man den früher geben müssen, damit ein Volumen da ist, damit der Katalog da ist, damit das schneller funktioniert. Da hat man wohl zu lange gebraucht, um das auf die Beine zu stellen. Natürlich wegen der Argumente, die ich gerade erwähnt habe.

Zur Kommunalpolitik im engeren Sinn: Sehe ich das richtig, dass seit einiger Zeit kaum noch größere Projekte auf den Weg gebracht worden sind, wie man sie zum Beispiel aus der Ära Schönlein kennt, also Frankenstadion, Neues Museum und so weiter?

Das stimmt nicht so ganz. Es ist in viele mittel- bis großvolumige Projekte investiert worden. Die Stadt hat es geschafft, bis auf das Volksbad praktisch alle Bäder zu sanieren. Jetzt läuft der Ausbau der Schulen, Kitas und Krippen mit 70 Millionen Euro. Bei den Schulen hat es 32 Neubauten für die Ganztagsbetreuung gegeben. Da steckt ja auch Geld von der Stadt mit drin, und es kommen locker 100 Millionen zusammen. Dann fließt mittlerweile sehr viel Geld in den Bauunterhalt, den hat man zwischen 1985 und 2000 sträflich vernachlässigt, sodass jetzt 50 Millionen alleine in Schultoiletten gesteckt werden könnten. Oder die Sanierung der Brücken. Wenn die nicht begonnen worden wäre, hätte man die Ostendstraße sperren müssen, da sind jetzt zwölf Millionen drin. Für das alles könnte man wahrscheinlich mehrere Museen bauen. Da stünde dann der Name da, wie beim Neuen Museum, und man hätte ein Symbol ...

Auch beim Augustinerhof soll nun endlich gebaut werden. Dennoch bleibt der Eindruck bestehen, dass es kaum eine Chance gibt, moderne Architektur in der Stadt zu verwirklichen. Siehe Neubau der Stadtbibliothek.

Bei der Stadtbibliothek sind vor allem beim Verfahren Fehler gemacht worden. Die Stadt hat nicht das gemacht, was sie von den privaten Investoren fordert, nämlich einen Wettbewerb. Bei einer Größenordnung von 25 Millionen Euro muss man einen Wettbewerb durchführen. Und jetzt kommt natürlich hinzu, dass viele Leute glauben, sie seien über den Tisch gezogen worden, weil sie gar nicht wussten, was da passiert. Die Stadt muss einfach etwas dafür tun, dass sie bei großen und kleinen Projekten in der Innenstadt transparente Entscheidungsabläufe schafft. Das heißt noch immer nicht, dass es nicht am Ende Gegner des einzelnen Baus gibt, denn das wäre ja eine ideale Kommunikation, wenn sich am Ende praktisch alle Widersprüche auflösen. Aber dann weiß zumindest derjenige, der mit seiner Idee nicht zum Zug gekommen ist, warum er nicht zum Zug gekommen ist. Dann gibt es nicht dieses Rumgemauschel, das ist eine ganz schlechte Geschichte.

Wenn Sie Besuch von außerhalb haben und diesem ein paar Beispiele für zeitgenössische Architektur zeigen wollen: Wohin führen Sie ihn?

Da gibt es eigentlich nur zwei: das Neue Museum und das Doku-Zentrum. Vielleicht noch ein paar Einzelbauten. Aber von den größeren Gebäuden sind das die beiden, die ich am interessantesten finde. Dann wird es schon schwierig. Ich glaube allerdings weniger, dass das mit einer konservativen Grundhaltung zu tun hat als vielmehr damit, dass die Leute durch die vielen Zerstörungen im Krieg immer noch das Gefühl haben, jetzt will man noch etwas wegnehmen. Wir haben ja die Diskussion über den *Deutschen Hof*, in dem Hitler, wenn er da war, residiert hat. Von der eigentlichen Substanz ist nicht mehr viel da. Aber auch da gibt es große Diskussionen darüber, warum dieser Rest auch noch abgerissen werden muss. Man hat immer das Gefühl, der Investor kann alles diktieren.

Anderes Thema: Cross-Border-Leasing, da scheint die Stadt noch einmal mit einem blauen Auge davongekommen zu sein. Gehört uns das Kanalnetz jetzt wieder, oder wie sieht es aus?

Es sind in Nürnberg drei Cross-Border-Leasing-Geschäfte abgeschlossen worden. Ich komme selber durcheinander. Die U-Bahn und die Straßenbahn sowie die Kanalisation. Jetzt ist das

Abwasser aber wieder in städtischem Besitz. Die Stadt hat bisher noch nicht draufgezahlt. Runde zehn Millionen sind an Gewinn geblieben. Gewinn heißt in dem Fall, dass man eine Zeit lang keine Kreditzinsen hat zahlen müssen. Jetzt kann man natürlich sagen, das ist zu wenig, weil man sich vorher mehr erhofft hatte.

Insgesamt eine Ermutigung für die Zukunft?

Es geht ja nicht mehr, die Steuerlücke ist geschlossen. Der amerikanische Staat hat sie geschlossen, vor zwei bis drei Jahren bereits. Die sind sich als Eigentümer der städtischen Infrastruktur ja veräppelt vorgekommen.

Noch ein Blick in die Zukunft. Was glauben Sie, wie Nürnberg im Jahr 2020 dastehen wird?

Die Stadt hat ein grundsätzliches Problem: Auch in guten Jahren hat sie ein Defizit von 50 Millionen Euro zwischen ihren Einnahmen und Ausgaben. Wenn das strukturelle Defizit so bleibt, dann sehe ich schwarz für die Zukunft. Dann werden viele Dinge einfach nicht mehr vorangehen. Wir haben folgendes Beispiel: Nürnberg könnte 1-1,5 Millionen vom Bund für die Umgestaltung des Obstmarkts bekommen, da müsste schon lange etwas gemacht werden. Die Stadt wird wahrscheinlich den Eigenanteil nicht aufbringen können, obwohl ihr relativ viele Fördergelder in Aussicht stehen. Da müssen in den nächsten Monaten Entscheidungen getroffen werden, sei es von der Stadt oder vom Freistaat, damit Nürnberg nicht vor dem finanziellen Abgrund steht.

Das heißt: bei den freiwilligen Ausgaben reduzieren?

Das reicht nicht. Im Gespräch ist zum Beispiel ein Potenzial von zehn Millionen, das man in der Stadtverwaltung durch Zusammenlegung einsparen kann. Aber was den Rest angeht, bedeutet es einfach, dass irgendwo mehr Geld herkommen muss.

Der Freistaat müsste nur einmal die tatsächlichen Personalkosten für die Lehrer überweisen, dann wäre die Stadt schon aus dem Schneider. Da bleibt der Freistaat immer etwas schuldig. Er muss für die Bezahlung der Lehrer aufkommen. Aber dadurch, dass die Nürnberger ein städtisches Schulsystem haben, vor allem mehrere Gymnasien besitzen, erhält die Stadt weniger Geld für ihre Lehrer. Er überweist nicht, wie er es müsste, die tatsächlichen Personalkosten, sondern nimmt als Berechnungsgrundlage einen fiktiven Lehrer an. Das ist ein Junglehrer ohne Familie, ohne Kinder und ohne Funktionsstellen, und das macht im Schnitt fast 50 Millionen im Jahr aus, die der Freistaat auf diese Weise einspart. Das nächste Problem ist das Theater: Es ist nicht einzusehen, dass das Staatstheater in Nürnberg bloß 50 Prozent Zuschuss bekommt, während es in München zwischen 90 und 98 Prozent sind.

Daten zur Nürnberger Geschichte

1050   Erste urkundliche Erwähnung Nürnbergs (Sigena Urkunde).

1062   Bestätigung des wohl um 1040 durch Heinrich III. verliehenen Markt-, Münz- und Zollrechtes.

Ab 1139   Bau der Kaiserpfalz durch Konrad III. u. Friedrich I. (Doppelkapelle).
            Bis ins 16. Jahrhundert finden zahlreiche Fürstenversammlungen bzw. Reichstage in Nürnberg statt, auf welchen bedeutende Entscheidungen der Reichspolitik getroffen werden (letzter Reichstag 1543).

1219   Der große Freiheitsbrief Friedrichs II. bestätigt u. a. die Reichsunmittelbarkeit der Stadt, ihre steuerliche Selbstverwaltung sowie Handelsprivilegien (1332 erweitert: Nürnberger Zollfreiheit mit 72 Städten).

1256   Nürnberg schließt sich dem Rheinischen Städtebund an.
            Erste Erwähnung des Rates der Reichsstadt.

Um 1320   Ausformung der patrizischen Ratsverfassung.
            Schließung der vorletzten Stadtmauer.

1339   Einweihung des vom reichsten Nürnberger Bürger Konrad Groß gestifteten Heilig-Geist-Spitals.

1348/1349   Im sog. Handwerkeraufstand wird der patrizische Rat durch die Handwerker und die wittelsbachische Partei vertrieben.
            Wiedereinsetzung des Rates durch Karl IV.
            Judenpogrom.
            Errichtung von Hauptmarkt und Frauenkirche auf dem Gelände des ehem. Judenviertels.

1356   Das erste Grundgesetz des Reiches – die Goldene Bulle – wird in Nürnberg durch Karl IV. erlassen.

Nürnberg wird auf ewige Zeiten zum Ort der Abhaltung des ersten Reichstages eines jeden neugewählten Königs bestimmt.

1424 Kaiser Sigismund bestimmt Nürnberg zum Aufbewahrungsort der Reichskleinodien.

1427 Kauf der Burggrafenburg und der Reichswälder.

15. Jh. Einwohnerzahl: um 30 000.

1449/1450 Erster Markgrafenkrieg, Verwüstung des Landgebietes.

1452 Der heute noch größtenteils erhaltene, letzte Mauerring wird geschlossen.

1470-1530 Albrecht Dürer, Veit Stoß, Adam Kraft und andere berühmte Künstler wirken in Nürnberg; Großbau ten – u.a. Mauthalle, Unschlitthaus, Kaiserstallung, Pegnitzüberbauung des Heilig-Geist-Spitals – werden unter Leitung von Hans Beheim d. Ä. errichtet.
1493 druckt Anton Koberger Hartmann Schedels Weltchronik.
Blütezeit des Meistergesangs (Hans Rosenplüt, Hans Folz, Sixt Beckmesser, Hans Sachs)

1521 Mit dem sog. Tanzstatut schließt sich das Patriziat als Korporation ab.

1524-1533 Einführung der Reformation.
Nürnberger Religionsfrieden.

16. Jh. Einwohnerzahl: um 40 000.

1552-1555 Zweiter Markgrafenkrieg.

1616-1622 Rathausneubau im Stil der italienischen Renaissance durch Jacob Wolff d. J.

1622	Die 1575 errichtete Nürnberger Akademie in Altdorf wird zur Universität erhoben (1809 Aufhebung bzw. Zusammenlegung mit der Universität Erlangen.)
1632-1635	Stellungskrieg zwischen Gustav Adolf und Wallenstein vor den Toren der Stadt. Verwüstung eines weiten Gebietes. In der Reichsstadt sowie in einem weiten Umkreis sterben etwa 2/3 der Bevölkerung. Strukturbruch in finanzieller und wirtschaftlicher Hinsicht.
1644	Gründung des Pegnesischen Blumenordens.
1649/1650	Nach Ende des 30jährigen Krieges bzw. nach Unterzeichnung des Westfälischen Friedens findet der abschließende Friedenskongress in Nürnberg statt (Nürnberger Friedensmahl).
1662	Gründung der Deutschen Malerakademie durch Jakob von Sandrart (1833 kgl. Kunstgewerbeschule, seit 1950 staatliche Akademie der bildenden Künste).
18. Jh.	Einwohnerzahl: um 25 000. Wirtschaftlicher Niedergang durch Merkantilismus der Nachbarterritorien und gesellschaftliche Erstarrung.
1797	Entmachtung des patrizischen Rates durch eine kaiserliche Subdelegationskommission.
Um 1800	Romantische Entdeckung Nürnbergs als Verkörperung altdeutscher Kunst und Kultur (»Des Reiches Schatzkästlein«). Höhepunkt in Richard Wagners *Die Meistersinger von Nürnberg* 1867.
Um 1806	Einwohnerzahl ca. 25 000.
1806	Annexion durch das Haus Wittelsbach, Nürnberg wird eine Landstadt des neuen Königreichs Bayern.
1835	Die erste deutsche Eisenbahn verkehrt zwischen

Nürnberg und Fürth. Diese Innovation wird Impulsgeber für eine Ausweitung von metallverarbeitendem Gewerbe und Maschinenbau (Firmen wie Earnshaw, Späth, Cramer-Klett/MAN, Tafel, Bing entstehen in der Folge). Nürnberg wird das »Industrielle Herz Bayerns«.

1844/1845   Eröffnung des Ludwig-Donau-Main-Kanals.

1852   Gründung des Germanischen Nationalmuseums.

1874   Einweihung der Hauptsynagoge am Hans-Sachs-Platz (1938 abgerissen).

1881   Einwohnerzahl über 100 000.
Mit dem Nürnberger Carl Grillenberger zieht der erste bayerische Sozialdemokrat in den Reichstag ein.
»Das Rote Nürnberg« wird ein Zentrum der Arbeiterbewegung.

1896/1897   Die Elektroindustrie etabliert sich als zweites Standbein der Nürnberger Industrie (Großbetriebe wie Schuckert, Siemens und AEG produzieren in der Stadt).

1906   Fertigstellung des neuen Hauptbahnhofes.

1910   Einwohnerzahl ca. 330 000.

1912   Eröffnung des Tiergartens am Dutzendteich (1939 Verlegung zum Schmausenbuck).

1919   Gründung der städtischen Handelshochschule, dann Hochschule für Wirtschafts- und Sozialwissenschaften; 1961 Eingliederung als sechste Fakultät der Universität Erlangen-Nürnberg.

1919-1933   Fortschrittliche Stadtpolitik unter OB Hermann Luppe ermöglicht bedeutende Leistungen im Bereich Bildung (1919 Eröffnung der Volkshochschule), sozialer Fürsorge (1919 Einrichtung eines Wohlfahrtsamtes, Wohnungsbauprogramme), Kultur (1928 Dürerjahr), Architektur (1927 Planetarium, 1928 Stadion) und Stadtplanung (Jansen-Plan)

1933   Einweihung des 1943 zerstörten Flughafens am Marienberg.

Ab 1933   Die frühere »Stadt der Reichstage« wird von Adolf Hitler zur »Stadt der Reichsparteitage« bestimmt. Neben München, Linz, Hamburg und Berlin wird Nürnberg eine der »Führerstädte«. Auf dem Reichsparteitagsgelände entstehen die heute z.T. noch sichtbaren Großbauten. Bis 1938 dient die Stadt jeweils im September als Kulisse für die Parteitage der NSDAP.

1935   Verkündung der Nürnberger Gesetze bei einer Reichstagssitzung anlässlich des NSDAP-Reichsparteitags.

1939   Einwohnerzahl ca. 420 000.

1945   Zerstörung Alt-Nürnbergs. 95 Prozent der Bausubstanz in der Altstadt werden vernichtet. Beim Wiederaufbau werden nur ausgewählte Bauwerke rekonstruiert (Hauptkirchen, Rathaus u.a.m), allerdings werden städtebauliche Grundstrukturen großenteils beibehalten (Baulinien, Traufhöhen und Giebelformen).

1945-1949   »Nürnberger Prozesse«: Vor dem Internationalen Militärgerichtshof findet der Prozess gegen die Hauptkriegsverbrecher sowie in zwölf Nachfolgeprozessen gegen Vertreter der den NS-Staat tragenden Institutionen und Gruppen statt.

1955   Eröffnung des heutigen Flughafens in Kraftshof.

1962	Einrichtung der Pfannenschmiedsgasse als eine der ersten »Einkaufsstraßen« Europas; Grundstein der heute weite Teile der Altstadt umfassenden Fußgängerzone.
1967	Grundsteinlegung (erster Rammstoß) für die U-Bahn.
1971	Jubiläum des 500. Geburtstages von Albrecht Dürer.
1972	Einwohnerzahl erstmals über 500 000. Einweihung des Staatshafens am Rhein-Main-Donau-Kanal (Fertigstellung des Kanals 1992).
1991	Das 1928 eröffnete Stadion wird nach seinem völligen Umbau als neues »Frankenstadion« eingeweiht.
1995	Erstmalige Verleihung des Internationalen Nürnberger Menschenrechtspreises (Preisträger Sergej Kowaljow).
1999	Richtfest des Business-Towers der Nürnberger Versicherungsgruppe (mit 135 m höchstes Gebäude in Bayern).
2000	950. Stadtjubiläum Eröffnung des »Neuen Museums« für Kunst und Design 100. Gründungsjubiläum des 1. Fußballclubs Nürnberg (1. FCN).
2003	Das Stadttheater Nürnberg wird in den Rang eines Staatstheaters erhoben. Die Bezeichnung »Nürnberger Bratwurst« bzw. »Nürnberger Rostbratwurst« erlangt EU-weiten Rechtsschutz. Nur Produkte, die in Nürnberg nach der festgelegten Rezeptur hergestellt werden, dürfen diese Namen führen.

2005	Anlässlich des 60. Jahrestages des Luftangriffs auf Nürnberg am 2. Januar 1945, des 60. Jahrestages des Kriegsendes, des 70. Jahrestages des Erlasses der »Nürnberger Gesetze« und des 60. Jahrestages des Prozessbeginns gegen die Hauptkriegsverbrecher wird das Jahr 2005 zum Gedenkjahr mit zahlreichen Veranstaltungen. Der Großraum um Nürnberg wird als »Metropolregion Nürnberg« in den Kreis der europäischen Metropolregionen aufgenommen.

2006   Nachdem der schwedische Mutterkonzern Electrolux kurz vor Weihnachten 2005 verkündet hat, das Nürnberger AEG-Werk schließen und die Produktion ins Ausland verlagern zu wollen, beginnt am 20. Januar ein 46-tägiger Arbeitskampf, der die Schließung und den Verlust von mehr als 1700 Arbeitsplätzen allerdings nicht mehr verhindern kann.
Fußballweltmeisterschaft: Auch in Nürnberg ist die Stimmung sehr gut, im Frankenstadion werden fünf Spiele ausgetragen. Bundesweites Aufsehen erregt die Stadt mit dem kulturellen Begleitprogramm »Das große Rasenstück«, wobei vor allem die Stuhlskulptur um den Schönen Brunnen für Diskussionen sorgt.

2007   Der 1. FCN gewinnt am 26. Mai in Berlin mit einem 3:2 gegen den VfB Stuttgart den DFB-Pokal. Der letzte Titel lag 39 Jahre zurück, umso mehr wurde der Club von seinen Fans in der ganzen Stadt gefeiert.

2008   Am 14. Juni fiel der Startschuss für die neue fahrerlose U-Bahn, die erste U-Bahn Deutschlands, die vollautomatisch gesteuert wird.

Quelle: http://www.stadtarchiv.nuernberg.de/stadtgeschichte/daten.html (Eingesehen am 15.10.2010)

Personenregister

Literatur

Allgemein:

Aschka, Fritz (Hg.): *Das neue Jahrtausend beginnt.* Nürnberg 2000.

Aschka, Fritz: *Mein Nürnberg. 60 Ausflüge in die Geschichte.* Nürnberg 2007.

Baedeker Nürnberg. Stadtführer. Ostfildern 1993.

Bomhard, Lorenz / Elpel, Rainer: *Nürnberg. In der Mitte Europas.* Nürnberg 2006.

Buhl, Wolfgang (Hg.): *7 x Nürnberg.* Mit 12 Zeichnungen von Michael Mathias Prechtl. Würzburg 1972.

Diefenbacher, Michael / Endres, Rudolf (Hg.): *Stadtlexikon Nürnberg.* Nürnberg 1999.

Geschichte Für Alle (Hg.): *Spaziergänge in die Vergangenheit Nürnbergs.* Cadolzburg 2005.

Glaser, Hermann: *Kleine Kulturgeschichte Deutschlands im 20. Jahrhundert.* München 2002.

Glaser, Hermann / Babovic, Toma: *Ins Land der Franken fahren ... in Bildern, Texten und Dokumenten.* Hamburg 2004.

Glaser, Hermann: *Georg Wilhelm Friedrich Hegel. Weltgeist in Franken.* Gunzenhausen 2008.

Grzesiek, Walter / Müllner, Jörg: *Nürnberg. Edition: Die deutschen Städte.* München 1995.

Imhoff, Christoph von (Hg.): *Berühmte Nürnberger aus neun Jahrhunderten.* Nürnberg 1984.

Lohrey, Angela (Hg.): *Kunst in Nürnberg.* Gemälde, Druckgraphiken und Bildhauerarbeiten aus dem Besitz der Stadt Nürnberg. Nürnberg 1989.

Marquard, Odo: *Zukunft braucht Herkunft.* Philosophische Essays. Stuttgart 2003.

Merian: Nürnberg. Heft 09/2007.

Nestermeyer, Ralf: *Nürnberg Fürth Erlangen.* Erlangen 2006.

Schieber, Martin: *Geschichte Nürnbergs.* München 2000.

Sonderdruck Nürnberger Nachrichten und Nürnberger Zeitung zu 950 Jahre Nürnberg. Nürnberg 2000.

Städt. Presse- und Informationsamt (Hg.): *Nürnberg. Die Stadt.* Ein Foto- und Lesebuch. Nürnberg 1995.

Weischedel, Wilhelm: *Die philosophische Hintertreppe.* München 1975.

Mittelalter:

Atzbach, Rainer / Lüken, Sven (Hg.): *Mythos Burg*. Ausstellungskatalog Germanisches Nationalmuseum Nürnberg. Dresden 2010.

Brandt, Armin M.: *Martin Behaim – Seefahrer, Entdecker, Kosmograph*. Regensburg 1989.

Bräunlein, Peter J.:»Martin Behaim. Legende und Wirklichkeit eines berühmten Nürnbergers.« In: Zeitschrift für historische Forschung, Bd. 22, 1995.

Feulner, Matthias:»Die Entwicklung der Stadt Nürnberg im Mittelalter« http://persektive89.com/2006/11/30/die_entwicklung_der_stadt_nurnberg_im_mittelalter (Eingesehen am 02.07.2010)

Girard, René: *Das Frankfurter Passionsspiel von 1493*. Die Sündenbocktheorie in Anwendung auf den Antijudaismus des Mittelalters. München 2007.

Hoyer, Frank: *Das Nürnberger Patriziat. Entstehungsprozess und Ausprägung*. Hauptseminararbeit am Lehrstuhl für bayerische und fränkische Landesgeschichte an der Universität Bayreuth, 2008.

Le Goff, Jacques: *Auf der Suche nach dem Mittelalter. Ein Gespräch*. München 2004.

Städt. Presse- und Informationsamt (Hg.): *Juden in Nürnberg*. Geschichte der jüdischen Mitbürger vom Mittelalter bis zur Gegenwart. Nürnberg 1993.

Barock:

Grzesiek, Walter / Liedel, Herbert: *Nürnberg, eine Fotoreise*. Veitshöchheim 2008.

19. Jahrhundert:

Endres, Rudolf / Fleischmann, Martina: *Nürnbergs Weg in die Moderne*. Nürnberg 1996.

Glaser, Hermann: *Kulturgeschichte der Deutschen Eisenbahn*. Gunzenhausen 2010.

Schivelbusch, Wolfgang: *Geschichte der Eisenbahnreise*. Zur Industrialisierung von Raum und Zeit im 19. Jahrhundert. München 1977.

Schivelbusch, Wolfgang: *Lichtblicke.* Zur Geschichte der künstlichen Helligkeit im 19. Jahrhundert. Frankfurt a. M. 2004.

Schöllgen, Gregor: *Der Eiskönig. Theo Schöller. Ein deutscher Unternehmer. 1917-2004.* München 2008.

Nationalsozialismus:

Beer, Helmut: *Widerstand gegen den Nationalsozialismus in Nürnberg 1933-1945.* Schriftenreihe des Stadtarchivs Nürnberg. Bd. 20, 1976.

Beyer, Wilhelm Raimund (Hg.): *Rückkehr unerwünscht. Joseph Drexels »Reise nach Mauthausen« und der Widerstandskreis Ernst Niekisch.* München 1980.

Centrum Industriekultur (Hg.): *Unterm Hakenkreuz.* Alltag in Nürnberg 1933-1945. München 1993.

Fein, Egon: *Hitlers Weg nach Nürnberg.* Nürnberg 2002.

Fest, Joachim: *Hitler.* Eine Biographie. Berlin 2002.

Friedrich, Jörg: *Der Brand.* Deutschland im Bombenkrieg 1940-1945. Berlin 2002.

Haffner, Sebastian: *Anmerkungen zu Hitler.* Frankfurt a. M. 1981.

Maaß, Michael: *Freizeitgestaltung und kulturelles Leben in Nürnberg 1930-1945.* Schriftenreihe des Stadtarchivs Nürnberg. Bd. 53, 1994.

Radlmaier, Steffen / Zelnhefer, Siegfried: *Tatort Nürnberg.* Auf den Spuren des Nationalsozialismus. Cadolzburg 2002.

Sebald, W. G.: *Luftkrieg und Literatur.* Frankfurt a. M. 2002.

Speer, Albert: *Erinnerungen.* Berlin 1969.

20. Jahrhundert:

Bruckner, Dietmar: *Was war los in Nürnberg, 1950-2000?* Erfurt 2000.

D'Arrario, Ray: *Nürnberg damals, heute.* 100 Bilder zum Nachdenken. Nürnberg 1970.

Daxelmüller, Christoph / Kummer, Stefan / Reinicke, Wolfgang (Hg.): *Wiederaufbau und Wirtschaftswunder in Bayern.* Veröffentlichungen zur Bayerischen Geschichte und Kultur 57. Regensburg 2009.

Kniep, Jürgen: *Wiederaufbau und Wirtschaftswunder in Bayern.* Bildband. Regensburg 2009.

Albrecht Dürer:

Anzelewsky, Fedja: *Dürer.* Werk und Wirkung. Erlangen 1988.

Beinßen, Jan: *Dürers Mätresse.* Cadolzburg 2005.

Deguer, André: *Albrecht Dürer.* Ramerding 1993.

Dürer, Albrecht: *Tagebücher und Briefe.* München 1969.

Grass, Günter: *Aus dem Tagebuch einer Schnecke.* München 1998.

Kipphoff, Petra: »Dürer und die fünf Sinne«. In: *Die Zeit* 22/1971.

Kipphoff, Petra: »Der Erfinder des Hasen«. In: *Die Zeit* 37/2003.

Mende, Matthias: *Albrecht Dürer* – Der Maler mit dem Silberblick. In: Merian 06/1981.

Sartre, Jean Paul: *Der Ekel.* Reinbek 1963.

Schröder, Klaus A. / Sternath, Maria L. (Hg.): *Albrecht Dürer.* Ostfildern-Ruit 2003.

Winzinger, Franz: *Dürer.* Reinbek 1971.

Wölfflin, Heinrich: *Die Kunst Albrecht Dürers.* Mit einem Nachwort von Peter Strieder. Pantheon Kolleg. München 1905.

Literarisches:

Braungart, Georg von (Hg.) (u. a.): *Reallexikon der deutschen Literaturwissenschaft.* Berlin 2007.

Buhl, Wolfgang (Hg.): *Poetisches Franken.* Würzburg 1971.

Eichendorff, Joseph von: *Das Marmorbild.* München 2007.

Glaser, Hermann: *Und du meinst, so bliebe es immer.* Ein Erinnerungsbuch. Cadolzburg 2001.

Hilbig, Wolfgang: *Das Provisorium.* Frankfurt a. M. 2008.

Hoffmann, E.T.A.: *Die Nürnberger Novelle.* Göttingen 1984.

Kesten, Hermann: *Mit Menschen leben.* Ein Nürnberger Lesebuch. Cadolzburg 1999.

Kesten, Hermann: *Ein ausschweifender Mensch*. Göttingen 2000.

Kühn, Dieter: *Frau Merian!* Eine Lebensgeschichte. Frankfurt a. M. 2003.

Radlmaier, Steffen (Hg.): *Nürnberger Ansichten*. Streifzüge durch eine schrecklich-schöne Stadt. Mit Fotografien von Horst Schäfer. Cadolzburg 1999.

Radlmaier, Steffen (Hg.): *Das Nürnberg Lesebuch*. Anthologie. Cadolzburg 2010.

Walser, Martin: *Das Sauspiel*. Szenen aus dem 16. Jahrhundert. Mit Materialien. Hg. von Werner Brändle. Berlin 1978.

Wassermann, Jakob: *Caspar Hauser oder Die Trägheit des Herzens*. München 1983.

Wodin, Natascha: *Nachtgeschwister*. München 2009.

Wunderlich, Dieter: *EigenSinnige Frauen*. 10 Porträts. München 2004.

Sport:

Bausenwein, Christoph / Kaiser, Harald / Siegler, Bernd: *Die Legende vom Club*. Die Geschichte des 1. FC Nürnberg. Göttingen 1996.

Bausenwein, Christoph (u. a.): *Der Club – 100 Jahre Fußball*. Nürnberg 1999.

Delius, Friedrich Christian: *Der Sonntag, an dem ich Weltmeister wurde*. Bamberg 2000.

Rautenberg, Michael / Tillmann, Andrea / Böhnisch, Lothar: *Doppelpässe*. Eine sozialwissenschaftliche Fußballschule. Weinheim 2008.

Internetadressen

www.dhm.de (Deutsches Historisches Museum Berlin)
www.historisches-lexikon-bayerns.de
www.nuernberg.de (Offizielle Homepage der Stadt Nürnberg)
www.geschichte-fuer-alle.de
www.franken-wiki.de (Mitmach-Lexikon der Nürnberger
Zeitung)
http://wapedia.mobi/de
www.planet-wissen.de
www.wasistwas.de
www.tiergarten.nuernberg.de
www.fcn.de (Offizielle Homepage des 1. FC Nürnberg)
www.nn-online.de
www.nz-online.de
www.abendzeitung.de
www.br-online.de
www.menschenrechte.nuernberg.de
www.stadtarchiv.nuernberg.de
www.museen.nuernberg.de
www.gnm.de (Germanisches Nationalmuseum)
www.nmn.de (Neues Museum Nürnberg)
www.dbmuseum.de (ehemaliges Verkehrsmuseum)
www.fussball-kultur.org (Deutsche Akademie für Fußball-Kultur
in Nürnberg)
www.airport-nuernberg.de
www.nuernberginfos.de
http://nuernberg.bayern-online.de
www.zeit.de/index
http://www.nuernberg.de/internet/pr/nuernberg_heute.html
(Zeitschrift *Nürnberg Heute*)
www.bahnjahr2010.nuernberg.de
www.architektur-nuernberg.de
www.koopstadt.de
www.kesten.de (Virtuelles Kesten-Museum)
www.baukunst-nuernberg.de
www.altstadtfreunde-nuernberg.de
www.nuernberg-evangelisch.de
www.baulust-nuernberg.de
www.ludwig-feuerbach.de

Dietmar Bruckner,

geboren 1951 in Nürnberg, hat mehrere Jahre als Redakteur bei den *Nürnberger Nachrichten* gearbeitet. Seit 1990 ist er freiberuflich für *Die Zeit,* den *Rheinischen Merkur* und verschiedene Tageszeitungen tätig. Er ist Autor mehrerer Veröffentlichungen zur Stadt Nürnberg und hat einen Lehrauftrag an der Uni Bayreuth für Journalistisches Schreiben. Dietmar Bruckner lebt im Nürnberger Umland.

Dank des Autors

Ohne die freundliche Unterstützung meiner Gesprächspartner Hermann Glaser, Eckart Dietzfelbinger, Bernd Arnold, Hans Meyer, André Fischer, Thomas Schauerte und Florian Weber wäre dieses Buch nicht entstanden. Des Weiteren verdanke ich viele praktische Tipps meiner Freundin Hanne, die auch die Abschrift mehrerer Interviews übernahm. Ihnen allen ein herzliches Dankeschön!